유아교과 교육론

서현아 이해정 안영혜 한희정 김정은 공저

양서원

머리말

교과란 학교교육에서 학생들이 배워야 할 내용에 대해 체계적으로 구성한 과목이라 할 수 있으며, 각 교과는 그 특성에 따라 내용이 명확히 구분된다. 이에 교과교육론은 '교과를 교육하는 학문'으로 해당 교과에 대한 기초 개념과 지식을 포함하여 교육하고자 하는 교과를 어떠한 방법으로 가르칠 것인가에 대한 내용도 포함한다고 볼 수 있다. 그러나 유아교육에서는 각 교과가 통합되어 하루 일과 안에서 운영하게 된다. 즉 유아들의 생활 자체가 통합적이고 전체적인 특성을 가지고 있다. 유아교육에서 강조되고 있는 교과에 대한 통합적 운영은 각 교과에 대한 유아교사의 이론적 지식을 바탕으로 한 실제 적용능력을 기르는 데 기본을 둔다.

2019 개정 누리과정이 현장에 적용되면서 무엇보다도 유아의 놀이가 강조되는 이때에 유아교과교육을 어떻게 현장에서 적용해야 할지에 대해 고민하게 되고 교사의 수업역량을 지원하기 위한 다양한 방안과 놀이를 어떻게 연계해야 할지 그 방법에 대해 많은 의문을 갖게 된다. 이에 유아들이 일상의 경험들을 효과적으로 연결하여 그 의미를 찾아갈 수 있도록, 즉 유아들의 전인발달을 도울 수 있는 최선의 방법에 대해 편의상 나눈 각 교과의 내용에 대한 학습이 이루어질 필요가 있다. 또한 놀이의 중요성이 더욱 강조되고는 있지만 유아의 놀이를 지원하기 위한 교사의 역량은 여전히 중요하다.

이에 본서에서는 집필진들이 각 교과별, 즉, 유아언어교육, 유아수학교육, 유아과학교육, 유아사회교육, 유아음악교육, 유아동작교육, 유아미술교육, 유아건강교육에 대한 개념과 내용, 교수·학습방법을 다루고 그와 관련한 실제를 자유놀이와 집단활동으로 구분하여 제시하였다. 그리고 유아교과교육의 평가에 대한 이해를 돕고자 유아가 놀이를 통해 무엇을 경험하고, 놀이를 어떻게 확장해가는지 관찰하고 해석하는 과정평가에 대한 내용을 담았다. 끝으로 예비유아교사뿐 아니라 현장의 유아교사들에게도 널리 활용되기를 바라는 마음으로 놀이중심 유아교육 사례를 부록으로 구성하였다.

마지막으로 이 책이 출간되기까지 많은 도움을 주신 현장의 모든 선생님들과 부모님, 사랑스러운 유아들, 그리고 정말 수고해주신 양서원 관계자분들에게 진심으로 감사의 말씀을 드린다.

2022년 3월

저자 일동

차례

Chapter 1

유아교과교육의 이해

1. 교과교육의 역사
2. 교과교육의 개념
3. 유아교육에서의 교과교육
4. 유아교과교육과 교수 · 학습

1 교과교육의 역사

교육은 인류의 탄생과 함께 지속되어 온 인간의 생활양식의 일환이다. 인류의 역사 이래로 인간은 유·무형으로 교육을 행해왔으며 인류의 진화와 더불어 교육도 진보·발전을 거듭하여 왔다. 고대시대에는 음악과 체육을 교육하였으며, 통치자를 위한 교육과정으로 수학, 천문학, 음악, 변증법 등을 가르쳤다. 중세시대에는 교과의 기원이라 할 수 있는 7자유교과(3학: 문법, 수사학, 변증법, 4과: 대수, 기하, 천문학, 음악)를 가르쳤다. 이는 오늘날 교과의 기원으로 근대 산업혁명을 거쳐 현대적인 새로운 교과가 생겨난 후에도 학교의 교과에 영향을 미치고 있다(유민임, 2015). 현대의 교과교육에서는 국어, 영어, 사회, 과학, 음악, 미술, 체육 등으로 다원화하여 가르치고 있다. 이러한 시대별 교육내용은 인류 문화와 역사 속에서 독창성을 가지고 오늘날 교과교육에서 다양한 이론적 모티브를 제공하므로, 역사 속 다양한 교과교육의 배경과 특징을 이해하는 것은 현대 교육의 교과교육과 교수법 이해의 기초가 된다(임부연, 최남정, 양혜련, 2016).

따라서 근대 이후 교육학의 체계를 시도한 코메니우스를 비롯한 주요 학자들의 교과교육의 주요 관점을 제시하면 다음과 같다.

- 코메니우스(J. A. Comenius, 1592-1670)

  교 육 관: 감각이 모든 학습의 기초
  교수원리: 직관에 의한 실물을 통한 감각교육

- 루소(J. J. Rousseau, 1712-1778)

  교 육 관: 소극적 교육
  교수원리: 자연주의 교육

- 로크(J. Locke, 1632-1704)

  교 육 관: 경험론적 지식관
  교수원리: 경험주의 교육

- 페스탈로찌(J. H. Pestalozzi, 1746-1827)

  교 육 관: 인간성의 전개(도덕인)
  교수원리: 실제, 체험을 통한 교육, 자발성의 원리

- 프뢰벨(F. Frobel, 1782-1852)

  교 육 관: 인간의 내재된 신성을 깨우는 것
  교수원리: 감각적 · 조작적 경험, 놀이를 통한 지식 획득

- 듀이(J. Dewey, 1859-1952)

  교 육 관: 지식은 아동의 일상생활 속에서 체험을 통해 스스로 구성하는 것
  교수원리: 아동중심 · 흥미중심 · 생활중심 · 경험중심 교육

- 몬테소리(M. Montessori, 1870-1952)

  교 육 관: 민감기, 준비된 환경, 감각교육
  교수원리: 자동교육의 원리

또한 교과는 각급 학교교육의 성립이나 발전과 불가분의 관계에 있으며 사회적 존재인 인간의 삶과 결합된 제 기능이 분화되는 역사적 과정을 거치면서 형성되는 산물이므로 교과가 갖는 역사적 배경을 간과할 수 없으며(이돈희, 박순경, 1997) 교과를 중심으로 이루어지는 교육과정의 역사적 흐름을 살펴볼 필요가 있다.

19세기에 들어서면서 스탠리 홀(G. Stanley Hall)을 중심으로 아동연구운동이 전개되고 교육의 과학적 접근이 이루어지면서 교육과정의 문제가 과학적인 시각에서 독립된 학문으로 연구되기 시작하였다. 스펜서(Spencer)는 "어떤 지식이 가장 가치가 있는가?"라고 하는 교육과정론을 통해서 종래의 고전어 중심의 인문주의적 교육과정을 비판하고 현실 생활에 유용한 지식을 중시하는 합리적인 교육과정을 제시하였다.

교육과정은 1918년 보빗(F. Bobbitt)에 의해 교육학의 전문분야로 자리 잡기 시작하면서 체계화되기 시작하였으며, 그 이전의 모든 교육과정을 교과중심 교육과정이라고 불렀다. 이후 19세기 말, 실용주의에 토대를 둔 듀이(J. Dewey)의 아동중심 · 흥미중심 · 생활중심 · 경험중심 교육은 전 세계적으로 학교교육에 막대한 영향을 미치면서 경험중심 교육과정이라는 하나의 이론으로 확립되었고 1960년대까지 지배적인 교육과정으로 자리 잡게 되었다.

그러나 1957년 소련의 스푸트니크호 발사 사건을 계기로 미국을 중심으로 경험중심 교육과정이 지나치게 아동의 경험과 흥미에 치우친 결과, 체계적인 지식교육을 소홀히 했다는 비판이 일어나면서 학문을 체계적으로 가르칠 것을 강조하는 학문중심 교육과정이 생겨났다. 그 후, 인본주의 심리학과 현상학적 접근의 교육적 흐름의 영향으로 지나친 지식중심의 학문중심 교육과정은 학습자를 비인간화시킨다는 비판이 일어나게 되면서 교육과정은 지식중심의 교육에서 학습자중심의 인간중심 교육과정으로 전환되었다. 역사적 흐름에 따른 교육과정의 유형을 분류하여 제시하면 〈표 1-1〉과 같다.

〈표 1-1〉 교육과정 유형의 특성

유형	특징	배경사상 및 시기
교과중심 교육과정	• 교육과정의 개념을 교수요목(course of study)으로 보는 견해로 학교교육은 변하고 있는 잠정적인 것보다 변하지 않고 오래가는 것을, 현상적인 것보다 본질적인 것을, 단편적인 것보다 원리 · 원칙을, 실제적인 것보다 이론적인 것을 중시함 • 문화유산의 전달이 주된 교육내용이 되며, 교사중심, 설명 위주의 교수법, 한정된 교과영역 내에서의 학습활동이 이루어짐	본질주의 교육사상 (학교 시작 ~1920년대 까지)
경험중심 교육과정	• 교육과정의 개념을 '학교의 지도하에 학습자가 가지게 되는 모든 경험'으로 보는 견해 • 교사는 조력자, 안내자, 상담자의 위치에서 학습자가 사회 변화에 따라 다양한 문제들을 현명하게 해결해 나갈 수 있는 능력을 배양하도록 하는 데 중점을 둠	진보주의 교육사상 (1920년대 ~1950년대)
학문중심 교육과정	• 교육과정의 개념을 '각 학문에 내재해 있는 지식 탐구와 정의 조직'으로 보는 견해로 탈러(Taler, 1949)가 제시한 '교육과정과 교수 기본원리'에서 교육과정의 구성 방식을 4단계-교육목적 및 목표의 설정, 교육내용의 선정 및 조직, 교수 · 학습과정의 계획 및 운영, 성취도 평가-로 나누는 교육계획을 철저하게 강조함 • 1960년을 전후로 발생한 교육과정 이론으로서 급속한 과학기술의 발전으로 변모한 사회와 급속한 학문의 발달로 인한 지식의 폭발, 교육과정 이론의 발전을 바탕으로 생겨남. 1957년 소련의 인공위성 발사가 미국 안보에 위협을 주었으며, 이에 따라 과학교육진흥에 박차를 가하였고 지식 기술의 폭발적 증대로 학교에서 효과적으로 가르칠 수 있는 지식의 구조가 중요하다고 봄. 교과내용은 초등학교부터 고등학교까지 동일하되 학년의 진전에 따라 그 수준이 달라지도록 나선형 방식으로 조직됨	인지주의, 구조주의 교육사상 (1960년대)
인간중심 교육과정	• 교육과정의 개념을 '학습자가 학교생활을 하는 동안에 가지게 되는 경험'으로 보는 견해로 의도된 교육과정과 잠재적 교육과정으로 학교 환경의 인간화를 위하여 노력할 것을 제안하였으며 교육목표를 자아실현으로 설정함 • 교사는 인간주의적이고 진실해야 하며 한 개인으로서 학습자에 대한 존중, 공감적 이해, 애정 등을 가져야 한다고 보았으며 인간중심 교육과정에서 '가르친다'는 것은 하나의 체계나 방법들을 이용한다는 데 있다기보다는 하나의 '인간적인 관계'로 봄 • 교육이 지나치게 인지적 측면과 정의적 측면을 강조한 결과, 지적 교육으로 편중되는 것에서 탈피하여 정의적 측면에서의 교육과 건전한 자아개념의 형성, 올바른 태도와 가치관 발달, 정서교육 등을 실시할 것을 제안함	인본주의, 민주주의 교육사상 (1970년대)

출처: 고문숙 외(2011). p. 14.

2 교과교육의 개념

1) 교과의 개념

교과란 교육목적 달성에 필요한 지식과 기능을 학문적으로 체계화한 영역으로 교육하고자 하는 내용을 말한다. 즉 교과는 가르치는 입장에서 교육내용을 학교교육 목적에 맞게 조직한 일정한 과목으로 국어, 수학, 사회 등이 그 예이다(새국어사전, 1991; 서울대학교 교육연구소, 1994). 따라서 교과는 각급 학교의 교육과정에 의해 규정되는 교과목 혹은 교과영역으로 초등학교 이상의 각급 학교에서는 교과의 종류를 교과목으로 정하고 있다.

교과는 인류가 진화과정에서 여러 문화양식들 중 인간의 생존과 발전에 기여해 왔다고 여기는 특정 영역의 지식이나 사고양식, 경험 등과 같은 문화적 요소에 의해서 가치 있는 내용이나 앞으로 사회에서 가치 있을 것이라고 여겨지는 내용을 선정하여 조직하기도 하므로(유민임, 2015), 교과는 학문의 논리적 구분에 따른 지식체계 또는 사회적 필요에 의해 경험의 제 영역으로 단위가 구분된 교육활동을 의미하기도 한다(이돈희, 박순경, 1997). 따라서 교과의 구분은 학문적 분류의 체계에만 의존하는 것이 아니라 교육받는 대상과 사회적 필요에 의해 다르게 성립될 수 있다. 또한 교과는 어떤 고정된 실체가 아니라 각급 학교의 교육과정에서 교수 · 학습을 위한 활동영역의 단위를 가리키며(김경배, 이홍숙, 2000), 교육을 받는 개인적 측면에서는 발달영역을 범주화한 것이므로 성장함에 따라 교과의 범위도 확대되고 조직이 분화되며, 사회적 측면에서는 사회 구성원들이 입문해야 하는 문화적 범주의 체계가 된다.

교사를 양성하는 사범대학이나 교육대학에서 교과는 곧 '전공'을 의미하기도 한다. 사범대학에서 교양과목을 제외한 교사자격증 취득교과는 크게 '교직'과 '전공'의 교과로 구분되는데 이때 '교직'은 주로 교육학 계열의 교과목(교육철학, 교육사회학, 교육행정, 교육평가, 학교상담 등)을 의미하고 '전공'이란 특정의 전공하는 과(국어교육, 수학교육, 사회교육, 유아교육, 초등교육 등)에서 배우는 모든 교과목을 의미한다(임부연, 최남정, 양혜련, 2016).

2) 교과교육의 개념

19세기 말에서 20세기에 걸쳐 교과교육이 교과내용의 지도임과 동시에 인간 지도의 성격도 가짐을 인정하고 통합적이고 전인적인 인간을 형성하는 역할로서 교과 간의 관련성이나 구조에 대한 연구가 이루어져야 한다는 관점이 지속되어 왔으며, 통합 교과에 대한 연구와 실행이 이루어졌다.

앞에서의 교과의 개념에 비추어 볼 때, 교과교육은 교과를 교육하는 학문으로 해당 교과에 대한 기초개념과 지식을 포함하여 각 교과의 효율적 지도방법에 대해 아는 것이라고 할 수 있다. 교과교육은 교과내용에 대한 이해를 포함한 교과를 가르치는 방법적 이해도 중요하므로 교과내용뿐만 아니라 교과에 대한 안목을 지닐 수 있도록 교육발전사, 교육원리 개발, 교과내용 설정, 교수방법론 등을 포괄하는 방향으로 발전되어야 한다.

다시 말해, 각 교과의 기초 지식과 목표, 내용 및 방법을 알고 교수 · 학습활동 과정에서 요구되는 이론 및 실제를 수행하는 것을 의미한다.

또한 교과교육은 교육과정령에 의하여 특별히 지정된 교과를 지정된 시간 수만큼 이수하도록 하는 교육활동으로(서울대학교 교육연구소, 1994), 우리나라는 교과교육을 교육활동 중에서 생활지도나 특별활동과 구분하고 교과교육에서 다루어야 할 교과 종류를 교육과정령으로 정해두고 있기 때문에 우리나라에서 교육받는 사람이라면 누구나 교과교육을 받아야 한다(한국유아교육학회, 1997).

이러한 견해를 종합해 보면 교과교육학은 교과의 핵심적인 내용을 탐구하고 그 의미를 학생들에게 전달할 뿐만 아니라 그 일의 가치를 자신의 삶과 관련하여 이론적으로 설명하고 정당화함으로써 교과를 가르치고 배우는 일이 개인 삶의 이상을 구현하는 일임을 구체적으로 보여준다고 할 수 있다(고문숙 외, 2016).

이러한 맥락에서 교과교육의 개념을 정리하면 다음과 같다.

- 교과교육은 교육내용을 이해함과 동시에 교과에 대한 안목 또한 가르치는 방법적 원리를 이해하는 것이다.
- 교과교육은 지식의 형성뿐만 아니라 학습자 개개인의 인성 형성까지도 지도하는 기능을 가진다.
- 교과교육은 통합적 성장을 지향하는 인간에게 있어 각 교과를 통합하여 접근하는 연구가 필요하다.

이상에서 살펴본 바와 같이, 교과교육은 교과내용 지식을 효율적으로 가르칠 수 있는 능력을 함양하는 데 반드시 필요한 교과목이다.

〈표 1-2〉 교과교육과목의 교수요목

<table>
<tr><th>교과목</th><th>기본교수요목</th></tr>
<tr><td>교과교육론</td><td>• 교과교육의 역사적 배경, 교과교육의 목표, 중 · 고등학교 교육과정의 분석 등 교과교육 전반에 관하여 연구한다(수업의 실제부분에 중점을 둠).
• 교과별 수업의 실제와 과정 중심의 평가 등 초 · 중등 교육과정의 각론 내용에 중점을 둔다.</td></tr>
<tr><td>교과 · 교재연구 및 지도법</td><td>• 교과의 성격, 중 · 고등학교 교재의 분석, 수업안의 작성, 교수방법 등 교과지도의 실제 경험을 쌓게 한다.
• 학교현장의 교육실습과 연계를 강화하고, 교과 통합 교육과정 운영 등에 중점을 둔다.</td></tr>
<tr><td>교과 논리 및 논술</td><td>• 각 교과별 특성에 부합되는 논리적 사고의 근본 법칙 및 논술에 관한 교육에 역점을 둔다.</td></tr>
<tr><td>교과별 교수법</td><td rowspan="3">• 각 교과별 특성에 부합되는 교수법, 교육과정, 평가방법 등에 관한 이론과 실제를 학습한다.
• 교육과정 및 교육정책의 변화에 따른 학생활동 및 참여 중심의 최신 교수 · 학습 모형과 평가 방법이 포함되는 내용을 개발하여 운영한다.</td></tr>
<tr><td>교과별 교육과정</td></tr>
<tr><td>교과별 평가방법론</td></tr>
</table>

출처: 교육부(2021). p.63.

3 …… 유아교육에서의 교과교육

유아교육기관에서는 수학, 언어, 사회, 과학 등으로 교과목이 구분되는 것이 아니라 이들이 통합되고 연계되어 활동영역이나 생활영역이란 이름으로 재구성된다. 따라서 유아교육에서의 교과교육은 초 · 중등교육에서처럼 교과영역별 지도를 하지 않고 경험을 중심으로 교과영역을 통합적으로 재구성해서 지도하고 있다. 현재 유아교사를 양성하는 기관에서는 그 교육의 편리성으로 인해 각 교과별로 구분하여 교육과목을 개설하고는 있지만, 유아교육에서의 교과교육은 통합적인 운영을 지향하고 있으며 국가에서 고시한 국가수준의 교육과정을 유아의 발달 수준, 흥미와 경험 및 계절과 기관 특성을 고려하여 각 유아교육기관의 실정에 맞게 만들어 운영하고 있다고 볼 수 있다.

유아교육에서 다루는 교과교육의 내용은 유아교육과정의 각 생활영역에 내재되어 있다고 볼 수 있는데 3-5세 누리과정에 따르면 유아교육과정 영역의 명칭과 수는 신체운동 · 건강, 의사소통, 사회관계, 예술경험, 자연탐구의 5개 영역으로 구성되어 있다. 유아교육과정에서 5개 영역은 유아에게 필요한 기본 능력과 소양을 기를 수 있도록 되어 있고, 5개 영역에 세부 내용을 제시하여 전체 또는 일부가 서로 연계되고 통합적으로 운영되도록 하고 있다. 즉, 유아교육과정은 유아의 흥미와 발달 수준 및 실생활 경험을 고려하고, 유아들이 흥미를 가지며 자발적이고 지속적으로 참여하는 놀이중심의 교육이 되도록 한다.

교육의 목표가 결정되면 교사는 수많은 교육내용 중 어떤 내용을 가르쳐야 할지 결정해야 한다. 교육내용이란 매우 다양한 의미를 지니지만 일반적으로 지식 · 기술 · 태도 등으로 정의되기도 하고, 지식 · 기술 · 태도를 담은 그릇으로 정의되기도 하는데 (이성희, 박은혜, 2012), 이런 의미에서 우리나라 유아교육기관의 생활주제는 교육내용이면서 동시에 교육내용을 담은 그릇이 된다. 무엇을 가르치고 배울 것인가를 결정하는 '교육내용'의 선정과 선정된 내용을 일정한 원칙 혹은 원리에 따라 배열하는 '교육내용의 조직'은 수업 목표를 달성하는 데 있어 매우 중요한 부분이다. 유아교과교육학에서 다루어야 할 주요 내용은 유아교과교육학의 목적 및 목표로부터 나온다. 유아가 학습할 영역을 교과로 나누는 것은 교사가 그 교과의 필수적인 기능이나 구조 등을 익히기 위한 것이다. 이러한 분리는 인위적인 것이며, 유아에게 제시될 때는 통합적인 접근법으로 제시되어야 한다.

주제를 중심으로 통합적 교육과정을 운영하기 위해 영유아 교사는 0세부터 5세까지의 유아들을 대상으로 발달 수준 및 흥미를 고려하여 교육의 내용을 재구성해야 한다. 그러나 교육과정의 운영이 통합적으로 이루어진다고 해서 교사가 각각의 교과를 기본으로 하는 교육의 내용에 대해 몰라도 된다는 것은 아니다. 각 교과의 교육내용에 대한 지식을 기반으로 유아의 발달적 특성에 따라 교육의 내용을 재구성해야 하기 때문에 유아교사에게는 교과내용에 대한 풍부한 지식 외에 교육과정에 대한 지식, 학습자에 대한 지식, 교수 · 학습방법에 대한 지식 등 교수 상황에 대한 전반적인 이해와 관련된 지식이 함께 요구된다(신은수, 김현진, 2007).

4 …… 유아교과교육과 교수 · 학습

1) 교수·학습방법의 원리

유아교육은 그 특성상 초 · 중등학교와는 다른 교수 · 학습 원리가 존재한다. 유아의 발달 특성을 고려하여 효율적인 교육을 실행하기 위한 교수 · 학습 원리를 살펴보면 다음과 같다(교육과학기술부, 보건복지부, 2013; 신혜은, 고태숙, 장세희, 2015; 임부연, 최남정, 양혜련, 2016).

(1) 놀이중심의 원리

놀이는 유아의 생활이자 학습 그 자체이다. 놀이를 하면서 유아는 다른 사람과 관계를 맺고 주변에 대한 지적 호기심을 충족시키며 삶에 필요한 지식, 기능, 태도를 익히고 사고를 확장해 간다. 놀이는 즐거워서 자발적으로 하는 것이므로 유아가 정서적 긴장이나 두려움 없이 많은 것을 배우고 익히는 학습의 기회가 된다. 따라서 놀이를 통해 가르치고 배우는 것은 유아기에 가장 적합한 교수 · 학습방법 중 하나이다. 예를 들어 소꿉놀이를 하면서 성역할을 학습하고 공 던지기를 하면서 신체기관의 협응능력을 기르고 어림 측정을 배우게 된다. 유아의 자발적인 놀이가 자연스럽게 학습 경험으로 연계되도록 하는 교사의 역할이 중요하다. 교사는 의도하는 교육목표와 내용에 부합하며, 유아가 자발적이며 적극적으로 참여할 수 있는 놀이를 계획하여 제공해야 한다. 교사는 생활주제와 유아의 발달 수준을 고려하여 다양한 놀이를 준비하고 유아가 놀이를 통해 자연스럽게 교육활동 주제에 몰입하고 학습할 수 있도록 안내자 및 촉진자 역할을 해야 한다. 또한 유아가 놀이 계획, 선택 및 수행, 평가의 기회를 가질 수 있도록 지도해야 한다.

(2) 흥미중심의 원리

흥미를 가진다는 것은 어떤 것에 주의를 기울이고 지속적으로 몰두하며 마음이 사로잡혀 있다는 것이다. 자신이 흥미 있어 하는 활동이 제공되었을 때 유아는 그 활동에 마음이 사로잡혀서 적극적인 참여자가 된다. 그러나 활동의 내용이 유아의 흥미가 없는 것이라면 유아는 적극적으로 참여하여 몰입하기 어렵다. 유아의 흥미를 일으키기 위해 교사는 유아의 흥미가 무엇인지 먼저 파악해야 한다. 유아에게 흥미를 부여하기 위해서 교사는 유아의 현재 능력과 발달 수준을 이해하고 유아가 무엇을 경험하고 있는지 파악해야 한다. 유아가 주변에서 경험하는 것뿐만 아니라 이전 경험과 연계하는 것은 유아의 흥미를 도모할 수 있다. 유아의 흥미를 고려하지 않은 성인 주도의 일방적 교수방법은 유아의 학습의욕을 저해하게 된다. 흥미가 지속적으로 유지되어 학습이 이루어지기 위해서는 여러 활동을 단편적으로 경험하기보다 흥미 있는 활동을 반복하고 자신이 한 경험에 대해 생각할 기회를 제공하는 것이 필요하다.

(3) 생활중심의 원리

유아를 위한 교수는 유아의 생활과 유기적으로 관련되어 있을 때 보다 효율적이다. 유아는 발달 특성상 교사의 설명보다는 친숙한 일상생활 속에서의 구체적이고 직접적인 경험을 토대로 학습한다. 교육의 주제가 생활과 관련이 있을 때 유아는 흥미를 느끼고 자발적으로 탐색하고 탐구하려는 의욕을 갖게 되며 실제 생활 및 경험을 통하여 학습할 때 그 효과는 증진된다. 유아가 생활 속에서 갖는 경험은 유아 개인에게 의미가 있고 가장 가깝고 친숙하며 구체적이고 직접적인 것이어야 한다. 교수와 학습이 삶의 맥락에서 일어날 때 그 활동은 유아의 성장과 발달에 진정한 의미를 갖게 된다.

유아의 생활 속 경험을 학습 상황으로 이끌어가기 위해서는 교사의 역할이 중요하다. 교사는 유아와 직접적으로 관련된 가정과 유치원 및 어린이집의 일과, 친구관계 등에서 유아가 하는 경험에 대해 잘 알고 있어야 하며 동시에 유아가 습득해야 할 지식, 기능, 태도 및 가치가 무엇인지를 알고 있을 때 유아가 하는 경험을 학습의 장으로 연결할 수 있다.

(4) 상호작용의 원리

유아는 교사나 또래, 교재와 교구, 교육환경 등과 상호작용하면서 새로운 지식과 기능을 습득하고 태도를 형성해 간다. 상호작용은 유아에게 제공되는 지식이나 기능, 가치를 일방적으로 흡수하는 것이 아니라 인지적 · 정서적 교류를 통해 보다 능동적으로 지식을 구성하며 학습하는 것이다. 다시 말해 상호작용의 핵심은 일방적인 것이 아니라 쌍방적인 것이다. 유아와 교사, 유아와 유아가 서로 생각을 나누면서 함께 학습할 수 있도록 배움의 공동체 문화를 형성하는 것이 중요하다. 이를 위해 교사는 유아의 연령, 사전 경험, 발달 수준 등을 고려하여 교사–유아, 유아–유아, 유아–환경 간의 상호작용을 지원해야 한다.

(5) 통합의 원리

유아는 여러 영역의 발달이 조화롭게 이루어져야 하며 균형 잡힌 성장을 할 수 있어야 한다. 이를 위해 유아의 경험은 통합될 필요가 있다. 경험 통합은 하나의 주제를 바탕으로 전개되는 활동들의 통합이라는 의미도 있지만 궁극적으로 이전 경험과 현재 경험 간의 통합을 의미한다. 따라서 통합은 유아의 주제를 중심으로 모든 흥미영역이 통합되게 하여 경험 간 통합을 추구할 수 있다. 또한 생활주제를 중심으로 한 영역의 통합은 신체, 인지, 정서, 언어, 사회적 발달이 조화를 이루어 일어나며 궁극적으로는 전인적 발달에 이르게 된다.

(6) 균형성의 원리

하루 일과에서 교사가 계획하여 제공하는 교수 · 학습활동은 유아들의 신체적인 리듬 및 정신적인 건강, 활동성을 고려하여 실내 활동과 실외 활동, 정적인 활동과 동적인 활동, 개별활동과 대 · 소집단 활동, 휴식 등이 균형 있게 이루어져야 한다. 일과 중에 이야기 나누기, 동화 듣기, 동시 짓기 등과 같은 정적인 활동이 지속될 경우 유아들은 활동에 집중하지 못하고 쉽게 지루함을 느낄 수 있다. 이렇게 정적인 활동을 한 후에는 게임이나 신체활동과 같은 충분히 몸을 움직일 수 있는 동적인 활동이 제공되어야 한다. 개별활동과 대 · 소집단 활동도 유아의 연령 및 시기를 고려하여 학기 초에는 대집단 활동보다는 개별활동이나 소집단 활동을 중심으로 진행하여 정서적으로 안정감을 가지고 새로운 환경에 적응할 수 있도록 한다. 5세 유아의 경우는 대집단에서 자신의 욕구를 조절하고 지연하며 절제력을 키우는 기회를 갖는 것도 필요하다.

(7) 개별화의 원리

유아는 동일한 연령에서 나타나는 보편적인 발달 특징과 함께 인성, 학습양식, 성장 속도나 그 패턴에서 개인차를 보인다. 교수 · 학습 과정에서 개별 유아의 발달 수준, 흥미 정도, 이해 수준에 적합하도록 학습 경험이 제공되어야 한다. 교사는 난이도가 다른 다양한 활동을 제공하여 유아가 자신의 흥미와 능력, 학습 속도에 맞는 것을 선택할 수 있도록 하고 제공되는 교재 · 교구도 다양한 수준으로 제시하도록 한다. 또한 유아의 특성을 고려하여 개별 또는 소집단, 대집단 등으로 집단 형태를 다양하게 구성한다.

2) 교수 · 학습방법의 유형

(1) 설명법

교사중심 접근법의 대표적인 것으로 교사가 주도적으로 유아들에게 정보나 학습내용을 전달하는 방법이다. 교사가 중심이 되어 직접 지도가 이루어지기 때문에 직접교수법이라 부르기도 한다. 언어적 표현으로 교사가 가르치는 방법이며 역사적 사실이나 사건, 시간, 지리 등과 같이 이미 알려진 정보들을 유아에게 소개하는 데 적합하다. 그러나 설명법으로 유아의 교수 · 학습을 진행하기 위해서는 다양한 시청각 자료가 반드시 뒷받침되어야 한다. 교사는 가르치려는 내용을 사전에 선정하여 조직한 후 설명을 하고 유아들이 이해한 것을 다시 실행해 보도록 한다. 설명법은 교사 한 명이 여러 명의 유아에게 짧은 시간에 효과적으로 정보를 전달하기 때문에 경제적이며 교수 · 학습 과정이 체계적이고 잘 구조화되어 있다.

(2) 발문교수법

발문교수법은 질문과 답을 주고받으며 학습을 진행시켜 나가는 방법이다. 발문을 통해 유아는 학습에 대한 동기를 부여하고 교육활동 과정에서 사고활동을 보다 촉진하고 사고를 보다 정교하게 할 수 있다. 발문을 통해 유아는 새로운 과제나 활동에 흥미를 가질 수 있으며 스스로 사고하는 능력을 기를 수 있다(염지숙 외, 2015). 교사는 새로운 활동의 동기유발을 위해서 또는 유아가 참여하고 있는 활동이 확장되고 유아의 생각을 활성화하기 위해 질문한다. 발문교수법은 비판적 사고, 반성적 사고, 합리적 사고를 촉진하여 사고력을 증진시키고 교사와 유아 간의 의사소통을 증진시킨다.

(3) 탐구학습법

탐구학습법은 유아의 능동적인 참여, 즉 유아가 자신 및 타인의 의문에 대한 답을 해결하고자 능동적으로 지식을 발견해 나가는 과정을 중시한다. 유아는 탐구학습 시 학습에 대해 흥미와 호기심을 갖게 되고 또래들과 함께 의문을 해결해 나가면서 협동심이 발달된다. 탐구학습에서 유아는 교사로부터 지식을 받아들이기만 하는 게 아니라 비판적으로 주변을 바라보고 문제에 대한 답을 스스로 찾아나가는 능동적인 학습자이므로 교사는 유아 스스로 탐구할 수 있는 동기부여가 되는 환경과 교육활동을 제공하여야 한다. 이렇게 스스로 구성한 지식과 정보는 오래 기억되고 보존되며, 논리적이고 합리적인 사고를 촉진하여 체계적인 의사결정을 할 수 있다. 그러나 과정중심적 접근이므로 학습에 많은 시간이 소요된다.

(4) 문제해결학습법

문제해결학습법은 듀이(Dewey)의 반성적 사고에 기초를 둔 것으로 유아가 실생활의 여러 문제를 인식하고 이를 해결해 나가는 과정을 통해 삶에 필요한 지식과 태도 및 기술을 발달시켜 나가는 교수 · 학습방법이다. 유아가 문제 상황에 부딪혔을 때 당면한 문제를 해결하기 위해 필요한 정보와 기술을 찾아보고 도출된 여러 대안을 검토해 보며 문제해결력을 기르게 된다.

문제해결학습은 다음과 같은 단계로 진행된다(성은영 외, 2015).

첫째, 문제 선정 및 명료화 단계: 일상생활에 관련된 문제를 인식하고 명확히 한다.

둘째, 가설 수립 단계: 문제해결을 위한 여러 가지 가설을 세우고 문제해결 계획을 수립한다.

셋째, 자료 수집 및 분석 단계: 가설을 검증하기 위해 자료를 수집하고 분석 및 해석한다.

넷째, 추론 및 가설 확인 단계: 가설의 타당성을 추론하고 가설을 입증한다.

문제해결학습을 통해 유아는 독립적으로 생각하고 배울 수 있어 책임감이 생기고 문제를 해결하였다는 성취감을 느낄 수 있으며 필요한 자료를 적극적으로 찾아나서는 도전의식과 정보능력 등을 기를 수 있다.

(5) 협동학습법

협동학습법은 유아가 또래와의 협력적 상호작용을 통해 공동의 목표를 성취해 나가는 방법이다. 유아들은 목표달성을 위해 서로 역할을 분담하는 과정에서 책임감을 기를 수 있고, 또래 간에 서로 배우고 가르치면서 지식이 확장될 뿐만 아니라 학습에 대한 자신감을 가질 수 있다. 또한 사회생활에 필요한 지식과 의사소통 및 대인관계 기술을 배울 수 있다. 협동학습은 유아의 참여를 높이고 유아가 지도력을 가지고 집단 의사결정을 경험할 수 있게 한다.

협동학습의 특징은 다음과 같다(정문성, 2006).

첫째, 집단목표가 있다. 협동학습에서 개인의 목표 달성은 집단의 공동목표 달성 여부에 달려 있으며 이를 위해 학습자 간 상호작용이 이루어진다.

둘째, 개별적 책무성이 있다. 모든 구성원은 자신에게 부여된 과제를 학습하면서 동시에 다른 구성원의 학습을 도와준다.

3) 교과내용의 선정과 조직

(1) 교과내용의 선정

유아에게 의미 있는 학습 경험으로서의 교육내용 선정 원리를 살펴보면 다음과 같다(가영희 외, 2011; 교육과학기술부, 보건복지부, 2013; 권건일, 송경애, 2006; 문미옥, 2008; 추정훈, 2011).

① 기회의 원리: 수업목표를 행동으로 옮길 수 있는 기회가 제공되어야 한다. 목표가 의미하는 행동을 유아가 실제로 경험해 볼 수 있는 기회를 가질 수 있어야 한다. 유아가 실제로 해볼 수 없다면 목표의 달성은 어려울 수밖에 없다.

② 흥미의 원리: 교육내용이 유아의 흥미와 필요 등의 내적 요구와 일치되어야 한다. 이를 위해 유아의 발달, 성숙, 지능, 감각의 경향성 등을 고려하는 것이 필요하다.

③ 가능성의 원리: 교육내용을 통해 도달하고자 하는 목표가 유아의 능력 범위 안에 있어야 한다. 교육내용은 유아의 현재 능력, 학습 성취, 발달 정도에 적합해야 한다. 또한 지도가능성 원리의 측면에서 교사의 수업능력, 교육환경 및 지역 자원 등을 고려하여 교육내용을 선정해야 한다.

④ 만족의 원리: 유아가 교육목표를 달성하기 위한 학습을 경험하는 과정에서 만족감을 느낄 수 있어야 한다. 학습 경험이 만족스럽지 못하면 목표 달성은 기대하기 어렵다.

⑤ 균형성의 원리: 교육내용이 특정 집단의 이익에 도움을 주거나 성, 직업, 인종, 사회, 계층, 종교, 연령, 장애 등에 관한 편견을 주어서는 안 된다.

⑥ 연계성의 원리: 내용들이 서로 관련되고 일관성을 가져야 하며 교육내용과 용어에 모순이 있거나 차이가 있어서는 안 된다.

⑦ 일목표 다경험의 원칙: 같은 목표를 달성하는 데 수많은 학습내용을 경험할 수 있어야 한다. 다양한 경험을 통해 교육목표가 통합적으로 달성될 수 있도록 관심을 기울여야 한다.

⑧ 일경험 다성과의 원리: 하나의 학습 경험으로 동시에 여러 가지 목표를 달성하게

하거나 여러 가지 성과를 낳을 수 있어야 한다.

(2) 교과내용의 조직

교육내용의 조직이란 선정된 교육내용이 교육현장에서 주체적으로 실행될 수 있도록 조직하는 것이다. 일반적인 교육내용의 조직 원리로는 계속성, 계열성, 통합성이 있다. 이 중 계속성과 계열성은 수직적 조직이며, 통합성은 수평적 조직에 해당된다. 또한 교과내용 조직 시 시간적인 관계와 공간적인 관계를 고려하는 것이 필요하다(가영희 외, 2011).

① 계속성의 원리: 교과내용 중에서 중요한 원리나 개념 또는 기술 등에 완전히 익숙해지도록 연습하고 반복적으로 계속 훈련해야 한다.

② 계열성의 원리: 학습내용이 단계적으로 깊어지고 넓어져서 심화·확대되도록 나선형으로 조직하여야 한다. 교육내용 조직의 계열성을 위해 유아의 성숙, 경험의 수준, 정신적 발달, 흥미, 실용성, 곤란도 등도 고려해야 한다. 브루너(Bruner)의 나선형 교육과정이 대표적이다.

③ 통합성의 원리: 한 교과 내에서 여러 내용이나 각 교과들을 서로 수평적으로 관련짓는 것뿐만 아니라 교과에서 배운 내용을 자신의 주변에서 일어나는 일들과 관련짓도록 한다. 이것은 유아들로 하여금 사물을 통합적으로 이해하도록 하고 교육내용과 행동 또는 생활을 통합시키도록 하는 데 목적이 있다.

④ 균형의 원리: 교육내용들이 가지고 있는 고유한 가치를 존중해 주어야 한다. 교육내용 간 우열성의 차이는 있으나 지나친 편중은 목표 달성을 어렵게 할 수도 있으므로, 교육내용 간의 균형 있는 배분이 필요하다.

Chapter 2

2019 개정 누리과정

1. 2019 개정 누리과정의 이해
2. 2019 개정 누리과정의 운영
3. 영역별 목표 및 내용
4. 놀이 이해

1) 2019 개정 누리과정의 이해

2013년 「3~5세 연령별 누리과정」이 제정되어 그동안 우리나라 유아를 위한 국가수준의 교육과정으로 유아교육현장에 적용되어 왔으나, 교육과정 구성체계 보완의 필요성과 과다한 연령별 교육내용, 현장 적용의 획일성 등에 대한 문제가 제기되어 왔다(교육부, 보건복지부, 2019).

최근 국가수준 교육과정인 「2019 개정 누리과정」이 '유아중심 및 놀이중심'으로 방향을 제시함에 따라 유아들의 일상 안에서 진정한 놀이에 대한 의미 탐색의 필요성 및 본질을 방해하지 않고 학습(배움)과 조화를 이룰 수 있는 놀이모습에 대한 탐구가 이루어지고 있다.

「2019 개정 누리과정」의 주요 특징을 살펴보면 다음과 같다(교육부, 2019).

● 유아중심·놀이중심 교육과정

교사 주도 활동을 지양하며, 유아가 충분한 놀이 경험을 통해 몰입과 즐거움 속에서 자율 · 창의성을 신장하고, 전인적인 발달과 행복을 추구할 수 있도록 하였다.

● 국가수준 교육과정으로서 구성체계 확립

누리과정의 성격을 국가수준 공통과정으로 명시하고, 미래사회 핵심 역량을 반영한 인간상과 목표를 밝혀 교육과정으로서 구성체계를 확립하였다.

● 내용구성의 간략화를 통한 현장 자율성 확대

교육과정의 5개 영역은 유지하되, 연령별 세부내용(369개)을 연령통합(59개)으로 간략화하고 다양한 교육방식이 발현될 수 있도록 현장 자율성을 확대하였다.

● 교사의 누리과정 실행력 지원

교사의 과다한 일일교육계획 작성을 경감하고, 주제와 유아놀이를 일치시켜야 하는 부담감 등을 완화해 교사의 자신감 회복을 도우며 자율성과 책무성을 강조하여 누리과정 실행력을 지원하는 데 중점을 두었다.

1) 2019 개정 누리과정의 구성 방향

(1) 추구하는 인간상

가. 건강한 사람

몸과 마음이 고루 발달하고, 스스로 건강함을 유지하며 안정적이고 안전한 생활을 하는 사람

나. 자주적인 사람

자신을 잘 알고 존중하며 자신감을 가지고 스스로 할 수 있는 일을 주도적으로 해나가는 사람

다. 창의적인 사람

주변 세계에 열려 있고, 호기심이 많으며, 자기만의 방식으로 상상하고 느끼고 표현하고 탐색하는 가운데 새롭고 독창적인 생각을 하는 사람

라. 감성이 풍부한 사람

예술을 사랑하고 존중하며 자신을 둘러싼 주변 세계에 경이감과 아름다움을 느끼고 즐길 수 있는 풍부한 문화적 감수성을 지닌 사람

마. 더불어 사는 사람

자신이 속해 있는 사회에 소속감을 느끼고, 다른 사람과 생명을 존중하고 자연과 더불어 살아가는 보다 나은 사회를 만들기 위해 사회문제에 관심을 갖고 협력하는 민주 시민

(2) 목적과 목표

「2019 개정 누리과정」의 목적은 유아가 놀이를 통해 심신의 건강과 조화로운 발달을 이루고 바른 인성과 민주 시민의 기초를 형성하는 데에 있다. 이를 실현하기 위한 목표는 다음과 같다.

가. 자신의 소중함을 알고, 건강하고 안전한 생활 습관을 기른다.
나. 자신의 일을 스스로 해결하는 기초능력을 기른다.
다. 호기심과 탐구심을 가지고 상상력과 창의력을 기른다.
라. 일상에서 아름다움을 느끼고 문화적 감수성을 기른다.
마. 사람과 자연을 존중하고 배려하며 소통하는 태도를 기른다.

(3) 구성의 중점

가. 3~5세 모든 유아에게 적용할 수 있도록 구성한다.
나. 추구하는 인간상 구현을 위한 지식, 기능, 태도 및 가치를 반영하여 구성한다.
다. 신체운동 · 건강, 의사소통, 사회관계, 예술경험, 자연탐구의 5개 영역을 중심으로 구성한다.
라. 3~5세 유아가 경험해야 할 내용으로 구성한다.
마. 0~2세 보육과정 및 초등학교 교육과정과의 연계성을 고려하여 구성한다.

2 ······ 2019 개정 누리과정의 운영

교육부는 2017년 '학생중심의 교육과정 개편'을 제시하여 이에 출발선 평등을 실현하기 위한 '유아교육 혁신방안'을 발표하고 주요내용 중 하나로 '유아가 중심이 되고 놀이가 살아나는 유아중심 · 놀이중심의 교육과정 혁신'을 발표하였다. 이에 「2019 개정 누리과정」은 개별 유아의 다양한 특성을 고려하며 유아의 자유놀이 권장, 현장의 자율성 확대, 관찰과 기록 등 유아와의 상호작용을 강조하고 있다.

1) 편성 · 운영

가. 1일 4~5시간을 기준으로 편성한다.

나. 일과 운영에 따라 확장하여 편성할 수 있다.

다. 누리과정을 바탕으로 각 기관의 실정에 적합한 계획을 수립하여 운영한다.

라. 하루 일과에서 바깥 놀이를 포함하여 유아의 놀이가 충분히 이루어지도록 편성하여 운영한다.

마. 성, 신체적 특성, 장애, 종교, 가족 및 문화적 배경 등으로 인한 차별이 없도록 편성하여 운영한다.

바. 유아의 발달과 장애 정도에 따라 조정하여 운영한다.

사. 가정과 지역사회와의 협력과 참여에 기반하여 운영한다.

아. 교사 연수를 통해 누리과정의 운영이 개선되도록 한다.

2) 교수 · 학습

가. 유아가 흥미와 관심에 따라 놀이에 자유롭게 참여하고 즐기도록 한다.

나. 유아가 놀이를 통해 배우도록 한다.

다. 유아가 다양한 놀이와 활동을 경험할 수 있도록 실내외 환경을 구성한다.
라. 유아와 유아, 유아와 교사, 유아와 환경 간에 능동적인 상호작용이 이루어지도록 한다.
마. 5개 영역의 내용이 통합적으로 유아의 경험과 연계되도록 한다.
바. 개별 유아의 요구에 따라 휴식과 일상생활이 원활히 이루어지도록 한다.
사. 유아의 연령, 발달, 장애, 배경 등을 고려하여 개별 특성에 적합한 방식으로 배우도록 한다.

3) 평가

가. 누리과정 운영의 질을 진단하고 개선하기 위해 평가를 계획하고 실시한다.
나. 유아의 특성 및 변화 정도와 누리과정의 운영을 평가한다.
다. 평가의 목적에 따라 적합한 방법을 사용하여 평가한다.
라. 평가의 결과는 유아에 대한 이해와 누리과정 운영 개선을 위한 자료로 활용할 수 있다.

3 영역별 목표 및 내용

「3-5세 연령별 누리과정」은 유아들의 놀이에 대해 좀 더 이해하고 지원할 수 있도록 유아 · 놀이 중심으로 교육과정이 개편되었다.

「3-5세 연령별 누리과정」에서 제시하였던 369개의 세부내용을 총 59개의 내용으로 간략화하였다. 「2019 개정 누리과정」은 5개 영역은 유지하고 각 영역에 포함되는 범주와 내용은 현장 자율성 존중을 위해 간략화하였다. 신체운동 · 건강영역 12개, 의사소통영역 12개, 사회관계영역 12개, 예술경험영역 10개, 자연탐구영역 13개로, 구체적인 내용은 다음과 같다.

Ⅰ. 신체운동·건강

1. 목표

실내외에서 신체활동을 즐기고, 건강하고 안전한 생활을 한다.

1) 신체활동에 즐겁게 참여한다.
2) 건강한 생활습관을 기른다.
3) 안전한 생활습관을 기른다.

2. 내용

내용 범주	내용
신체활동 즐기기	신체를 인식하고 움직인다.
	신체 움직임을 조절한다.
	기초적인 이동운동, 제자리 운동, 도구를 이용한 운동을 한다.
	실내외 신체활동에 자발적으로 참여한다.
건강하게 생활하기	자신의 몸과 주변을 깨끗이 한다.
	몸에 좋은 음식에 관심을 가지고 바른 태도로 즐겁게 먹는다.
	하루 일과에서 적당한 휴식을 취한다.
	질병을 예방하는 방법을 알고 실천한다.
안전하게 생활하기	일상에서 안전하게 놀이하고 생활한다.
	TV, 컴퓨터, 스마트폰 등을 바르게 사용한다.
	교통안전 규칙을 지킨다.
	안전사고, 화재, 재난, 학대, 유괴 등에 대처하는 방법을 경험한다.

Ⅱ. 의사소통

1. 목표

일상생활에 필요한 의사소통 능력과 상상력을 기른다.

1) 일상생활에서 듣고 말하기를 즐긴다.
2) 읽기와 쓰기에 관심을 가진다.
3) 책이나 이야기를 통해 상상하기를 즐긴다.

2. 내용

내용 범주	내용
듣기와 말하기	말이나 이야기를 관심 있게 듣는다.
	자신의 경험, 느낌, 생각을 말한다.
	상황에 적절한 단어를 사용하여 말한다.
	상대방이 하는 이야기를 듣고 관련해서 말한다.
	바른 태도로 듣고 말한다.
	고운 말을 사용한다.
읽기와 쓰기에 관심 가지기	말과 글의 관계에 관심을 가진다.
	주변의 상징, 글자 등의 읽기에 관심을 가진다.
	자신의 생각을 글자와 비슷한 형태로 표현한다.
책과 이야기 즐기기	책에 관심을 가지고 상상하기를 즐긴다.
	동화, 동시에서 말의 재미를 느낀다.
	말놀이와 이야기 짓기를 즐긴다.

Ⅲ. 사회관계

1. 목표

자신을 존중하고 더불어 생활하는 태도를 가진다.

1) 자신을 이해하고 존중한다.
2) 다른 사람과 사이좋게 지낸다.
3) 우리가 사는 사회와 다양한 문화에 관심을 가진다.

2. 내용

내용 범주	내용
나를 알고 존중하기	나를 알고 소중히 여긴다.
	나의 감정을 알고 상황에 맞게 표현한다.
	내가 할 수 있는 것을 스스로 한다.
더불어 생활하기	가족의 의미를 알고 화목하게 지낸다.
	친구와 서로 도우며 사이좋게 지낸다.
	친구와의 갈등을 긍정적인 방법으로 해결한다.
	서로 다른 감정, 생각, 행동을 존중한다.
	친구와 어른께 예의바르게 행동한다.
	약속과 규칙의 필요성을 알고 지킨다.
사회에 관심 가지기	내가 살고 있는 곳에 대해 궁금한 것을 알아본다.
	우리나라에 대해 자부심을 가진다.
	다양한 문화에 관심을 가진다.

Ⅳ. 예술경험

1. 목표

아름다움과 예술에 관심을 가지고 창의적 표현을 즐긴다.

1) 자연과 생활 및 예술에서 아름다움을 느낀다.
2) 예술을 통해 창의적으로 표현하는 과정을 즐긴다.
3) 다양한 예술 표현을 존중한다.

2. 내용

내용 범주	내용
아름다움 찾아보기	자연과 생활에서 아름다움을 느끼고 즐긴다.
	예술적 요소에 관심을 갖고 찾아본다.
창의적으로 표현하기	노래를 즐겨 부른다.
	신체, 사물, 악기로 간단한 소리와 리듬을 만들어 본다.
	신체나 도구를 활용하여 움직임과 춤으로 자유롭게 표현한다.
	다양한 미술 재료와 도구로 자신의 생각과 느낌을 표현한다.
	극놀이로 경험이나 이야기를 표현한다.
예술 감상하기	다양한 예술을 감상하며 상상하기를 즐긴다.
	서로 다른 예술 표현을 존중한다.
	우리나라 전통 예술에 관심을 갖고 친숙해진다.

V. 자연탐구

1. 목표

탐구하는 과정을 즐기고, 자연과 더불어 살아가는 태도를 가진다.

1) 일상에서 호기심을 가지고 탐구하는 과정을 즐긴다.
2) 생활 속의 문제를 수학적, 과학적으로 탐구한다.
3) 생명과 자연을 존중한다.

2. 내용

내용 범주	내용
탐구과정 즐기기	주변 세계와 자연에 대해 지속적으로 호기심을 가진다.
	궁금한 것을 탐구하는 과정에 즐겁게 참여한다.
	탐구과정에서 서로 다른 생각에 관심을 가진다.
생활 속에서 탐구하기	물체의 특성과 변화를 여러 가지 방법으로 탐색한다.
	물체를 세어 수량을 알아본다.
	물체의 위치와 방향, 모양을 알고 구별한다.
	일상에서 길이, 무게 등의 속성을 비교한다.
	주변에서 반복되는 규칙을 찾는다.
	일상에서 모은 자료를 기준에 따라 분류한다.
	도구와 기계에 대해 관심을 가진다.
자연과 더불어 살기	주변의 동식물에 관심을 가진다.
	생명과 자연환경을 소중히 여긴다.
	날씨와 계절의 변화를 생활과 관련짓는다.

4 놀이 이해

개정 누리과정에서 놀이는 유아가 흥미와 관심을 가지고 자발적으로 즐겁게 참여하며 배우는 과정이다. 개정 누리과정은 놀이가 유아의 삶이자 배움의 방식임을 강조한다. 즉 유아에게 놀이는 단순한 경험이 아니라 세상을 살아가며 만나는 수많은 문제를 해결하고 배워 가는 앎과 삶의 방식이다. 유아가 주도적으로 참여하는 놀이는 세상에 대해 알고 있는 또는 알아야 할 모든 내용을 유아 자신의 방식으로 표현하는 행위이자 배움 그 자체라고 할 수 있다. 교사는 유아의 놀이에서 놀이의 의미와 특성뿐만 아니라 놀이가 배움으로서 지니는 가치도 이해할 수 있어야 한다.

1) 배움의 주체인 유아와 배움의 내용, 방식 과정인 놀이

가. 개정 누리과정은 유아의 놀이를 통한 배움을 교육과정 실행의 중심에 두고 있다. 유아에게 놀이는 삶 자체이자 배움의 내용, 방식, 과정이다. 유아는 놀이하면서 감각과 몸, 그리고 기억을 통해 세상과 만나고 개별성을 키우며 배워 나간다.

나. 놀이는 유아의 일상에 자연스럽게 나타난다. 유아는 놀이를 통해 세상과 관계를 맺고 세상에 대한 궁금증을 해결한다. 자연과 날씨, 친근한 사물과 세상을 만나면서 몸을 움직이며 알아 가고, 다른 사람의 말을 듣고 이해하고 소통하며, 새로운 사물과 만나서 얻은 특별한 느낌과 감수성을 바탕으로 다양하게 배울 수 있게 된다. 이렇게 유아는 놀이하면서 배운다.

다. 놀이를 단순히 교육과정 내용을 잘 가르치기 위한 전략 또는 방법이라고 보기는 어렵다. 다시 말해 놀이를 학습의 도구나 교사가 계획한 활동의 수단으로 국한해서는 안 된다. 유아교육의 근본정신은 유아가 놀이를 통해 배움을 경험할 수 있도록 지원하는 것이기 때문이다.

라. 놀이는 유아의 배움이 일어나는 가장 중요한 원천으로, 유아는 놀이를 통해 개정 누리과정 5개 영역의 내용을 경험한다. 또한 개정 누리과정에서는 놀이가 그 이상의 자연스러운 배움까지 이끌 수 있다고 본다. 놀이를 통한 배움에 주목하는 것은 배움을 개정 누리과정 5개 영역 내용으로만 국한하는 것이 아니라, 다양한 배움을 인정하고 폭넓게 이해하는 것을 의미한다.

2) 배움으로서의 유아 놀이 경험의 의미와 특성

가. 경험이란 유아가 생활하며 직접 겪는 모든 일을 말한다. 유아의 경험은 넓고 풍부한 의미를 가지며, 개정 누리과정 5개 영역의 내용을 포함하여 유의미한 내용을 담고 있다는 점에서 배움이라고 할 수 있다. 개정 누리과정 5개 영역의 내용은 놀이에서 통합적으로 나타난다.

나. 유아의 놀이에는 개정 누리과정 5개 영역의 내용이 포함되며, 그 내용을 넘어서는 자연스러운 배움도 존재한다. 따라서 유아의 놀이 경험에서 개정 누리과정 5개 영역의 내용을 연계하여 봄으로써 놀이를 통한 유아의 배움을 이해할 수 있다. 또한 개정 누리과정 5개 영역을 넘어서는 놀이에서의 자연스러운 배움을 발견하는 것도 가능하다. 개정 누리과정 5개 영역의 내용은 놀이에서 통합적이고 순환적으로 나타난다. 이를 통해 유아 놀이가 배움으로서 지니는 의미와 가치를 알 수 있다.

다. 개정 누리과정에서는 유아의 내면적인 배움과 복잡성을 존중하면서, 배움의 과정으로서 유아 주도의 놀이가 살아나고, 놀이를 통한 배움을 풍부하게 지원하는 것을 유아 · 놀이 중심 교육과정의 핵심으로 삼고 있다.

라. 유아가 중심이 되고 놀이가 살아나는 공통 교육과정으로서 개정 누리과정의 실행력을 높이기 위해서는 먼저 개정 누리과정 5개 영역 내용의 통합적 경험인 놀이의 의미와 특성에 대한 이해가 요구된다. 그러나 놀이 경험을 특정 행동 범주로 구분하여 정의하기는 어렵다. 왜냐하면 놀이는 맥락이자 흐름이며 복합적으로 유지되고 변화하기 때문이다. 유아는 놀이를 만들고 이어가면서 놀이한다. 그렇기 때문에 놀이가 진행되면서 새로운 특성이 나타나고 기존의 특성에 더해진다. 그 과정에서 유아의 놀이 경험은 더욱 풍부해진다. 놀이가 흘러가면서 다양한 의미와 특성이 통합적으로 순환하면서 나타나는 것이다.

마. 개정 누리과정에서는 자유로움, 주도성, 즐거움이라는 놀이의 주요 특성을 명시하고 있다. 또한 자유로움, 즐거움, 몰입, 상상력 등을 수반하는 놀이의 특성을 기술하였다. 유아의 놀이 경험을 들여다보면 그 외에도 더 많은 의미와 특성이 발견된다. 그 결과 다음과 같이 다채롭고 풍요로운 유아 놀이의 의미와 특성을 발견할 수 있었다.

- 놀이는 자유롭다.
  - 놀이에서의 자유는 계획된 목적으로부터의 자유, 미리 결정된 규칙으로부터의 자유, 사실로부터의 자유, 시간과 공간의 제약으로부터의 자유를 포함한다.
  - 놀이는 뚜렷한 목적을 가지고 계획된 활동으로부터의 자유를 포함한다. 그러므로 교사는 놀이에서 특정 학습 목표를 달성하도록 일방적으로 안내하기보다는 유아가 놀이하는 흐름을 읽고 따라가야 한다. 그래야 놀이의 특성이 살아난다.
  - 놀이는 이미 정해진 규칙으로부터의 자유를 포함한다. 유아는 놀이하면서 혼자 또는 함께 규칙을 만들며 이미 만들어진 규칙을 바꾸거나 파기하고 새롭게 생성한다. 이처럼 놀이의 질서는 놀이 안에서 만들어지며 놀이를 놀이

답게 만든다.

- 유아는 자신의 경험을 놀이 맥락에서 활용하지만, 그것이 반드시 있는 그대로의 사실일 필요는 없다. 유아는 놀이에서 경험을 자유롭게 선택하고 현실을 넘어서 상상하고 자유롭게 표현할 수 있다.
- 놀이는 특정 시간과 공간의 제약을 받지 않고 언제 어디서나 이루어질 수 있다. 유아는 놀이할 때 필요한 상황을 만들어 낸다. 과거, 현재, 미래를 넘나들고 교실, 복도 등 영역의 경계를 넘어 놀이한다. 자유로운 놀이는 변형과 창조의 특성을 가지게 된다.

● 놀이는 주도적이다.

- 놀이에서의 주도성은 유아의 자발성, 능동성, 내재적 동기, 즉흥적 전개와 같은 특성과 관련되어 있다. 유아는 놀이하면서 신체적, 사회적, 인지적으로 능동적이며 자발적인 참여를 끊임없이 이어간다. 이처럼 놀이는 유아 스스로 의지를 발동시키고 표현하며 자발적 조율이 전제되는 맥락에서 유지된다. 이러한 자발성은 유아의 내부에서 일어난 욕구와 동기가 무엇보다도 중요한 원동력이 된다. 내재적 동기는 자신의 신체, 정신, 행위를 스스로 통제하고 주의를 기울이고 끈기 있게 집중하게 한다. 따라서 유아의 놀이는 외부에서 계획하여 제공한 학습 목표의 범위 안에 머무르는 일련의 과제 수행과는 다른 속성을 가진다.
- 내재적 동기가 놀이의 바탕이 되기 때문에 놀이 주제, 놀이 자료, 놀이 상대, 이야기 줄거리는 개인 또는 집단의 흥미와 관심에 따라 즉흥적으로 생성되고 소멸되고 연결되고 변형된다. '내가 하고 싶은 것'이 고리가 되는 즉흥적 변화는 놀이가 다채롭게 전개될 수밖에 없는 이유를 잘 드러내 준다.
- 유아는 놀이하는 가운데 주도적으로 놀이 맥락을 생성하고 목표를 만든다. 놀이는 주도적 참여자인 유아가 스스로 적극적으로 세상을 알아 가는 여정

이자 세상을 새롭게 창조하는 과정으로서 창의성을 담고 있다.

● 놀이는 즐겁다.

– 놀이에서는 재미와 기쁨, 몰입, 실험, 마주침, 해소, 심미성, 유머 등의 정신적, 정서적 상태를 수반하는 즐거움이 있다. 유아는 또래, 교사와 함께 협력하면서 재미와 기쁨을 느끼고 표현한다. 때로는 재미와 기쁨이라는 정서를 넘어 몰입의 상태로 들어가기도 한다. 유아는 놀이를 반복하고 변화를 발견하는 재미를 가지며 놀이를 지속하기도 한다.

– 놀이하면서 유아는 감정을 싹 틔우며 새로운 물질의 성질과 현상 및 관계를 발견하며 상상한다. 호기심을 가지고 세상의 다양한 물질과 만나서 자유롭게 탐색하는 과정에는 유아 고유의 가설을 생성하고 실험하고 관찰하고 도전하며 문제 해결을 하는 성취감과 즐거움이 있다.

– 놀이는 감정의 분출구가 되기도 하고 심미적 경험의 원천이 되기도 한다. 유아는 놀이에서 정서적 긴장, 두려움, 갈등을 해소하고, 따뜻함, 배려, 아름다움과 같은 심미성을 통합함으로써 즐거움을 경험한다. 비언어적 또는 언어적 유머는 놀이의 즐거움을 이루는 주요 특성이다. 놀이에서 유머가 사용되어 유희성이 증폭되면 즐거움이 강화되고 공유된다.

바. 그러나 놀이는 여전히 무궁무진한 탐구와 해석이 가능하다. 위에서 제시한 자유로움, 주도성, 즐거움이라는 보편적인 놀이 특성 외에도 더 많은 유아 놀이의 의미와 특성이 발견될 수 있다. 따라서 놀이를 교육과정 실행의 중심에 두는 교사는 유아 놀이의 의미와 특성을 지속적으로 발견하고 연구해 나가야 한다. 교사는 유아에게 놀이 시간을 충분히 제공하고, 유아의 놀이를 유심히 살펴보고, 귀 기울이면서 놀이를 이해하도록 한다.

3) 유아의 놀이 경험과 개정 누리과정이 추구하는 인간상

가. 개정 누리과정 5개 영역은 유아가 경험해야 할 내용이자, 유아가 놀이에서 이미 경험하고 있는 내용이다. 경험은 유아가 실재하고 있는 삶의 내용과 방식이다. 5개 영역의 내용은 유아가 앞으로 살아가게 될 세상에서 필요한 삶의 지식, 기술, 태도, 가치를 담고 있다. 개정 누리과정의 5개 영역 내용은 배우는 주체로서 유아가 지니고 있는 역량을 포함하며, 유아는 이미 놀이에서 이를 경험하고 있다.

나. 표현, 다양성, 즐거움, 호기심, 움직임, 상상, 탐색, 자유 등으로 나타나는 유아의 놀이 경험은 개정 누리과정 5개 영역의 내용에 해당한다. 놀이 경험은 유아가 살아가는 데 필요한 지식, 기술, 태도, 가치가 되기도 한다. 예를 들어 유아의 상상은 개정 누리과정 5개 영역 중에서 의사소통과 예술적 경험의 내용이면서 자연탐구의 방식이기도 하다. 상상은 유아의 경험 내용에만 머무르지 않고 경험을 하는 방식과 과정으로 나타나므로 개정 누리과정 5개 영역의 내용을 넘어서는 경험이라고 할 수 있다.

다. 유아의 놀이 경험에는 개정 누리과정 5개 영역의 내용을 넘어서는 다양한 경험이 있음을 확인할 수 있다. 유아의 놀이 경험은 몸과 마음이 건강하고, 자주적이고, 창의적이고, 감성이 풍부하며, 더불어 사는 아이의 모습을 보여준다. 놀이에서 유아는 몸을 조절하고, 다양한 움직임을 하며, 감정을 해소하고, 즐거움을 느끼는 '몸과 마음이 건강한 아이'로, 놀이를 주도하고, 도전하고, 실패를 두려워하지 않는 '자주적인 아이'로, 다양한 방식으로 문제를 해결하고, 탐구하고, 변화를 만드는 '창의적인 아이'로, 아름다움을 느끼고, 그 아름다움을 다양하게 표현하는 '감성이 풍부한 아이'로, 협력하고, 조절하고, 배려하는 '더불어 사는 아이'로 성장하고 있다. 놀이하는 유아의 현재 모습이 개정 누리과정의 추구하는 인간상을 품고 있고, 유아는 놀이하며 그렇게 성장할 것이다. 이처럼 유아의 놀이 경험이 유아를 개정 누리과정이 추구하는 인간상으로 성장하게 하는 주요한 배움의 내용, 방식, 과정임을 확인할 수 있다.

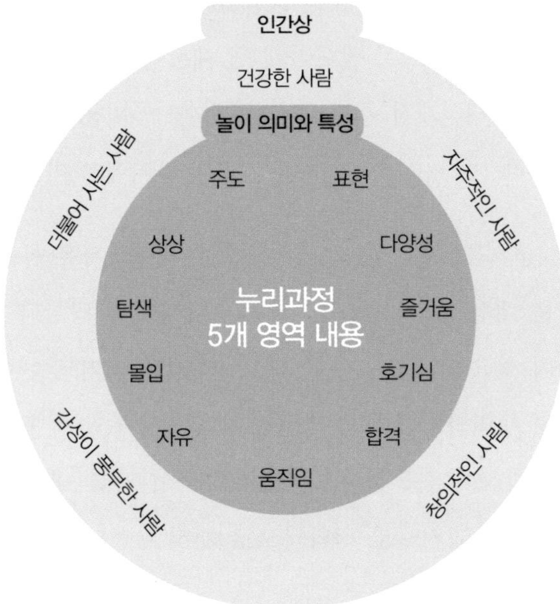

[그림 2-1] 유아 놀이 경험과 개정 누리과정이 추구하는 인간상

Chapter 3

유아언어교육

1. 유아언어교육의 이해
2. 유아언어교육의 내용
3. 유아언어교육의 교수 · 학습방법
4. 유아언어교육의 지도 실제

1 유아언어교육의 이해

언어는 인간의 인간소통을 위한 가장 기본적인 수단으로 우리는 유아기를 언어발달을 위한 결정적 시기라고 한다. 특히, 유아기의 언어는 유아들의 놀이에 절대적으로 필요한 요인으로 유아들은 언어를 통해 학습의 동기를 부여받고 다양한 호기심과 탐구심을 키워 나간다. 그러므로 유아기 언어교육의 중요성을 인식하고 유아들이 충분한 언어발달을 이루는 데 있어 올바른 유아언어교육에 대한 이해는 매우 중요하다. 따라서 본 장에서는 유아언어교육의 올바른 이해를 돕고자 한다.

1) 유아언어교육의 개념

언어란, 생각, 느낌 따위를 나타내거나 전달하는 데에 쓰는 음성, 문자 따위의 수단, 또는 그 음성이나 문자 따위의 사회 관습적인 체계를 의미하며(국립국어원, 2020), 사회 구성원들이 여러 가지 상징들을 체계적이고 조직적으로 사용하여 의미를 주고받는 의사소통체제라고 할 수 있다(이차숙, 2004). 따라서 언어는 일상생활 속에서 사회적 상호작용의 수단이 되며, 성공적인 의사소통을 할 수 있는 중요한 역할을 한다(고정완, 2019).

특히 영유아기는 언어발달이 급속히 일어나는 시기이므로, 이 시기에 듣고 배운 언어는 인지능력 발달의 기초가 되고 문화를 익히고 발전시키는 도구(홍혜경 외, 2017)가 되므로, 영유아기의 언어교육은 매우 중요하다.

일반적으로 학자들이 정의하는 유아언어교육의 개념에 대해 살펴보면 〈표 3-1〉과 같다.

〈표 3-1〉 유아언어교육의 개념

학자	내용
김은심, 조정숙(2015)	효과적인 의사소통을 하기 위해 필요한 언어능력을 신장시켜 주는 것
이경화 외(2013)	유아의 언어에 대해 따로따로 분리되어 가르치는 것이 아니라 통합적으로 가르치는 것으로 유아의 사고와 경험이 듣기, 말하기, 읽기, 쓰기를 통해 고루 나타날 수 있도록 하는 교육
이차숙(2007)	유아가 다양한 활동과 사건에 대해 주의 깊게 들으면서 교육하고 이야기 나누며 언어 발달을 촉진하는 것
주영희(2003)	언어의 표현 및 이해활동을 통해서 듣기, 말하기, 읽기, 쓰기의 기능을 신장시켜 주는 것

이상에서 살펴본 바와 같이, 언어교육에 대해 학자들마다 공통적으로 제시하고 있는 내용을 종합해보면, 영유아언어교육은 유아의 언어능력 신장을 목표로 의사소통기술을 익히고 듣기, 말하기, 읽기, 쓰기가 균형적으로 이루어질 수 있도록 하는 교육이라 할 수 있다.

이와 관련하여, 누리과정에서는 영유아언어교육과 관련된 영역을 '의사소통영역'으로 명시하여 유아의 말하기 · 듣기 · 읽기 · 쓰기 능력을 신장시켜 타인과의 원활한 의사소통 및 바른 언어사용 습관을 기를 수 있도록 도와주기 위한 영역으로 정의하였다.

영유아들은 언어교육을 통해 일상생활 속에서 직접 경험한 여러 가지 사건에 대해 적합한 어휘를 선택하여 표현하는 능력을 기르게 되고, 또한 다른 친구들의 생각과 느낌을 들으며 자신의 경험을 넓혀나가게 된다. 따라서 교사는 영유아언어교육의 접근에 대한 이해를 기초로 현대사회에서 강조하고 있는 다양한 맥락에서 영유아들이 자유롭게 타인과 의사소통할 수 있는 기회를 제공하는 방향으로 언어교육을 실시해야 할 것이다(이예숙, 2014). 그리고 교사들은 영유아들이 바른 언어사용 습관을 기를 수 있도록 정확한 발음과 올바른 표현 등의 모범을 보여야 할 것이다.

2) 유아언어교육의 목적 및 목표

영유아언어교육의 목적은 바른 언어사용 능력을 신장시키는 데 있다. 즉 유아들이 일상생활에 필요한 기초적인 언어능력을 기르고, 바른 언어사용 습관과 태도를 형성하는 것이다(노은아, 2014).

영유아언어교육의 목적을 다음과 같이 정리할 수 있다(노은아, 2014; 주영희, 2003).

① 언어사용 능력의 향상과 바른 언어사용 습관 형성

유아기는 어휘가 급증하며 문자 언어의 기초가 형성되고, 일상적인 언어사용의 습관과 태도가 형성되는 시기로 다른 사람의 말을 주의 깊게 들으며, 자신의 생각과 느낌을 바르게 말하는 능력을 기르게 된다(노은아, 2014). 이때 유아는 다른 사람과 대화하는 상황에서 자신의 생각과 느낌, 경험을 표현하고 다른 사람의 말소리에 귀를 기울이고, 말하는 사람의 눈길, 표정, 손짓, 그리고 분위기 등을 종합하여, 듣고 있는 내용과 의미를 파악함으로써 서로의 감정과 생각, 신념을 공유할 수 있는 능력을 기를 수 있다.

또한 타인과 의사소통하는 과정에서 남의 말을 열심히 듣고 진지하게 말하며, 존댓말을 사용할 줄 알게 되고, "고마워" "미안해" 등의 인사도 습관화되도록 자연스럽게 유도할 수 있다.

② 영유아의 사고와 인지발달 도모

언어는 사고 · 인지발달과 밀접한 관련성을 갖는다. 워프(Whorf), 브루너(Bruner), 피아제(Piaget), 비고츠키(Vygotsky)의 언어와 사고의 관계에 대한 견해는 서로 상이하지만, 모두 언어발달이 사고발달에 결정적 요소가 된다는 것을 동일하게 강조하고 있다(김은심, 조정숙, 2015). 그러므로 언어능력이 뛰어난 유아는 자신이 알고 있는 것에 대해 다양한 방법으로 표현할 수 있으며, 이는 인지능력의 발달을 위한 촉진제가 될 수 있다. 따라서 유아교육기관에서 중요하게 다루는 이야기나누기나 이야기꾸미기 활동을 좀 더 효율적으로 실천할 수 있도록 해야 한다.

③ 사회성 발달의 도모

인간이 출생하여 사회적 존재로 성장하는 과정에서 언어는 매우 중요한 도구의 역할을 한다. 유아들이 언어를 발달시키고 있다는 사실은 그들이 사회적 존재임을 보다 분명히 해준다. 언어교육을 통해 유아들은 자기중심적 언어에서 점차 다인과 소통하는 방법을 배워 나가며 사회성이 발달되어 간다. 따라서 여러 유형의 형식적 · 비형식적 집단에 참여하여 말해보는 기회는 유아가 폭넓은 사회적 관계를 형성하는 데 기반이 될 수 있다.

④ 영유아의 개인적 만족 성취와 정서적 발달의 촉진

유아는 언어를 통해 자발적으로 자신의 생각과 느낌을 표현하게 된다. 아름다운 것을 보고, 아름답다고 느끼고 언어로 표현하는 것은 유아기 때부터 시작된다. 따라서 교사는 유아의 이러한 자발적 즐거움에 근거하여 미적인 가치로 이어지는 활동을 계획하여 유아의 정서발달이 촉진될 수 있도록 지도해야 할 것이다. 현실에서 경험하는 정서의 범위를 확장시키고 상상력을 키우는 일은 문학작품 활동을 통해서 가능하다. 유아들이 하는 아름다운 말들을 모아 동시를 만들고, 가락을 붙여 동요를 만들며, 아름다운 곡들을 감상하며 감정을 나누는 언어활동은 유아들의 정서적 발달을 도와줄 것이다.

이상에서 살펴본 바와 같이 영유아언어교육의 목적은 바람직한 의사소통 능력을 기르기 위한 유아의 말하기 · 듣기 · 읽기 · 쓰기 능력을 신장시켜 주는 것이다.

이에 제4차 표준보육과정과 2019 개정 누리과정 의사소통영역의 목표를 제시하면 다음과 같다(교육부, 보건복지부, 2019; 보건복지부, 2020).

〈표 3-2〉 국가수준 교육과정에서의 유아언어교육(의사소통영역)의 목적 및 목표

구분	표준보육과정		누리과정
	0-1세	2세	3-5세
목적	• 의사소통 능력의 기초를 형성한다.	• 의사소통 능력과 상상력의 기초를 형성한다.	• 일상생활에 필요한 의사소통 능력과 상상력을 기른다.
목표	• 일상생활에서 듣기와 말하기를 즐긴다. • 읽기와 쓰기에 관련된 관심을 가진다. • 책과 이야기에 관심을 가진다.	• 일상생활에서 듣기와 말하기를 즐긴다. • 읽기와 쓰기에 관심을 가진다. • 책과 이야기에 재미를 느낀다.	• 일상생활에서 듣고 말하기를 즐긴다. • 읽기와 쓰기에 관심을 가진다. • 책이나 이야기를 통해 상상하기를 즐긴다.

0-1세 영아가 일상에서 자신의 의사를 상대방에게 전달하고, 상대방의 표현을 이해하는 과정에서 다른 사람과 소통하는 다양한 방식을 경험하면서 의사소통의 즐거움을 느끼며 의사소통 능력의 기초를 형성하는 것을 목표로 한다. 이에 교사는 0-1세의 영아가 자유롭고 편안하게 자신의 의사를 표정, 몸짓, 옹알이, 말소리, 말, 끼적이기 등 다양한 방식으로 표현할 수 있도록 하고, 책과 이야기에 관심을 갖고 자유롭게 즐기는 것을 지원하도록 한다(보건복지부, 2020).

2세 영아가 자신의 의사를 다른 사람에게 표현하여 전달하고, 상대방의 이야기를 듣고 말하며, 일상에서 읽기, 쓰기와 관련되는 경험에 관심을 가지며 책과 이야기를 즐기고 상상의 즐거움을 가질 수 있는 경험을 하는 것에 목표를 두고 있다. 이에 교사는 2세 영아가 일상에서 자유롭고 편안하게 상대방에게 표정, 몸짓, 말로 의사를 표현하는 기회를 제공하고, 다른 사람과 소통하는 것을 격려하고, 영아가 읽고 쓰는 데 관심을 가질 수 있는 다양한 그림과 사물의 상징이 담긴 인쇄물 등을 충분히 제공하며 책과 이야기에서 자유로운 상상을 즐길 수 있도록 지원하여야 한다(보건복지부, 2020).

개정된 누리과정의 의사소통영역은 유아가 다른 사람과 소통하며 일상에서 만나는 글자나 상징에 관심을 가지고 책과 이야기를 즐기는 경험을 하는 것에 목표를 두고 있

다. 이에 교사는 유아가 자신의 느낌과 생각을 적절하게 말하는 경험을 통해 바른 언어생활을 할 수 있도록 도와주며, 또한 유아가 아름다운 우리말이 담긴 책과 이야기에 흥미를 가지고 언어가 주는 재미와 상상을 충분히 즐길 수 있도록 지원할 수 있다.

2 유아언어교육의 내용

영유아 언어교육을 위한 제4차 표준보육과정과 개정 누리과정의 내용은, 의사소통영역에서 찾아볼 수 있다. 이를 위해, 표준보육과정과 누리과정의 의사소통영역의 내용범주와 내용을 중심으로 살펴보면 다음과 같다(교육부, 보건복지부, 2019; 보건복지부, 2020).

〈표 3-3〉 국가수준 교육과정에서의 유아언어교육(의사소통영역)의 내용

내용 범주	표준보육과정		누리과정
	0-1세	2세	3-5세
듣기와 말하기	• 표정, 몸짓, 말과 주변의 소리에 관심을 갖고 듣는다. • 상대방의 이야기를 들으면서 말소리를 낸다. • 표정, 몸짓, 말소리로 의사를 표현한다.	• 표정, 몸짓, 말에 관심을 갖고 듣는다. • 상대방의 이야기를 듣고 말한다. • 표정, 몸짓, 단어로 의사를 표현한다. • 자신의 요구와 느낌을 말한다.	• 말이나 이야기를 관심 있게 듣는다. • 자신의 경험, 느낌, 생각을 말한다. • 상황에 적절한 단어를 사용하여 말한다. • 상대방이 하는 이야기를 듣고 관련해서 말한다. • 바른 태도로 듣고 말한다. • 고운 말을 사용한다.

내용 범주	표준보육과정		누리과정
	0-1세	2세	3-5세
읽기와 쓰기에 관심 가지기	• 주변의 그림과 상징에 관심을 가진다. • 끼적이기에 관심을 가진다.	• 주변의 그림과 상징, 글자에 관심을 가진다. • 끼적이며 표현하기를 즐긴다.	• 말과 글의 관계에 관심을 가진다. • 주변의 상징, 글자 등의 읽기에 관심을 가진다. • 자신의 생각을 글자와 비슷한 형태로 표현한다.
책과 이야기 즐기기	• 책에 관심을 가진다. • 이야기에 관심을 가진다.	• 책에 관심을 가지고 상상한다. • 말놀이와 이야기에 재미를 느낀다.	• 책에 관심을 가지고 상상하기를 즐긴다. • 동화, 동시에서 말의 재미를 느낀다. • 말놀이와 이야기 짓기를 즐긴다.

1) 듣기와 말하기

영유아의 듣고 말하는 경험이 분리가 되지 않음을 고려하여 기존 표준보육과정과 누리과정의 '듣기'와 '말하기'를 '듣기와 말하기'로 제시하였다.

0–1세 영아가 주변 사람의 표정과 몸짓에 관심을 가지고 반응하며, 주변에서 들리는 말소리와 소리에 관심을 보이면서 다양한 발성과 옹알이로 반응하고 점차 적극적으로 말소리를 내며 소통하는 내용이다.

2세 영아가 다른 사람의 표정, 몸짓, 말에 관심을 갖고 들으며 상대방의 이야기를 듣고 말하며, 표정, 몸짓, 단어로 자신의 의사를 표현하며, 자신의 요구와 느낌을 자유롭게 말하는 내용이다.

3–5세 유아가 다른 사람의 말이나 이야기를 관심 있게 듣고, 자신의 경험, 느낌, 생각을 상황에 적절한 단어를 사용하여 말하고, 고운 말을 사용하는 내용이다.

[그림 3-1] 토의한 내용을 발표하기

2) 읽기와 쓰기에 관심가지기

영유아의 읽고 쓰는 경험이 분리가 되지 않음을 고려하여 기존 표준보육과정과 누리과정의 '읽기'와 '쓰기'를 '읽기와 쓰기에 관심가지기'로 제시하였다.

0-1세 영아가 자신의 주변의 친숙한 그림이나 표지판, 상표와 같은 주변의 친숙한 상징에 관심을 가지고 영아가 손에 무엇인가를 쥐고 벽이나 바닥면에 끼적이기를 시도하며 의도적으로 움직여 어떤 결과가 나타나는 것에 관심을 가지는 내용이다.

2세 영아가 주변의 그림과 상징, 글자에 관심을 가지고 이를 활용하여 자유롭게 끼적이며 표현을 즐기는 내용이다.

3-5세 유아가 말과 글의 관계에 관심을 가지고, 주변의 상징, 글자 등을 읽으며, 자신의 생각을 글자와 비슷한 형태로 표현해 보는 내용이다.

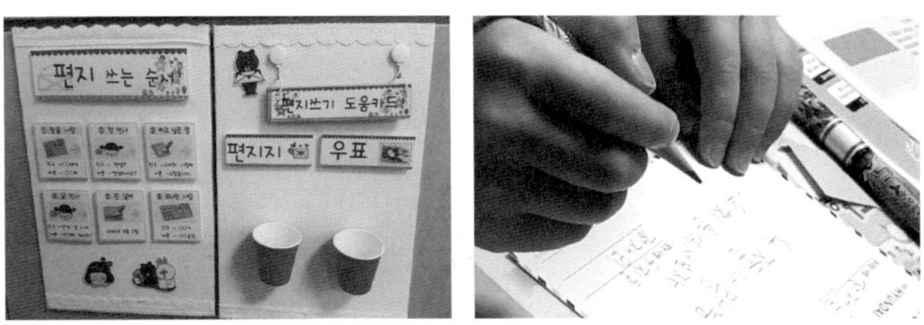

[그림 3-2] 편지쓰기 활동

3) 책과 이야기 즐기기

0-1세 영아가 다양한 형태의 책을 탐색하는 경험을 하며 책에 대한 관심을 가지고 책과 자신의 경험을 관련짓고 상징 행동을 하며 상상해보면서 책에 대한 선호가 생기도록 한다. 또한 0-1세 영아가 이야기를 자주 접하게 되면서 점차 자신이 좋아하는 이야기에 대한 선호가 생기게 되는 것과 관련된 내용이다.

2세 영아가 다양한 책과 이야기에 관심을 가지고 상상하기를 즐기며, 말놀이와 이야기 짓기에 재미를 느끼는 내용이다.

3-5세 유아가 다양한 책에 관심을 가지고 상상하며, 동화, 동시에서 말의 재미를 느끼고, 말놀이와 이야기 짓기를 즐기는 내용이다.

3 …… 유아언어교육의 교수 · 학습방법

유아언어교육을 위한 교수 · 학습방법을 발음중심 언어교육 접근법, 총체적 언어교육 접근법, 균형적 언어교육 접근법으로 설명하면 다음과 같다(이경화, 이성숙, 김경화, 2010; 이영자, 2004; 이차숙, 2004; 한유미, 2013).

1) 발음중심 언어교육 접근법

발음중심 언어교육 접근법은 다음과 같다(이경화, 이성숙, 김경화, 2010; 이영자, 2004; 이차숙, 2004; 한유미, 2013).

발음중심 언어교육 접근법에서는 특히 발음지도를 강조한다. 발음이란 글자를 말소리로 바꾸는 것을 의미한다. 발음중심 언어교육 접근법에서는 낱글자(음절)에서 단어 · 문장 · 문단 이야기 전체로, 위계적인 순서에 따라 읽기 · 쓰기에 필요한 기술을 가르치고, 듣기 · 말하기 · 읽기 · 쓰기를 분리하여 체계적으로 언어를 지도한다. 학습의 방향이 낱글자에서 이야기 전체로 진행이 되므로 상향식 지도방법이라고도 한다.

발음중심 언어교육 접근법의 특징은 다음과 같다(김인순 외, 2009).

- 출판된 학습지를 사용하며, 표준적 글자쓰기를 강조한다.
- 교사의 직접적 지도 감독하에 대집단으로 수업을 전개한다.
- 낱말 카드의 글자 읽기와 같이 의미 추측이 불가능한 읽기활동을 한다.
- 유아들은 책상에 앉아서 교사의 지시대로 종이와 연필로 하는 활동을 한다.
- 또래 친구들과의 상호작용이 거의 없이 조용히 활동한다.
- 쓰기는 교사가 부과하는 주제로 수행되며 하루 일과 중 통합되지 않고 형식적으로 조직된다.

발음중심 언어교육 접근법은 문자에 대한 너무 분석적인 접근으로 유아들에게 문자가 이해하기 어렵고 재미없는 것으로 생각하게 하며, 의미 파악보다는 문자 해독을 중시하여 낱자와 낱말을 잘 읽어도 의미를 파악하지 못하는 문제점이 제기되었다(백옥희, 2015). 또한 읽기, 쓰기만 강조하여 유아에게 반복적인 읽기와 쓰기, 문자 베끼기 등의 활동만 하게 함으로써 유아들에게 재미없고 따분한 학습이 될 수 있다(이옥섭, 2000). 그러나 최근 발음중심 언어교육 접근법이 유아의 읽기 · 쓰기 능력 향상에 결정적인 영향을 미친다는 결과(전유영, 2011)가 밝혀졌다. 따라서 문자 학습을 위한 효과적인 교수 · 학습방법 중 하나로서 고려해 볼 수 있을 것이다.

〈표 3-4〉 발음중심 언어교육 접근법의 교수 · 학습방법의 예

활동명	따라 적어 보세요
활동목표	• 주어진 자음을 정확하게 읽을 수 있다. • 순서대로 정확하게 쓸 수 있다.
활동자료	자음이 인쇄된 학습지(칸이 질러져 있고 획순이 적혀 있는), 연필
활동방법	• 칠판에 ㄱ을 쓰고 이야기한다. - 여기에 쓴 글자는 기역이라고 해요. 선생님을 따라 해보세요. - ㄱ은 이렇게 씁니다. 선생님을 잘 보고 이렇게 써봅시다. • 학습지를 나누어 준다. - ㄱ을 순서에 맞게 써 보세요. - 기역이라고 소리 내어 읽으며 10번씩 써 보세요. • 유아들이 획순에 맞게 적는지, 올바르게 발음하는지 살펴본다.
활동평가	• 주어진 자음을 정확하게 읽을 수 있는가? • 순서대로 정확하게 쓸 수 있는가?
활동의 예	• 자 · 모음 글자의 이름을 알려주고 그 이름을 읽고 쓰기 • 자 · 모음 글자를 합성한 낱말을 알려주고 그 낱말을 읽고 베껴 쓰기 • 읽은 단어에 밑줄 긋기 • 한 단어나 프린트된 글에서 같은 글자를 찾아보기 • 글자 이름 인식하기 • 글자와 발음 연결시켜 보기

출처: 대구원격평생교육원 교재, p.40.

2) 총체적 언어교육 접근법

총체적 언어교육 접근법은 다음과 같다(백옥회, 2015; 이경화 외, 2003; 황은순, 2010).

총체적 언어교육 접근법은 발음중심 언어교육 접근법의 대안으로 출현한 언어교육 접근법으로, 유아는 지식을 구성해가는 능동적인 존재로서 스스로 학습을 구성해 나간다. 그러므로 반드시 실제적이고 자연스러운 언어활동을 통해서 의미를 전달하고 파악하는 가운데 유아가 스스로 언어를 학습하도록 한다. 이를 위해 교사는 유아들이 일

상적인 환경 속에서 쉽게 접할 수 있는 메모지, 편지지, 차트, 신문, 지도, 광고지, 과자포장지, 메뉴판 등을 문해 자료로 제공하고 동화, 동요, 동시 등의 문학작품 및 유아의 경험과 관련된 자료를 제공함으로써 풍부한 문해환경과 활발한 상호작용이 이루어지도록 한다.

- 유아교육기관의 하루 일과를 통해 읽기와 쓰기가 통합되는 활동을 한다.
- 유아들은 동시에 다면적인 활동을 하며, 교사는 유아들과 개별적으로 접촉한다.
- 교사는 유아들에게 이야기할 기회를 주어, 또래와의 상호작용이 활발히 일어나고 서로 자연스러운 언어로 친숙한 이야기를 나누도록 격려한다.
- 또래 교수적인 활동이 많이 일어나며, 쓰기에서도 협동적인 학습을 많이 한다.
- 유아가 한 이야기의 의미에 중점을 두며, 유아들은 읽기와 쓰기에 관련된 주제 탐구 활동(프로젝트)에 참여한다.
- 문장의 의미를 중시하며 유아들은 책을 만들고 쓰기를 한다.

총체적 언어교육 접근법은 유아가 중심이 되어 유아에게 흥미롭고 유의미한 상황에서 스스로 의미를 구성해가는 언어교육 접근법으로 유아의 흥미를 유발하기 쉬우며 독해에는 효과적이지만, 유아의 읽기능력이나 언어의 정확성이 떨어진다는 문제점이 제기되었다. 이에 언어교육이 유아에게 의미 있는 경험의 맥락 안에서 단어재인과 음운인식, 문자에 대한 관심을 가질 수 있도록 하는 관점으로의 변화가 필요하다(노영희, 김창복, 전유영, 2014).

〈표 3-5〉 총체적 언어교육 접근법의 교수 · 학습방법의 예

활동명	동시 「엄마와 함께」
활동목표	• 동시를 듣고 느낌을 표현한다. • 자신의 생각을 글로 적을 수 있다.
활동자료	동시 「엄마와 함께」, 동시를 적을 활동지, 필기도구

활동방법	• 그림을 보며 이야기를 나눈다. - 누구와 무엇을 하고 있는 그림이니? - 너희들은 누구와 함께 미끄럼을 타고 싶니? - 엄마와 함께 놀이를 한다면 어떤 놀이를 하고 싶니? • 동시 「엄마와 함께」를 들려준다. - 동시를 듣고 어떤 생각이 들었니? • 엄마와 함께 하고 싶은 일을 생각한 후 활동지에 적어본다. • 내가 지은 동시를 낭송한다. • 친구가 지은 동시를 듣고 이야기를 나눈다. 제목: 엄마와 함께 지은이: 엄마와 함께 __________ 엄마와 함께 __________ 엄마와 함께 __________ 엄마와 함께 __________
활동평가	• 동시를 듣고 느낌을 표현하였는가? • 자신의 생각을 글로 적을 수 있었는가?

출처: 대구원격평생교육원 교재, p.47.

3) 균형적 언어교육 접근법

균형적 언어교육 접근법은 다음과 같다(김은심, 조정숙, 2013; 이경화 외, 2003).

균형적 언어교육 접근법은 발음중심 언어교육 접근법과 총체적 언어교육 접근법의 절충안이라 볼 수 있다. 균형적 언어교육 접근법의 가장 큰 특징은 풍부한 언어 경험을 위하여 듣기, 말하기, 읽기, 쓰기, 그리고 읽기 기술이나 전략을 위한 지도를 포함하고 있으며 음소론적 인식, 단어 식별기술, 자음과 모음의 규칙을 가르치는 것뿐 아니라 문학을 통한 읽기 · 쓰기를 통합하여 균형 있게 적용한다는 것이다. 즉, 영유아기부터 좋은 문학과 이해를 중심으로 한 언어학습을 유지하면서 체계적인 음운중심의 교육에도 관심을 가지게 한다는 것이다.

균형적 언어교육 접근법에서는 교사의 역할이 매우 중요한데, 총체적 언어교육 접근법과 발음중심 언어교육 접근법에서의 균형을 잡아야 하기 때문이다. 균형적 언어교육 접근법에서는 유아 개개인의 개별화 교육을 지향하기 때문에 교사는 유아의 특성과 언어발달의 정도, 환경 등을 잘 파악하여 지도하여야 한다.

- 각운이나 두운이 있는 동요를 자주 읽어준다.
- 발음하기 어려운 언어 놀이를 함께 한다(예: 저기 저 공장장은 강 공장장인가).
- 좋아하는 시, 노래, 이야기를 자주 들려주면서 두운과 각운을 포함한 음소에 관한 놀이를 한다(예: '날다'에서 ㄴ을 빼고 다른 자음으로 교체해서 말 만들기, 달다, 알다, 갈다 등).
- 유아와 함께 자음 모음 책 만들기
- 재미있는 철자나 소리가 나는 단어 책이나 목록 만들기
- 친구들의 이름에서 소리와 패턴 찾아보기
- 유아들 앞에서 글씨를 쓸 때 글자와 소리의 관계를 특별히 강조하면서 쓴다.
- 자석 글자와 같은 놀잇감을 가지고 놀도록 격려한다.
- 들리는 대로 소리를 적어보도록 도와준다.
- 책을 함께 읽으면서 단어의 첫 글자만 보여주고 다른 상황적인 힌트를 주면서 그 단어가 무엇인지 알아맞히게 한다. 이런 활동은 단순히 단어를 재인하는 것이 아니라 음운적, 상황적인 모든 정보를 종합하여 사용하고 추리하도록 도와주므로 매우 중요한 활동이다.

이상에서 살펴본 발음중심 언어교육 접근법, 총체적 언어교육 접근법, 균형적 언어교육 접근법을 비교하면 〈표 3-6〉과 같다.

〈표 3-6〉 발음중심, 총체적, 균형적 언어교육 접근법의 비교

구분	발음중심 언어교육 접근법	총체적 언어교육 접근법	균형적 언어교육 접근법
목적	문자해독과 부호화	원활한 의사소통	발음중심과 총체적 접근법의 장점을 균형 있게 취함
접근방법	상향식 접근	하향식 접근	상향식+하향식 접근
교수방법	교사주도	유아주도	교사주도, 유아주도의 균형
	문자기초교육 강조	의미중심활동 강조	문자기초교육과 의미중심활동의 균형
	반복훈련, 강화에 의한 지도	풍부한 문해환경 제공	풍부한 문해환경 제공 체계적 · 명시적 문자지도

출처: 백옥희(2015), p.15.

4 …… 유아언어교육의 지도 실제

1) 자유놀이에서의 유아언어교육

<table>
<tr><th>활동명</th><td>겨울철 놀이 빙고게임</td><th>놀이 주제</th><td>즐거운 겨울 생활</td></tr>
<tr><th>활동 유형</th><td>자유놀이(언어영역)</td><th>대상 연령</th><td>5세</td></tr>
<tr><th>활동 목표</th><td colspan="3">• 눈과 관련된 단어를 말할 수 있다.
• 주변에서 볼 수 있는 글자에 관심을 가진다.</td></tr>
<tr><th>교육과정 관련 요소</th><td colspan="3">• 의사소통 : 듣기와 말하기 - 상황에 적절한 단어를 사용하여 말한다.
• 의사소통 : 읽기와 쓰기에 관심 가지기 - 주변의 상징, 글자 등의 읽기에 관심 가진다.</td></tr>
<tr><th>활동 자료</th><td colspan="3">도화지, 눈 스프레이, 솜, 빙고판, 쓰기 도구 등</td></tr>
<tr><th>활동 방법</th><td colspan="3">〈놀이 상황〉
자유놀이 시간에 미술영역에서 눈결정체 만들기를 하면서 눈에 대한 관심이 생기기 시작하였다. 교사는 눈을 이용한 겨울철 놀이를 할 수 있도록 다양한 매체를 제시해 주었다. 유아들은 눈결정체를 모빌에 달고 눈 스프레이를 뿌리며 눈이 내리는 모습을 느끼기도 하고 솜으로 눈싸움을 하기도 하면서 다양한 눈 놀이를 즐겼다. 눈에 대한 관심은 자연스럽게 언어활동으로 전환되면서 빙고게임으로 이어졌다. 놀이 속에서 자연스럽게 언어에 관심을 가지며 통합적 활동을 전개해 나가는 유아들의 모습을 발견할 수 있었다. 자유놀이 상황에서의 놀이의 통합적 전개과정을 관찰하며 놀이를 확장시켜 나가는 유아의 모습을 기록하였다.

놀이 1일: 눈 놀이를 해요.

① 유아들과 눈의 모양에 대해 이야기 나눈다.
미술영역에서 눈결정체 만들기를 하면서 유아들과 눈의 모양에 대해 이야기 나누며 눈에 대해 관심을 보인다.
 </td></tr>
</table>

활동 방법

민지: 나는 꽃 모양 눈을 만들 거야.
지율: 너 눈 내리는 거 본 적 있어?
지윤: 할머니 집에 갔을 때 아빠랑 눈싸움 했는데 엄청 재밌었어.
민지: 아, 눈이 왔으면 좋겠다.

② 유아들이 만든 눈결정체를 이용해 모빌로 매달아 준 후 눈 스프레이를 뿌려주며 눈이 내리는 모습을 간접 경험하도록 하며 눈에 대한 흥미를 가지도록 한다.

지율: (눈 모빌을 보며) 선생님 진짜 눈이 내리는 것 같아요.
교사: (눈 스프레이를 뿌려주며) 진짜 눈이 내리네.
모두: 우와, 선생님 또 해주세요.
민지: 눈싸움하면 재밌겠다. 선생님 우리 눈싸움해요.

③ 눈싸움을 하고 싶다는 유아들의 놀이 제안에 눈을 간접 체험할 수 있도록 솜을 준비해 준다.

지연: (솜을 얼굴에 비비며) 와! 부들부들하다.
민지: 아니야, 눈은 차가운 거지. (솜을 던지며) 앗 차가워.
동윤: (솜뭉치를 던지며) 내 눈을 받아라.

아이들이 솜으로 눈 샤워 놀이도 하고 솜을 뭉쳐서 눈싸움을 하기도 하며
눈 놀이를 즐기기 시작했다.

④ 눈싸움 놀이에 싫증을 느낀 유아들이 언어놀이 영역으로 이동한다.

지연: (빙고 게임판을 가리키며) 우리 이거 할래?
민지: 그래, 좋아. 뭘로 하지?
지연: 눈이 들어가는 글자로 할까?
민지: 좋아, 그럼 가위, 바위, 보로 먼저 할 사람 결정하자,
지율: 나도 같이 할래.

활동 방법

민지: 내가 먼저다. 눈사람.
지율: 눈꽃.
지연: 눈싸움.

빙고게임에서 눈과 관련된 유아들의 언어놀이로 이어졌고 자유놀이에서 유아들의 놀이는 눈과 관련된 미술, 역할, 신체, 언어 등의 통합적 놀이로 전개되면서 자연스럽게 눈의 특성에 대해 발견할 수 있었다.

놀이 2일: 겨울 음식점 놀이 - 간판과 메뉴판을 만들어요.

① 역할놀이에서 유아들 모여 음식점 놀이를 한다.

유아들이 놀이하는 모습을 관찰한 후 "교사가 붕어빵 없나요?"하며 자연스럽게 겨울철 음식에 대해 관심을 가지도록 하였다. 유아들 한참 생각하더니 붕어빵 놀이가 시작되었다.

민지: 붕어빵하고 호떡 간판이 필요해.
지연: 민지야 칠판보고 글자 따라 적어. 난 예쁘게 꾸밀게.
지율: 나도 메뉴 적을게.

겨울 음식가게 오픈을 위해 함께 간판과 메뉴판을 만들며 가게놀이를 준비하였다.

② 유아들 함께 간판과 메뉴판을 완성한 후 가게놀이 오픈을 알리며 놀이를 시작한다.

지연: 손님들, 어서 오세요.
동윤: 호떡 4개 주세요.
지율: 지금 한 개밖에 없어요. 잠시만 기다려 주세요.
민지: 팥맛 붕어빵 팔아요.
지연: 뜨거우니 조심하세요.

활동 방법	  언어영역에서 간판과 메뉴판 만들기, 역할영역에서 겨울음식 가게 놀이로 유아들의 놀이가 통합적으로 자연스럽게 전개되는 모습을 발견할 수 있었다.
놀이 경험 이해	〈유아의 놀이 경험〉 미술놀이에서 시작된 눈에 대한 관심과 흥미가 눈을 간접체험해 보는 신체활동으로 연결되었고 이러한 눈에 대한 관심이 언어 빙고게임으로 전환되었다. 다음 날, 눈놀이에 대한 관심은 겨울음식 가게놀이로 전환되었고 겨울음식 가게놀이 준비과정에서 음식 메뉴판과 간판을 만드는 언어활동과 가게놀이의 역할놀이로 통합되며 진행되었다. 〈교사의 놀이 이해〉 유아의 관심과 흥미로부터 시작된 '눈'에 대한 관심을 지속시켜주기 위해 놀이 환경을 만들어 주고 놀이 확장을 위해 놀이를 제안하며 유아들의 놀이에 도움을 주었다. 자유놀이를 미술놀이, 신체활동, 역할놀이, 언어놀이 등 유아들의 관심과 흥미에 따라 통합적으로 자연스럽게 전개해 나가는 모습을 알 수 있었다.
교사 지원의 특징	놀이를 관찰하고 유아의 놀이에 필요한 매체를 지원해 주고 놀이를 제안하는 등 유아들의 놀이를 심화·확장시키는 놀이 지원자, 안내자 역할을 수행하면서 유아들 스스로 놀이를 다양하게 전환하며 놀이 속에서 자연스럽게 알아가도록 하였다.

2) 집단활동에서의 유아언어교육

<table>
<tr><td colspan="2">활동명</td><td>방송국 놀이</td><td>놀이 주제</td><td>우리 동네</td></tr>
<tr><td colspan="2">활동 유형</td><td>이야기나누기(역할놀이)</td><td>대상 연령</td><td>5세</td></tr>
<tr><td colspan="2">활동 목표</td><td colspan="3">• 방송국에서 하는 일에 대해 안다.
• 방송국 놀이를 통해 자신의 생각과 느낌을 말로 표현할 수 있다.
• 미디어 만들기를 통해 쓰기에 관심을 가진다.</td></tr>
<tr><td colspan="2">교육과정 관련 요소</td><td colspan="3">• 의사소통 : 듣기와 말하기 - 자신의 경험, 생각, 느낌을 말한다.
• 의사소통 : 책과 이야기 즐기기 - 말놀이와 이야기 짓기를 즐긴다.</td></tr>
<tr><td rowspan="3">활동 자료</td><td>놀이 1일</td><td colspan="3">현장견학 준비물</td></tr>
<tr><td>놀이 2일</td><td colspan="3">블록, 슬레이트, 마이크, 카메라 등 방송 관련 자료</td></tr>
<tr><td>놀이 3일</td><td colspan="3">하드보드지, 색종이, 매직, 풀, 가위 등 기타 꾸미기 자료</td></tr>
<tr><td colspan="2">활동 방법</td><td colspan="3">〈교사의 놀이 의미 읽기〉
방송국에 현장견학을 다녀온 후 아이들의 관심은 방송국에서 일하시는 분들에 대해 집중되었고 아나운서, 기자, 카메라 감독, 조연출 등의 역할놀이로 나타났다.
아이들의 이러한 관심은 다시 미디어에 대한 관심으로 전환되었다. 방송국 놀이를 통해 나타난 아이들의 언어 표현력과 언어발달 수준이 어느 정도인지 관찰해보는 시간을 가져 보았다.

놀이 1일: 방송국에 다녀 왔어요.- 말하기

① 방송국 현장견학을 통해 방송국의 이곳저곳을 둘러보고 방송국에서 어떤 일을 하는지 안내해주시는 분의 설명을 듣고 관찰한다.

안내원: 여기는 라디오 녹음실이에요.
민지: 와 신기하다.
우혁: 쉿, 조용히 해. 얘들아, 저분이 아나운서인가 봐.
모두: (안내해주시는 분의 말에 귀 기울여 듣는다.)</td></tr>
</table>

활동 방법

② 방송국 체험활동을 한다.

우혁: 친구들, 안녕, 난 우혁이야.(킥킥)
민지: 안녕하세요. 저는 아나운서 김민지입니다. 뉴스를 시작하겠습니다.(킥킥)
교사: 다음엔 누가 한 번 아나운서가 되어 볼래?
서연: 저요, 저요.

녹음실에서 내가 하고 싶은 말을 직접 전달해 보기도 하고 편집실, 의상실을 둘러보고 관찰하고 아나운서가 되어 직접 TV에 나오는 자신의 모습을 보면서 신기해하였다. 내일은 아이들이 방송국 놀이를 할 수 있도록 다양한 소품들을 준비해 주어야겠다.

놀이 2일: 방송국 놀이 - 말하기

자유놀이 시간에 쌓기놀이영역에서 한 유아가 블록으로 카메라를 만들어 자랑하기 시작하면서 모두들 카메라를 만들기 시작했고 자연스럽게 방송국 견학을 통해 경험한 것들을 재현하기 시작하면서 방송국에 대한 유아들의 흥미가 계속되었다.

① 블록으로 카메라를 만들고 아나운서, 조연출 등 역할을 정해 방송국 놀이를 한다.

즉흥적으로 시작된 놀이라 역할을 정해 자유롭게 놀기만 하였다. 유아들의 놀이가 좀 더 심화·확장될 수 있도록 뉴스방송을 위한 아나운서, 조연출, 카메라 감독 등의 구체적인 역할에 대해 다시 한 번 이야기 나눈 후 놀이할 것을 제안하고 유아들의 놀이를 관찰하였다.

휘빈: 카메라 감독은 여러 명이야. 카메라 감독 할 사람?
동민, 성민: 우리 둘이 하자.
동윤: 나도 카메라 감독 할래.
서연: 뉴스를 하려면 기사가 있어야 해. 하정아, 우리가 기사를 만들자.
하정: 응.
지연: 나도 하고 싶어. 우리가 마스크를 쓰고 있으니까 우리 반에 마스크 괴물이 나타난 거야.

활동 방법

② 유아들 각자 역할을 정해 활동을 한다.

우혁: 한 사람씩 순서를 정해서 아나운서 하자. 레디! 고!
휘빈: 마스크가 필요한데 마스크가 없습니다. 마스크 괴물이 나타나서 마스크를 더 많이 만들고 있습니다.
우혁: 레디! 고!
서연: 코로나 괴물이 나타났습니다. 코로나 괴물이 빨리 사라졌으면 좋겠습니다.
동민, 동윤, 성민: (아나운서를 향해 카메라를 들고 있다.)
민지: 진짜 카메라가 있으면 좋겠어요.
교사: 그럼 핸드폰으로 동영상을 찍는 건 어때?

블록 카메라, 종이 카메라 대신 핸드폰 동영상 촬영을 통해 유아들이 아나운서가 되어 뉴스를 말하는 모습을 보며 즐거워했다.

놀이 3일: 미디어 만들기 - 쓰기

방송국 놀이에 대한 관심이 계속되면서 놀이는 미디어에 대한 관심으로 전환되었고 교사가 미디어 만들기를 제안하면서 각자 만든 미디어를 가지고 방송국 놀이는 계속 되었다.

① 유아들 각자 만들고 싶은 미디어를 선택해서 만들기를 한다.

교사: 우리가 사용하고 있는 미디어는 어떤 것들이 있을까?
민지: 컴퓨터요.

활동 방법	교사: 그래, 맞아. 컴퓨터가 있어. 또 어떤 것들이 있을까? 우혁: 노트북이요, 핸드폰/스마트폰이요. 서연: 텔레비전도 있어요. 교사는 미디어의 다양한 종류들에 대해 소개하고 미디어를 직접 만들어 보도록 하였다. ② 유아들 각자 자신이 만든 미디어를 가지고 놀이를 한다.   서연: 선생님, 전 집에서 매일 방송할 거예요. 저 TV에 예쁘게 잘 나와요? 우혁: 저도 멋지죠? 교사: 너무 멋진 아나운서 커플 같네. 민지: 저는 노트북으로 기사를 쓰고 있어요. 교사: 오늘의 뉴스는 뭐니? 민지: 마스크 괴물 덕분에 우리 교실이 안전하다는 이야기예요. 미디어를 통해 유아들의 말하기, 쓰기에 대한 언어활동이 이루어졌으며 미디어를 활용한 유아들의 놀이는 계속되었다.
놀이 경험 이해	〈유아의 놀이 경험〉 방송국에 현장견학을 다녀온 후 아이들의 관심은 방송국에서 일하시는 분들에 대해 집중되었고 아나운서, 기자, 카메라 감독, 조연출 등의 역할놀이로 나타났다. 아이들의 이러한 관심은 다시 미디어에 대한 관심으로 전환되었다. 자유놀이 시간에 쌓기 놀이 영역에서 한 유아가 블록으로 카메라를 만들어 자랑하기 시작하면서 모두들 카메라를 만들기 시작했고 자연스럽게 방송국 견학을 통해 경험한 것들을 재현하기 시작하면서 방송국에 대한 유아들의 흥미가 계속되었다. 방송국 놀이에 대한 관심이 계속되면서 놀이는 미디어에 대한 관심으로 전환되었다. 〈교사의 놀이 이해〉 현장견학으로 방송국에 대한 유아의 관심과 흥미가 역할놀이로 이어졌고 이러한 관심이 지속되어 자유놀이 시간에 다양한 영역에서 방송국놀이를 할 수 있도록 유아들의 만들기는 시작되었다. 방송국 놀이를 통해 나타난 아이들의 언어 표현력과 언어발달수준이 어느 정도인지 관찰해보는 시간을 가져 보았다. 교사가 미디어 만들기를 제안하연서 각자 만든 미디어를 가지고 방송국 놀이는 계속되었다. 또한, 미디어를 통해 유아들은 말하기, 쓰기에 대한 언어활동이 이루어졌으며 미디어를 활용한 유아들의 놀이는 계속되었다.
교사 지원의 특징	놀이를 관찰하고 유아의 놀이에 필요한 매체를 지원해 주고 놀이를 제안하는 등 유아들의 놀이를 심화 · 확장시키는 놀이 지원자, 안내자 역할을 수행하면서 유아들 스스로 놀이를 다양하게 전환하며 놀이 속에서 자연스럽게 알아가도록 하였다.

Chapter 4

유아수학교육

1. 유아수학교육의 이해
2. 유아수학교육의 내용
3. 유아수학교육의 교수 · 학습방법
4. 유아수학교육의 지도 실제

1 ······ 유아수학교육의 이해

수학교육 하면 가장 먼저 떠오르는 단어 중 '수포자'라는 말이 있을 정도로 부정적인 인식이 강하고, 공부를 잘하려면 '닥치고 수학'이라고 할 정도로 수학교과는 중요한 교과로 인식된다. 그러나 학년이 올라갈수록 수학교과를 포기하는 학생이 많다는 것은 학교교육 현장에서 수학교육의 문제점을 그대로 보여주는 것이므로 수학교육에 대한 문제점을 진단하고 효과적인 수학교육의 방향을 모색할 필요성이 있다. 특히, 유아기는 수학에 대한 흥미와 기초적인 수학적 개념을 형성해 나가는 중요한 시기이므로 유아수학교육에 대한 올바른 이해가 필요하다.

1) 유아수학교육의 개념

수학은 인간의 비판적인 정신과 합리성의 추구를 반영하는 전형적인 지식체계(김경미, 2011)로 우리의 일상생활 어디에나 존재하고 있어 유아가 일상생활 속에서 획득하는 수학적 지식은 무수히 많다. 유아들은 일상생활 속에서의 수학적 경험을 통해 수학적 개념을 이해하고 수학적 지식을 구성하게 되는데, 이러한 유아기에 형성된 수학적 지식은 논리적 사고의 기초가 되고 합리적인 생활태도를 기르는 데 중요한 역할을 한다(정연희, 2014).

수학교육은 일상생활에서 문제를 찾아 탐구하고 추측하고 검사하며 토론하고 반성하는 경험의 장이므로(우정호, 1998), 수학을 가르친다는 것은 유아들로 하여금 수학적 경험을 하도록 하는 것이며, 수학적 경험을 한다는 것은 일상생활에서 수학적 상황에 직면했을 때 수학적으로 문제를 해결한다는 뜻이다. 수학교육에 대한 일반적인 정의를 살펴보면, 수학사전에서는 수학교육을 학교교육에서의 산수, 수학의 교수법이나 원리적인 문제를 연구하는 분야로 정의하고 있다. 김경미(2011)는 수, 양, 공간, 도형 등에서의 관계를 인지하고 추론하며 일상생활에서 발생하는 문제를 수학과정을 통해 해결할 수 있도록 도와주는 것으로, 수학은 문제해결능력을 기르는 하나의 방법이자 자료를 가지고 의사소통하는 과정이며 관계와 순서의 학문이라 정의하고 있다. 이러한 관점에서 유아수학교육은 유아들이 일상생활에서 수학적 문제 상황에 직면했을 때 문제를 해결할 수 있는 능력을 길러주는 것이다. 즉 유아의 발달 수준을 고려하여 수학의 기초개념을 학습하도록 돕고 일상생활 속에서 발생하는 문제를 수학적 과정을 통해 해결할 수 있도록 도와주는 것이다(문연심, 2009).

최근 고도의 정보화 사회로 접어들면서 수학과 관련되거나 수학을 사용하는 분야의 직업을 선택하는 전문가뿐만 아니라 금융, 예술, 컴퓨터 등 다양한 분야에서 수학적 소양을 요구하고 있고, 후기 피아제 학파 학자들이 등장하면서 유아들 또한 이미 태어날 때부터 수학적 능력을 지닌 유능한 존재로 태어나며 그들만의 독특한 인지능력을 통해 수학에 대하여 직관적 이해를 하고 있음이 많은 연구들을 통해 증명되어 왔다. 따라서 유아기부터 질적인 유아수학교육이 이루어질 필요성이 있으며 유아교육현장 및 일상생활 속에서 수학활동과 관련된 다양한 경험을 통해 수학의 기본 개념과 원리를 학습함으로써 수학적 소양을 기를 수 있는 기회를 제공하는 것이 중요하다(박해미 외, 2015). 또한 유아기의 수학적 경험에 따라 유아들은 수학에 대한 흥미와 수학적 태도를 형성하게 되고 논리적 사고와 문제해결의 기초를 형성함으로써 인지발달의 원동력이 되며 합리적인 생활 자세를 기르는 데 도움이 되므로(한유미, 2013) 유아기의 수학적 경험이 중요하다.

2) 유아수학교육의 목적 및 목표

현대사회는 고도의 지식정보화 사회로 지식을 바라보는 관점에도 많은 변화가 생기고 있으며, 이러한 사회의 변화에 따라 수학교육의 목적 또한 변화되고 있다. 최근 수학교육에서는 기초계산능력보다 일상생활에서의 문제해결능력이 더욱더 요구되고 있다. 특히, 유아수학교육은 유아의 실생활과 밀접한 관련이 있고, 유아 자신의 주변 환경에 대한 이해를 증진시키는 데 중요한 역할을 하므로, 유아들로 하여금 수학적으로 생각하는 힘을 길러줌으로써 일상생활에서의 문제해결력을 기르는 데 목적이 있다.

대부분의 유아들은 일상생활 속에서 수학적 경험을 충분히 하고 있지만 조직적이고 체계적인 수학적 경험이 아니며, 유아 스스로 자신의 수학적 경험을 조직하는 능력 또한 부족하다. 따라서 유아수학교육은 유아들이 자신의 수학적 경험을 조직하고 수학적 개념과의 관련성을 얻어낼 수 있도록 도와줌으로써 수학에 흥미를 갖고 수학적 기본 소양을 기르는 데 목적을 두고 있다. 즉 유아수학교육의 목적은 유아들의 발달에 적합한 수학적 소양을 길러주는 것으로, 수학적 소양이란 수학적 개념을 바르게 이해하고 수학적 과정을 즐길 수 있는 경험을 제공하여 수학에 대한 긍정적인 태도를 가지며(정연희, 2014), 일상생활에서의 수학에 대한 유용성을 인식하고 수학에 대한 자신감을 가지도록 하는 것이다.

미국수학교사협의회(NCTM: The National Council of Teachers of Mathematics)에서도 유아수학교육의 목표에 수학적 소양의 중요성이 반영되어야 한다고 하면서, 첫째, 수학의 가치를 인식하고 둘째, 수학을 학습하는 자신의 능력에 확신을 가지도록 하며, 셋째, 수학적 문제 해결자가 되도록 하고 넷째, 수학적으로 의사소통하는 방법을 배울 수 있도록 하며 다섯째, 수학적으로 추론하는 것을 배울 수 있도록 하는 것을 유아수학교육의 목표로 제시하고 있다(Charlesworth, 2000). 권영례 등(1998)은 첫째, 일상생활에서 필요한 수학적 문제해결력을 기르고 둘째, 수학적으로 표현하고 의사소통 능력을 기르며 셋째, 수학적 기본개념과 원리를 이해하여 기술을 획득하고 넷째, 수학적 경험을 즐기고 수학의 가치를 인식하며 다섯째, 자신의 수학적 능력에 대해 확신을 가질 수 있도록 하는 데 유아수학교육의 목표를 두고 있다.

최근에는 유아수학교육의 정의적 측면이 중요하게 부각되었고, 나귀옥과 김경희(2012)는 유아수학교육의 목적은 유아로 하여금 일상생활에서의 수학의 유용성을 깨닫도록 하는 것이라고 강조하면서, 〈표 4-1〉과 같이 유아수학교육의 목적을 제시하고 있다.

〈표 4-1〉 유아수학교육의 목적

구분	목적
내용적 측면	• 수와 연산 • 대수(규칙성) • 기하(공간 및 도형) • 측정 • 자료 분석
과정적 측면	• 수학적 문제 해결자 되기 • 수학적 의사소통하기 • 수학적으로 추론하고 증명하기 • 수학적 개념을 다른 영역과 연계하기 • 수학적 과정을 표상하기
정의적 측면	• 수학적 가치, 유용성을 인식하기 • 자신의 수학능력에 자신감과 자부심 가지기 • 수학에 대한 열정과 끈기 가지기 • 수학문제 해결을 위하여 다른 사람과 협력하기 • 수학에 대한 거부감 갖지 않기

출처: 나귀옥, 김경희(2012).

2013년에 제정된 3-5세 연령별 누리과정의 자연탐구영역에서는 호기심을 가지고 주변세계를 탐구하며, 일상생활에서 수학적 · 과학적으로 생각하는 능력과 태도를 기르도록 하는 데 목적을 두고, 구체적인 목표를 첫째, 주변사물과 자연세계에 대해 알고자 하는 호기심을 가지고, 탐구하는 태도를 기르며 둘째, 생활 속의 여러 상황과 문제를 논리 · 수학적으로 이해하고 해결하기 위한 기초능력을 기르고 셋째, 주변의 관심 있는 사물과 생명체 및 자연현상을 탐구하기 위한 기초능력을 기르는 데 두고 있다.

최근 개정된 2019 개정 누리과정의 자연탐구영역에서는 탐구하는 과정을 즐기고, 자연과 더불어 살아가는 태도를 가지도록 하는 데 목적을 두고 있으며 구체적인 목표로 첫째, 일상에서 호기심을 가지고 탐구하는 과정을 즐기고 둘째, 생활 속의 문제를 수학적 · 과학적으로 탐구하며 셋째, 생명과 자연을 존중하도록 하는 것을 제시하고 있다.

우리나라 국가수준의 교육과정인 0-2세 표준보육과정과 3-5세 누리과정에서는 유아수학교육의 목적 및 목표가 자연탐구영역에 제시되어 있다. 이에 대해 구체적으로 살펴보면 〈표 4-2〉와 같다.

〈표 4-2〉 국가수준 교육과정에서의 유아수학교육(자연탐구영역)의 목적 및 목표

구분	표준보육과정		누리과정
	0-1세	2세	3-5세
목적	• 주변 환경과 자연에 관심을 가진다.	• 주변 환경과 자연을 탐색하는 과정을 즐긴다.	• 탐구하는 과정을 즐기고, 자연과 더불어 살아가는 태도를 가진다.
목표	• 일상에서 탐색을 즐긴다. • 주변 환경을 탐색한다. • 생명과 자연에 관심을 가진다.	• 일상에서 탐색하는 과정을 즐긴다. • 주변 환경에 관심을 가지고 탐색한다. • 생명과 자연에 관심을 가진다.	• 일상에서 호기심을 가지고 탐구하는 과정을 즐긴다. • 생활 속에서 문제를 수학적, 과학적으로 탐구한다. • 생명과 자연을 존중한다.

출처: 보건복지부(2020). 제4차 어린이집 표준보육과정 해설서.

2 유아수학교육의 내용

유아수학교육의 내용은 수학교육의 최근 동향을 반영하여 유아의 수학적 소양을 증진시키고 수학적 힘을 길러줄 수 있는 내용으로 구성되어야 하며 현재 및 미래에 필요한 수학적 요구가 포함되어야 한다(정연희, 2014). 또한 유아가 수학적 지식을 구성하기 위해서는 필요한 수학적 과정 기술과 태도가 형성되어야 하며 유아수학교육의 내용에 대한 이해도 필요하다.

찰스워스(Charlesworth, 2000)는 논리와 분류하기, 일대일 대응, 수감각과 수세기, 비교하기, 모양, 공간감각, 부분과 전체와 관련된 내용이 유아수학교육에서 다루어져야 하며, 이경우 등(1997)은 유아수학교육의 내용으로 분류, 순서 짓기, 수와 수의 활용, 부분과 전체, 측정, 공간관계와 기하, 패턴, 통계, 컴퓨터를 제시하고 있다.

유아수학교육의 내용이 이전에는 분류하기, 순서 짓기, 수세기, 연산하기 중심이었으나 최근에는 일상생활에서 수학적 개념과 상호 연관되는 수, 기하, 측정, 규칙성 찾기, 자료 분석 등의 수학적 개념이 강조되고 각 수학적 개념 간의 상호연관 및 수학적 개념들 간의 관계와 계열성을 다룰 것을 강조하고 있다(고선옥 외, 2014). 예를 들어, 자료를 수집하여 분류하기 경험을 한 후 그래프를 나타내어 수와 양의 많고 적음을 비교측정하거나 물건을 한 가지 또는 두 가지 준거에 따라 분류하는 단순분류하기와 복합분류하기 경험을 한 후 규칙성을 찾아보며 수학적 개념들 간의 관계를 이해하도록 한다.

NCTM(1997)에서는 유아수학교육에서 다루어져야 할 내용으로 수와 연산, 대수, 기하, 측정, 자료의 분석 및 확률을 제시하고 있다. 이를 구체적으로 살펴보면 〈표 4-3〉과 같다.

〈표 4-3〉 NCTM에서 제안된 유아수학교육의 내용

수학적 개념	구체적인 내용
수와 연산	• 수, 수 표상, 수와 수체계의 관계 이해하기 • 연산의 의미와 어떻게 그것이 관련되어 있는지 이해하기 • 유창하게 계산하고 합리적으로 어림하기
대수	• 패턴, 관계, 함수를 이해하기 • 대수적 상징을 사용하여 수학적 상황과 구조를 표현, 분석하기 • 양적인 관계를 이해, 표현하기 위해 수학적 모델을 사용하기 • 다양한 맥락에서 변화를 분석하기
기하	• 2차원과 3차원 기하모형의 특성과 속성을 분석하고 기하학적 관계에 대한 수학적 논쟁을 발전시키기 • 좌표기하와 다른 표상적 체계를 사용하여 위치를 서술하고 공간적 관계를 기술하기 • 수학적 상황을 분석하기 위하여 변환을 적용, 대칭을 사용하기 • 문제해결을 위한 시각화, 공간적 추론, 기하학적 모델링 사용하기
측정	• 측정 가능한 구체물의 속성과 측정의 단위, 측정의 체계, 측정의 과정을 이해하기 • 측정을 결정하기 위해 적절한 기술, 도구, 방식을 적용하기
자료 분석과 확률	• 문제를 제기하고 제기된 문제를 해결하는 데 필요한 자료를 수집, 조직, 제시하기 • 자료 분석을 위하여 적절한 통계적 방법을 선택하고 사용하기 • 자료에 기초한 추리와 예측을 발달시키고 평가하기

출처: 김민경, 홍혜경, 이지현, 이정욱(2006).

2013년에 제정된 우리나라 국가수준의 공통교육과정인 3–5세 연령별 누리과정(교육과학기술부, 2013)의 자연탐구영역에서는 탐구하는 태도 기르기, 수학적 탐구하기, 과학적 탐구하기로 구분하여 제시하고 유아수학교육의 내용을 수학적 탐구하기에 제시하였다. 수학적 탐구하기에서는 유아가 일상생활에서 접하는 문제를 수학적 사고와 추론에 의해 논리적으로 해결하는 데 중점을 두었으며, 이를 위해 수와 연산의 기초개념 알아보기, 공간과 도형의 기초개념 알아보기, 기초적인 측정하기, 규칙성 이해하기, 기초적인 자료수집과 결과 나타내기의 다섯 가지 내용으로 구성되었다.

2019 개정 누리과정(교육부, 2019)의 자연탐구영역에서는 탐구과정 즐기기, 생활 속에

서 탐구하기, 자연과 더불어 살기로 제시하고 수학적 탐구하기와 과학적 탐구하기를 통합하여 생활 속에서 탐구하기로 제시하고 있다. 생활 속에서 탐구하기는 일상의 문제를 수학적 · 과학적 방식으로 탐구하는 유아의 경험을 반영하고자 하였으며, 물체를 세어 수량을 알아보고, 물체의 위치와 방향, 모양을 알고 구별하고 일상에서 길이, 무게 등의 속성을 비교하고 주변에서 반복되는 규칙을 찾고 일상에서 모은 자료를 기준에 따라 분류해보는 내용이 포함되어 있다.

우리나라 국가수준의 교육과정인 0-2세 표준보육과정과 3-5세 누리과정의 자연탐구영역에서 제시하고 있는 내용 중 유아수학교육과 관련된 내용을 중심으로 살펴보면 〈표 4-4〉와 같다.

〈표 4-4〉 국가수준 교육과정에서의 유아수학교육(자연탐구영역)의 내용

내용 범주	표준보육과정		누리과정
	0-1세	2세	3-5세
생활 속에서 탐구하기	• 물체의 수량에 관심을 가진다. • 주변 공간과 모양을 탐색한다. • 규칙성을 경험한다.	• 물체의 수량에 관심을 가진다. • 주변 공간과 모양을 탐색한다. • 규칙성에 관심을 가진다. • 주변 사물을 같고 다름에 따라 구분한다.	• 물체를 세어 수량을 알아본다. • 물체의 위치와 방향, 모양을 알고 구별한다. • 일상에서 길이, 무게 등의 속성을 비교한다. • 주변에서 반복되는 규칙을 찾는다. • 일상에서 모은 자료를 기준에 따라 분류한다.

출처: 보건복지부(2020). 제4차 어린이집 표준보육과정 해설서.

이처럼 유아수학교육에서 다루어져야 할 내용은 학자들과 교육과정에 따라 조금씩 다르게 제시하고 있으나 이를 종합적으로 살펴볼 때, 유아수학교육에서 다루어져야 할 기본적인 수학교육의 내용을 구체적으로 살펴보면 〈표 4-5〉와 같다.

〈표 4-5〉 유아수학교육의 내용

수학적 개념	구체적인 내용
수 개념	• 수를 세고 숫자를 인식하고 생활 속에서 사용되는 수의 의미를 이해하는 것 - 수 인식: 숫자의 모양이 다르다는 것을 알고 숫자를 구별할 수 있는 것 - 일대일대응: 하나의 사물에 하나의 수 단어를 부여하는 것 - 수세기: 사물마다 수 이름을 하나씩 붙여서 세는 것 (기계적 수세기/합리적 수세기) - 수의 관계: 큰 수는 작은 수를 포함하고 있다는 것을 아는 것(부분과 전체) - 수 연산: 수를 더하고 뺄 수 있는 것
기하	• 물체의 모양이나 형태를 인식하고 변별하고 물체 간의 위치적 관계를 이해하는 것 - 공간(위상기하): 근접/개폐/안과 밖/순서 등 - 도형(유클리드 기하): 공간(위상기하)/도형(유클리드 기하)
측정	• 단위를 사용하여 물체의 크기나 양이 얼마나 되는가를 정하는 것 - 비교하기: 어떤 속성에 따라 두 개의 물체를 관계 짓는 것 - 순서짓기(서열화): 사물의 특징적인 속성의 차이를 인식하고, 3개 이상의 물체를 어떤 속성에 따라 순서대로 배열하는 것 - 측정어휘 사용하기/임의의 단위로 측정하기/표준화된 단위로 측정하기
규칙성	• 사물이나 현상의 기본단위가 일정한 순서로 반복되는 것 - 시각 및 시간의 흐름 이해하기 - 일상적 사건과 시간적 관계 인식하기 - 패턴 구성하기
통계	• 자료를 수집하고 일정한 준거에 따라 비교 · 분류하고 정보를 조직하는 것 - 분류하기(짝짓기/관련짓기/단순분류/복합분류/유목포함관계) - 그래프 그리기

3 유아수학교육의 교수 · 학습방법

1) 놀이를 통한 교수·학습방법

놀이는 유아교육에서 핵심적이며 광범위하게 적용되는 교수 · 학습방법이다. 최근 개정 누리과정에서도 개정 방향을 유아중심 · 놀이중심 교육과정에 중점을 두고 있어 유아수학교육에서도 놀이를 통한 수학교수 · 학습방법이 강조된다. 긴스버그(Ginsburg, 2006)는 수학학습과 관련된 놀이를 다음과 같이 3가지 유형으로 구분하여 제시하고 있다(홍혜경, 2010).

첫째, 수학적 요인이 포함된 놀이이다. 놀이하는 과정에서 수 개념, 공간과 도형, 패턴, 측정 등의 수학적 아이디어를 활용하는 경험을 제공하는 놀이이다. 예를 들어, 쌓기놀이, 땅따먹기, 사방치기, 윷놀이, 자치기 등과 같은 놀이를 들 수 있다. 그러나 이러한 놀이는 유아들의 자발적인 탐색은 기대할 수 있으나 수학적 탐색을 보장하지 못한다는 제한점이 있다.

둘째, 수학에 중점을 둔 놀이이다. 수학영역에서 제공되는 다양한 게임이나 수학적 개념을 직접적으로 다루는 놀이이다. 예를 들어, 수학영역에서 주사위를 활용하여 놀이를 하는 다양한 판 게임, 몬테소리 수학교구 등을 들 수 있다.

셋째, 수학과 함께하는 놀이이다. 교사가 교실에서 다룬 수학적 개념을 적용하여 노는 놀이로 주로 확장활동 형태로 이루어지는 놀이이다. 예를 들어, 산책놀이를 한 후 산책활동 시 수집한 다양한 나뭇잎을 분류한 후 나뭇잎 모빌 만들기를 통해 패턴 찾기 놀이를 하는 것이다. 그러나 이러한 놀이를 통한 방법은 유아들의 풍부한 수학적 사고발달의 가능성은 제공하지만 수학적 발달을 보장하기에는 미흡하므로(Ginsburg, 2006), 수학학습을 위한 교사의 의도적 개입이나 지원이 필요하다.

2) 균형적 접근을 통한 교수·학습방법

최근 유아수학교육에서는 유아들의 자발적 놀이나 탐색에만 의존하면 수학적 관계나 개념의 획득이 제한적일 수도 있으므로 의도적인 교수활동이나 지도가 병행되는 균형적 접근이 강조되고 있다(홍혜경, 2010). 유아들은 가정과 유아교육기관의 일상생활과 놀이에서 자연스럽게 경험하는 비형식적 수학교육과 교사의 체계적인 계획에 의한 형식적인 수학교육을 통해 다양한 수학적 지식을 습득한다. 유아가 일상생활 속에서 습득한 수학적 지식은 비체계적이나 일상생활의 문제를 해결하는 데 유용하게 사용될 수 있으며, 유아교육기관에서의 형식적 수학교육은 비교적 명료하고 일관성이 있으며 논리적이고 잘 조직화된 형태를 가지고 있다. 유아에게 다소 어렵고 생소한 수학적 개념은 유아의 경험과 연관된 비형식적 지식과 연결되면 이해하기 쉽고 문제해결에 용이하게 활용될 수 있으며(나귀옥, 김경희, 2012), 유아들의 일상생활에서의 수학적 경험이 유아교육기관에서의 수학적 지식과 연계될 때 효과적인 수학학습이 이루어질 수 있다.

유아교육기관에서의 비형식적인 수학교육은 교사가 일상생활 속에서 우연히 발생한 수학적 학습상황을 유아의 흥미와 요구, 발달 수준, 사건이 지닌 교육적 의미 등을 고려하여 활동으로 확대해 나감으로써 유아가 수에 관심을 가지도록 자연적인 기회를 활용하는 것으로 교사의 적절한 언어적 상호작용과 개입이 요구된다(Forston & Reiff, 1995). 또한 유아들은 정해진 시간대의 정해진 영역에서만 경험하는 것이 아니라 모든 시간

에 각 영역에서 다양한 수학적 경험을 통해 수학적 지식을 구성해 나간다. 즉 유아들은 일상생활에서 경험하는 수에 자연스럽게 관심을 가지고 일상생활 속의 구체물을 가지고 능동적으로 문제를 탐색하고 다양한 방법으로 수학적 문제를 해결하는 경험을 통해 수학적 지식을 구성해 나가므로 교사는 수학영역뿐만 아니라 다른 영역에서도 수학 학습이 일어날 수 있는 상황을 잘 포착하여 유아들이 하루 일과 생활 속에서 자연스럽게 수학적 경험을 할 수 있도록 해야 한다. 따라서 유아수학교육은 유아의 탐색과 경험, 능동적인 참여가 강조된 비형식적이며 협력적 상호작용을 통한 교수 · 학습방법이 필요하다.

3) 통합적 접근을 통한 교수·학습방법

유아를 위한 효과적인 수학교수 · 학습은 일상생활에서의 자연스러운 수학적 경험이 유아교육기관에서의 지식과 연계되고 다양한 활동과의 통합적 접근이 이루어지는 것이 바람직하다. 교사가 계획하여 실행되는 다양한 놀이, 즉 이야기 나누기, 동시, 동화, 음악, 신체표현활동, 게임, 수 · 과학 활동 등에는 수학적 개념이 포함되어 있다. 유아들을 위한 수학교육은 교사가 별도의 수학교수 · 학습 계획을 수립하여 유아들로 하여금 수학적 개념을 형성할 수 있도록 도움을 주기도 하지만 유아의 발달 특성을 고려할 때 다양한 활동을 통해 통합적으로 접근하는 것이 더 효과적이다. 예를 들어, 게임활동을 할 때 편을 나누면서 분류하기를 경험할 수 있고 자기 팀 인원을 파악하면서 수세기를 하고 게임 종료 후 자기 팀 점수결과를 확인하면서 '○○팀이 **팀보다 몇 점 더 많니?'와 같은 수학적 발문을 통해 비교측정과 관련된 수학적 개념을 형성할 수 있다. 또한 숫자와 관련된 노래를 통해 수인식, 수세기, 수연산 등과 같은 수 개념을 형성할 수 있으며 미술활동으로 모양 도장 찍기, 콜라주 활동을 하면서 유아들은 자연스럽게 공간과 도형에 관한 수학적 경험이 이루어진다. 이때 유아의 수학적 사고를 위한 교사의 적절한 개입이 중요하다. 교사가 교수적 상황에 적절하게 개입하기 위해서는 상황에 맞는 수학적 용어를 활용한 질문이 중요하며 유아에게 어떠한 수학적 개념을 형성하도록 지원할 것인가에 따라 교사는 다양한 질문을 활용할 수 있다.

유아수학교육을 위한 통합적 접근방법은 유아의 전인적 발달과 효율적인 수학학습을 위하여 유아에게 의미 있는 상황 속에서 수학적 개념을 형성하도록 통합적으로 활동을 제공하는 것을 의미하며(정연희, 2014), 유아의 수학적 경험으로는 수학교과 내에서 통합적으로 수학적 개념을 형성하도록 돕는 수학교과 내 통합과, 수학적 개념을 수학교과와 타 교과와 통합하여 형성하도록 돕는 교과 간 통합을 들 수 있다. 예를 들어, 수학교과 내 통합은 유아와 함께 수세기를 하면서 '모두 몇 개이니?', '어느 수가 더 많니?'와 같이 수 개념과 비교측정 개념을 함께 학습하도록 돕거나 '이것은 어떤 모양이니?', '모양이 같은 것끼리 분류해보자', '분류한 것을 그래프로 그려보자'와 같이 공간과 도형, 분류하기, 그래프로 나타내기와 같은 수학적 개념을 함께 학습하도록 돕는 것이다. 교과 간 통합은 그림책을 보면서 그림책 속의 수학적 상황을 통해 관련된 수학적 개념을 습득하도록 하거나 그림책을 읽고 난 후 수학적 상황과 관련된 수학적 개념을 노래나 미술활동으로 확장하여 활동해 봄으로써 자연스럽게 수학적 개념을 형성하도록 하는 것이다. 교사는 다양한 활동을 통하여 유아에게 흥미롭고 의미 있는 수학적 상황을 수학적 개념이나 원리에 대한 수학학습이 가능하도록 활동 간의 통합이 이루어지도록 계획하여야 한다.

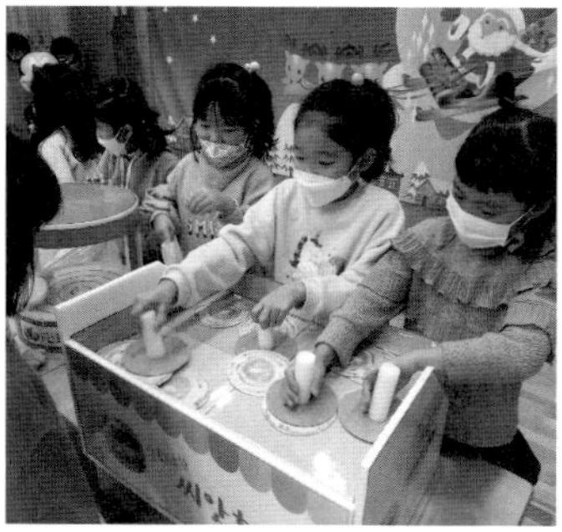 

한유미(2013)는 다음과 같은 교수 · 학습 원리에 주의하여 유아의 수학학습활동을 계획해야 한다고 제시하고 있다.

첫째, 유아의 능동적 학습을 격려한다. 교사가 활동을 주도하는 교육방법이나 학습지와 같이 유아가 수동적으로 주어진 문제에 반응해야 하는 학습방법은 수학적 개념을 학습하는 데 적절하지 않으며, 논리 · 수학적 지식을 발달시키기 어렵다. 논리 · 수학적 지식을 구성하기 위해서는 학습의 주체로서 유아가 능동적으로 문제를 탐색하고 다양한 방법으로 문제해결을 시도해야 한다. 따라서 교사가 자신의 계획이나 생각을 유아에게 강요하는 것은 바람직하지 않으며, 유아의 선택과 자발적 활동의 가치를 인정해 주어야 한다.

둘째, 유아에게 구체적 조작 경험을 제공한다. 유아기는 인지발달의 특성상 지필식 학습보다 활동중심의 학습이 바람직하다. 또한 이 시기에는 내성적 추상이 일어나기 위해서는 경험적 추상과 관련짓는 것이 필요하다. 따라서 유아가 논리 · 수학적 지식을 습득하려면 실제 물체를 조작하는 것이 반드시 필요하다. 그러나 물체를 단순히 손으로만 만지고 조작하는 것만으로는 부족하며, 계획적 조작활동이 수반되어야 한다.

셋째, 유아의 기존의 지식을 기초로 사용한다. 유아는 유아교육기관에 오기 전부터 이미 가정에서 수학적 경험을 시작하였다. 따라서 이미 풍부한 비형식적인 수학적 지식을 갖고 있다. 유아는 수학적 문제 상황에 직면했을 때 먼저 자신이 알고 있는 수학적 지식을 적용하여 문제를 해결하려고 할 것이며, 따라서 유아가 이미 알고 있는 개념과 관련된 활동을 제공하는 것이 좋다. 그리고 유아가 새로운 개념을 습득하고 기존의 이해를 확장할 수 있도록 하는 것이 좋다.

넷째, 유아의 개인차를 수용한다. 유아들은 개개인마다 다른 수학적 지식수준과 사전 경험을 갖고 있다. 또한 수학활동에 대해 유아들마다 태도나 접근법에도 개인차가 있다. 교사는 이러한 다양성을 적극 수용하는 것이 중요하며, 개별교육이 이루어질 수 있도록 배려해야 한다. 또한 교사는 같은 수학활동에 참여하는 유아들이라도 이들이 경험하거나 구성하는 내용은 다를 수 있음을 이해해야 한다. 교사는 각 유아가 자신의 수준에서 자신만의 방법을 통해서 수학적 지식을 구성하도록 도와주어야 한다.

다섯째, 유아에게 표현의 기회를 제공한다. 유아는 자신이 경험한 수학활동이나 현재 학습하고 있는 수학적 개념을 다양하게 표현함으로써 더 잘 이해할 수 있다. 언어적으로 표현하는 것이 특히 도움이 되는데, 말로 표현하는 것 외에도 글로 쓰기, 그림 그리기, 게시하기 등 다양한 표현방법을 사용하는 것이 바람직하다.

여섯째, 또래나 교사와의 상호작용을 강조한다. 또래와 상호작용을 통해 유아는 자신의 생각이 타인의 생각과 다를 수 있다는 것을 알게 된다. 그리고 자신의 생각을 객관적인 입장에서 봄으로써 수정 및 확장한다. 상호작용 활동으로는 공동 프로젝트나 소집단 활동이 유익할 수 있다. 또한 교사는 "어떻게 하면 ~할 수 있을까?", "~한다면 무슨 일이 생길까?" 등과 같이 유아의 수학적 사고를 자극할 수 있는 질문을 하는 것이 도움이 된다.

일곱째, 결과보다 과정에 관심을 기울인다. 결과를 중요시하면 유아에게 수학은 어렵고 지루한 것이라는 인식을 심어줄 수 있다. 예를 들어, 정답만을 강요하거나 승부에 집착하여 이긴 사람, 진 사람을 판정해 주거나 몇 개 틀렸다는 것을 강조하는 것은 바람직하지 않다. 따라서 유아의 답이 옳고 그른지 즉각적인 판단을 내려주기보다는 유아가 그러한 결과에 도달하게 된 과정에 관심을 가져주는 것이 좋으며, 유아에게 설명해 보도록 하는 것이 좋다.

〈표 4-6〉 유아의 수학적 사고를 유도하는 질문의 예

수학적 개념	구체적인 내용
수 개념	'모두 몇 개인지 세어보자.' '숫자 ○와 같은 모양을 찾아보자.' '여기는 몇 층이니?' '숫자 ○ 다음에는 무슨 수가 오니?' '숫자 ○과 숫자 ○는 어떻게 다르니?' '사탕 ○개에다 ○개를 더하면(빼면) 사탕이 모두 몇 개일까?
기하	'이 모양과 저 모양이 어떻게 다르니 또는 같니?' '동그라미는 어떤 모양이어야 하니?' '네모 모양과 같은 것을 찾아보자.' '○○이 앞에 있는 친구는 누구니?' '울타리 안(밖)에 있는 동물은 무엇이니?'
측정	'어느 것이 더 많고(적고)/ 길고(짧고)/ 무겁고(가볍고)/ 크니(작니)?' '가장 ○○ 것부터 순서대로 놓아보자.' '이것으로 재면 얼마나 될까?'
규칙성	'어떤 규칙을 찾을 수 있니?' '이것 다음에는 어떤 것이 올 수 있을까?' '이것으로 또 다른 규칙을 만들 수 있겠니?'
통계	'○○이 같은 것끼리 모아보자.' '○○을 둘로 나누면 어떻게 나눌 수 있을까?' '어떤 점이 같으니(다르니)?' '그래프로 나타내면 어떨까?'

4 유아수학교육의 지도 실제

1) 자유놀이에서의 유아수학교육

<table>
<tr><td>활동명</td><td>얼음 조각을 맞추어요</td><td>놀이 주제</td><td>즐거운 겨울 생활</td></tr>
<tr><td>활동 유형</td><td>자유놀이(바깥놀이)</td><td>대상 연령</td><td>5세</td></tr>
<tr><td>활동 목표</td><td colspan="3">• '크다/작다', '부분과 전체'의 수학적 개념을 이해한다.
• 친구와 협력하여 문제해결능력을 기른다.</td></tr>
<tr><td>교육과정 관련 요소</td><td colspan="3">• 자연탐구 : 생활 속에서 탐구하기 - 일상생활에서 길이, 무게 등의 속성을 비교한다.
• 사회관계 : 더불어 생활하기 - 친구와 서로 도우며 사이좋게 지낸다.</td></tr>
<tr><td>활동 자료</td><td colspan="3">얼음</td></tr>
<tr><td>활동 방법</td><td colspan="3">〈놀이 상황〉
바깥놀이 시간에 물웅덩이에 얼음이 생겼고 이를 발견한 유아의 얼음에 대한 관심과 흥미에서 놀이가 시작되었다. 얼음 탐색놀이 진행과정에서 유아들이 놀이를 통해 어떻게 수학적 개념을 형성하는지 수학적 놀이상황에서의 유아들의 상호작용에 대해 관찰하며 놀이를 확장시켜나가는 유아의 모습을 기록하였다.

놀이 1일: 어느 것이 더 클까요?

① 물웅덩이에 생긴 얼음에 관심과 흥미를 가진다.
</td></tr>
<tr><td></td><td colspan="3">동윤: 얘들아. 여기에 얼음이 생겼어. 이리 와봐.

주변에서 수레를 끌며 흙을 나르던 아이들이 모여들기 시작했다.

휘빈, 성민, 지윤: 와. 진짜 얼음이 생겼네.
지윤: 오늘 날씨가 추워서 그래.</td></tr>
</table>

활동 방법

② 아이들은 막대기로 얼음을 두드리며 모두 얼음을 탐색하기 시작한다.

휘빈: (얼음을 두드리며) 엄청 딱딱하다. 너희들도 두들겨 봐.
동윤, 성민, 지윤: (모두 다같이 얼음을 밟기도 하고 막대기로 두드리며) 진짜 딱딱하다.
성민: 우리 다같이 이걸로 얼음을 깨보자.

③ 다함께 얼음을 조각내는 것에 목표를 두고 얼음을 깨기 시작한다.

성민: 와! 얼음이 깨졌어.
휘빈: (얼음 조각을 들어서 보여주며) 아, 무겁다. 이게 제일 큰 것 같아.
동윤: 아냐. 이게 더 큰데.
지연: 이것도.

아이들이 얼음을 가지고 '크다/작다' 비교하기 시작하자
교사가 직접 측정해 볼 것을 제안했다.
교사의 제안에 아이들은 측정방법을 고민하기 시작했다.

교사: 어느 것이 더 큰지 비교해보면 어떨까? 어떤 방법으로 비교하면 좋을까?
지연: 이리로 가져와봐. 누구 얼음이 더 큰지 비교해보자.
동윤, 휘빈, 지연: (얼음을 나란히 놓는다.)
동윤: 이 얼음 조각이 제일 큰 것 같아요.
지연: (다른 얼음조각을 가리키며)아니에요, 이거예요.

④ 한 명의 아이가 큰 것부터 차례로 위에 올려서 비교해보자고 제안을 하였고 아이들은 얼음을 차례로 올려놓기 시작한다.

성민: 여기에 니 거 올려봐. 니 거도 올려.
동윤: 우와! 탑 같다. 우리 얼음 탑 쌓을래.
지연: 큰 것부터 차례로 올려보자.

활동 방법

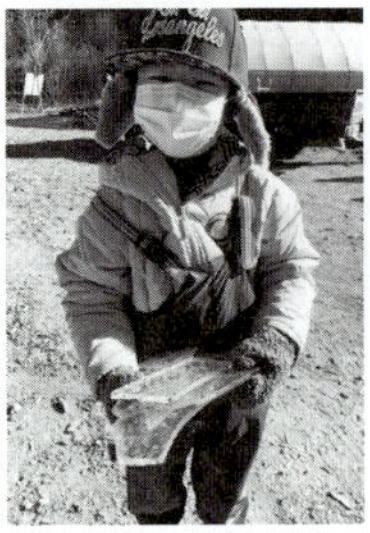

아이들의 놀이는 얼음크기 비교하기에서 얼음 탑 쌓기 놀이로 전환하였고 자연스럽게 크기가 큰 것부터 탑을 쌓으며 큰 것과 작은 것을 알아가는 모습을 발견하였다.

놀이 2일: 얼음 조각을 맞추자

① 물웅덩이 근처에 깨진 얼음 조각을 발견하고 하나, 둘씩 모아 모양을 비교하며 얼음 조각을 맞추기 시작한다.

어제 얼음으로 탑 쌓기를 하던 놀이가 얼음 조각 맞추기로 전환된다.

동윤: (깨진 얼음 조각 모양을 살피며) 이거하고 이거는 비슷하게 생겼어.
지연: 이건 세모야.
동윤: 여기에 대봐. 이거랑 길이가 똑같아.

② 깨진 얼음 모양을 탐색하다가 같은 길이의 작은 얼음 조각을 이어서 큰 얼음을 다시 만들기 시작한다.

활동 방법	지연: 같은 것끼리 연결해보자. 동윤: (길이가 같은 얼음을 마주 대며 연결한다.) 이것 좀 봐. 조각난 얼음을 다시 퍼즐 맞추기를 하듯 놀이하며 부분과 전체의 개념을 아이들 스스로 알아가는 모습을 발견하였다.
놀이 경험 이해	〈유아의 놀이 경험〉 바깥놀이터의 물웅덩이에서 발견된 얼음에 대한 관심과 흥미가 얼음 조각 비교하기의 '측정'활동으로 수학놀이가 시작되었다. '어느 것이 더 큰지' 측정방법에 대한 논의가 자연스럽게 큰 것부터 탑을 쌓자는 지연이의 놀이 제안으로 비교하기 측정활동이 얼음 탑 쌓기 놀이로 전환되었다. 다음 날, 얼음조각에 대한 관심이 얼음 '모양'에 대한 관심으로 전환되었고 조각난 얼음 모양을 비교하며 같은 길이의 얼음 모양 부분을 이어 큰 얼음으로 다시 만들며 '부분과 전체'에 대한 수학놀이로 전환되었다. 〈교사의 놀이 이해〉 유아의 관심과 흥미로부터 시작된 '얼음 크기 비교하기' 놀이 확장을 위해 놀이를 관찰하고 유아들에게 측정방법에 대한 놀이 제안을 하여 놀이에 도움을 주었다. 일상생활에서 우연히 시작된 얼음에 대한 관심이 자발적 놀이를 통해 측정, 공간과 도형에 대한 수학적 개념을 자연스럽게 형성해 나가는 모습을 알 수 있었다.
교사 지원의 특징	놀이에 직접적인 개입보다는 유아의 놀이를 관찰하던 중 놀이방법을 제안하고 안내하는 역할만 수행하였고 아이들 스스로 놀이를 다양하게 전환하며 놀이하고 놀이 속에서 수학적 개념을 자연스럽게 알아가도록 하였다.

2) 집단활동에서의 유아수학교육

<table>
<tr><td colspan="2">활동명</td><td>수를 찾아라</td><td>놀이 주제</td><td>즐거운 겨울 생활</td></tr>
<tr><td colspan="2">활동 유형</td><td>게임(수학활동)</td><td>대상 연령</td><td>5세</td></tr>
<tr><td colspan="2">활동 목표</td><td colspan="3">• 수 인식, 측정, 분류하기, 그래프로 나타내기 등 수학적 개념을 이해한다.
• 일상생활에서의 수 놀이를 즐긴다.</td></tr>
<tr><td colspan="2">교육과정 관련 요소</td><td colspan="3">• 자연탐구 : 생활 속에서 탐구하기 - 물체를 세어 수량을 알아본다.
• 자연탐구 : 생활 속에서 탐구하기 - 일상에서 길이, 무게 등의 속성을 비교한다.
• 자연탐구 : 생활 속에서 탐구하기 - 일상에서 모은 자료를 기준에 따라 분류한다.</td></tr>
<tr><td rowspan="3">활동자료</td><td>놀이 1일</td><td colspan="3">숫자판, 다양한 크기의 블록</td></tr>
<tr><td>놀이 2일</td><td colspan="3">매트, '크다/작다, 길다/짧다' 카드, 교실에 있는 다양한 물건들, 그래프판</td></tr>
<tr><td>놀이 3일</td><td colspan="3">매트, 교실에 있는 다양한 물건들</td></tr>
<tr><td colspan="2">활동 방법</td><td colspan="3">〈교사의 놀이 의미 읽기〉
바깥놀이 시간에 얼음 크기 측정에 관심을 보이는 것을 발견하고 실내 자유놀이 시간에 블록영역에서 숫자에 관심을 가지도록 숫자판을 제공하며 놀이에 대한 관심을 이끌어 냈다.
아이들이 수학적 개념에 대해 얼마나 알고 있는지 관찰해보는 시간을 가져 보았다.

놀이 1일: 몇 개일까요? - 수 개념 알아보기

① 자유놀이 시간에 블록으로 다양한 숫자 모양을 만든다. 숫자판을 제시하며 블록으로 숫자판 위에 블록 놓아보기 게임을 제안한다.

교사: 여기 숫자판 위에 누가 빨리 블록을 놓는지 게임할까?
민지: 네 좋아요. 저는 '3' 할래요.
우혁: 저도 할래요. 이거 하고 싶어요.
교사: 게임하고 싶은 친구는 짝지어 모여 앉아 보세요.</td></tr>
</table>

활동 방법

서연: 야, 여기에 놓아야지.

② 게임이 끝난 후 숫자판 위의 블록이 모두 몇 개인지 세어보도록 한다.

우혁: 선생님! 우리는 모두 14개요.
민지: 우린 더 많아요. 우리가 너네 거보다 3개 더 많다.
교사: 어느 팀이 블록이 많은지 비교해 보자. 어느 팀이 가장 많니?
서연: 민지 팀이 가장 많아요.

블록으로 숫자를 만드는 유아에게 수에 대한 관심을 가지도록 하기 위해 숫자판을 제시하고 유아들에게 게임을 하자고 제안하였다. 게임 수 블록 수를 세어보며 수세기, 수 비교 측정을 하면서 유아들의 수 개념이 어느 정도 형성되었는지 관찰하였다. 내일은 다양한 측정 개념을 할 수 있도록 준비하여야겠다.

놀이 2일: 측정 개념을 알아보아요.- 기초적인 측정 이해하기

자유놀이 시간에 쌓기놀이 영역에서 숫자판 위에 블록 놓아보기 놀이에 대한 흥미가 계속되었다.

① 교실에 있는 물건 중에 긴 것과 짧은 것, 큰 것과 작은 것을 찾아 분류해보도록 한다.

유아들의 수에 대한 관심을 지속시키기 위해 놀이제안을 하며 유아들이 측정 개념을 이해하고 있는지 관찰하였다.

교사: 오늘은 우리 교실에 있는 물건들 중에 큰 것과 작은 것을 찾아보는 게임을 해볼까?
연서: 네, 네, 좋아요. 나는 민지랑 같은 팀 할래요.
교사: 그럼, 짝을 정해보자.
서연: 음… 선생님! 저는 하정이랑 하고 싶어요. 하정아, 나랑 같이 하자.
하정: 응.

활동 방법

유아들 짝을 정하면 측정카드가 놓인 매트 하나를 고른 후 교실에서 각자 물건을 찾아 매트 위에 놓는다.

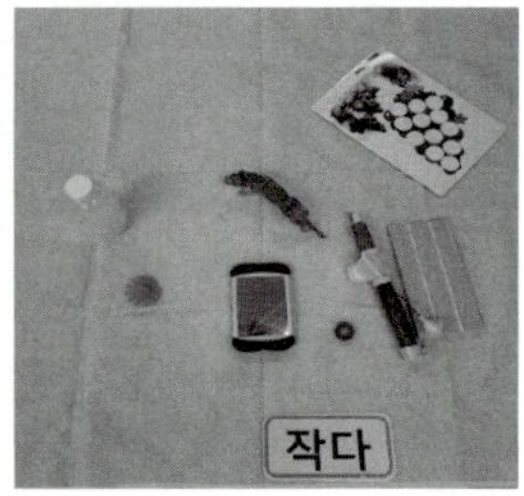

연서: 구슬은 작은 거야.

민지: 실로폰은 크니까 여기에 놓고, 풀 뚜껑은 구슬하고 비슷하니까 작아.

연서: 민지야, 이거는.

민지: 음, 이것도 작은 거에 두자.

유아들은 각자 물건을 측정 카드가 놓여진 매트 위에 분류하여 놓기를 반복하였다. 분류가 끝나면 물건들의 크기를 비교하며 유아들이 분류한 물건들에는 어떤 것이 있는지 살펴본다.

② 분류한 물건들로 실물 그래프 활동을 한다.

교사: 우리 다같이 여기에 적혀 있는 수만큼 같은 물건을 놓아보자.

연서: 아무거나 가져와도 돼요.

교사: 교실에 있는 물건은 무엇이든지 가져와도 돼요. 자 준비, 시작해볼까?

서연: 블록으로 놓을래요.

민지: 우혁아, 우린 책으로 놓자.

우혁: 내가 책 가져올게.

숫자만큼 물건 놓기가 완성되자 아이들은 다함께 환호하며 즐거워했다.

놀이 3일: 같은 색의 물건을 찾아라 – 분류하기

수 놀이에 대한 관심이 계속되면서 오늘은 유아들이 수 놀이를 하자는 제안을 하였고 놀이는 계속되었다.

① 같은 색깔의 물건을 찾아 분류해 보는 게임을 한다.

서연: 선생님, 오늘은 게임 안 해요?

<table>
<tr>
<td>활동
방법</td>
<td>
민지: 어제처럼 또 하고 싶어요.
교사: 음, 그럼 오늘은 같은 색깔 물건 찾기 해볼까?
우혁: 저는 빨강 할래요.
민지: 나는 분홍이요.

교사는 카펫 위에 매트를 여러 장 깔아 준다.
유아들 각자 자기가 좋아하는 색을 선택하여 교실에 있는 물건들을 찾아 매트 위에 놓는다.

② 교실에 있는 물건들 중 같은 색을 찾아 분류한 후 어떤 물건들이 있는지 살펴본다.
"우리 교실에 같은 색을 가진 물건들에는 무엇이 있을까?"
유아들은 교실에 있는 물건들을 가지고 수 인식하기, 측정하기, 분류하기,
그래프로 나타내기 등 일상생활에서 다양한 수학적 경험을 하였고
수놀이에 대한 관심은 자유놀이 시간에도 계속되었다.
</td>
</tr>
<tr>
<td>놀이 경험
이해</td>
<td>
〈유아의 놀이 경험〉
교사가 실외 바깥놀이 시간에 얼음 크기 측정 활동에 대한 유아의 수학적 관심을 실내 자유놀이 시간에 블록영역에서 숫자에 관심을 가지도록 숫자판을 제공하여 놀이를 지원함으로써 유아의 수학놀이가 시작되었다. 유아들은 숫자판을 이용하여 숫자 모양에 따라 블록을 놓아보면서 '수인식', '수세기', '수 비교 측정' 관련 놀이를 하였다. 다음 날 '수 비교 측정하기'가 교실에 있는 물건들을 길이, 크기 등에 따라 분류하고 분류된 물건들을 비교 측정하는 놀이로 전환되었고 비교 측정하기가 그래프 활동으로 다시 전환되면서 유아들의 수학놀이가 심화・확장되었다. 일상생활에서의 유아들의 수학놀이에 대한 흥미가 지속되면서 같은 색 물건 찾아 '분류하기' 활동으로 이어졌다.

〈교사의 놀이 이해〉
실외 바깥놀이에서 시작된 유아의 수학적 관심과 흥미를 실내 자유놀이에서 지속할 수 있도록 다양한 놀이자료를 제공하기도 하고 놀이방법을 제안하면서 유아들이 수학놀이를 심화・확장할 수 있도록 도움을 주었다. 교실에서 유아들이 자주 사용하는 물건들이 수학놀이를 위한 자료가 되고 이를 통해 '수 인식하기', '비교 측정하기', '분류하기', '그래프로 나타내기' 등 다양한 수학적 개념을 자연스럽게 형성해 나가는 모습을 알 수 있었다.
</td>
</tr>
<tr>
<td>교사
지원의
특징</td>
<td>유아들의 놀이를 관찰하고 적절한 놀이자료를 제공하고 놀이를 제안하면서 유아들의 놀이를 지원하고 안내하는 역할을 수행하였고 아이들 스스로 놀이에 능동적으로 참여하도록 하면서 일상생활 속에서 자연스럽게 수학적 개념을 형성하도록 지원하였다.</td>
</tr>
</table>

Chapter 5

유아과학교육

1. 유아과학교육의 이해
2. 유아과학교육의 내용
3. 유아과학교육의 교수 · 학습방법
4. 유아과학교육의 지도 실제

1 유아과학교육의 이해

유아들은 과학을 하는 과정에서 자신의 탐색 본능에 따라 주변 세상을 다양한 탐구 과정을 통해서 알아갈 수 있어야 한다(이은진, 2018). 유아과학활동은 유아가 타고난 자신의 본성을 마음껏 발현할 수 있도록 이끌 수 있는 중요한 활동이다. 이에 본 장에서는 유아과학교육에 대한 올바른 이해를 돕고자 한다.

1) 유아과학교육의 개념

현대사회는 과학기술시대로서 사회 전 분야에서 과학의 역할이 점점 커져가고 있으며 과학의 발전과 함께 세상은 나날이 변화하고 있다. 과학은 우리가 살고 있는 주변 세계에 대한 호기심과 의문을 가지고 경험적 관찰을 통하여 상황에 대한 이해와 문제 해결을 위한 자료 및 정보를 찾아가면서 원리와 법칙을 찾는 발견과정이다. 이러한 발견과정에서 자연 세계를 이해하고 과학적 지식을 습득하도록 돕는 교육적 제공이 바로 과학교육이다(조희형 외, 2014).

우리가 사용하고 있는 과학이라는 단어의 유래는 동양의 고전에서는 찾아볼 수 없으며, 과학(science)은 '지식(앎)'이라는 뜻의 라틴어 'scientia'라는 말에서부터 시작되었다. 독일어로는 과학을 'Wi enschaft'라고 말하며 여기서 'Wi en'는 '지식(앎)'이라는 뜻으로, 여기다 'schaft'라는 말을 붙였다. 여기서 'Schaft'라는 뜻은 축(軸)이라는 의미를 가지고 있어 'Wi enschaft'라는 단순한 '앎'이 아니라 '체계화된 지식(앎)'임을 뜻한다.

영유아들은 주변 세계와 사물에 대한 호기심을 가지고 탐구하는 성향을 가지고 있어 끊임없이 과학활동을 한다. 영유아는 일상생활에서 문제를 다양한 사물과 현상에 대해 끊임없이 분출하는 호기심과 의문을 가진 과학적 자아의 존재이다. 즉, 영유아는 호기심을 갖고 사물을 관찰하고 조작해 봄으로써 상호작용과 행동에 있어 예측한 패턴을 밝혀내기 시작하며 자신이 가진 지식을 바탕으로 정보를 찾고 여러 다른 방법을 시도하며 추론해 나간다. 이러한 과정을 통해 영유아는 질문을 하고 계속 탐색하려는 내적 동기를 가지게 되면서 일상적인 활동에서 자연스럽게 탐구해나가면서 배움의 경계를 넓혀간다(김희정, 강숙현, 2016).

영유아 과학교육에 대한 개념에 대해 많은 학자들은 다음과 같이 제시하고 있다. 코흐(Koch, 1999)는 영유아 과학교육은 과학적 사실과 원리를 암기하도록 지원하는 것이 아니라 창의적인 사고를 중심으로 과학자처럼 사물을 관찰하고 의문을 가지며, 새로운 사실들을 발견해 가는 과정 속에서 영유아 스스로 이론을 형성해 가도록 돕는 것이라고 하였다. 황의명, 조형숙(2001)은 영유아기의 과학교육은 기본적으로 갖고 있는 영유아들의 과학적 자아를 더욱 증진하기 위해 영유아들의 과학적 질문에 대해 탐구할 수 있는 환경과 경험을 제공하려는 일련의 교육적 행위라고 하였다. 특히 과학적 질문은 해답을 얻기 위해 주의 깊은 관찰을 필요로 하고, 실험을 구성하고 결과를 탐색하도록 하며, 다른 사람에게 관찰과 실험을 반복할 수 있도록 할 수 있는 질문이라고 하였다. 조부경, 고영미, 남옥자(2007)는 영유아 과학교육은 영유아가 능동적으로 과학적 지식을 구성하는 것이라고 정의하며 직접적인 과학적 활동과 다양한 경험, 학습과 실제의 연계, 협동학습, 인지적 갈등에 대한 교사의 적절한 개입의 중요성을 언급하였다. 이순형, 김지현(2011)은 영유아 과학교육은 영유아가 다양한 감각과 호기심으로 주변 사물과 자연환경의 특징을 지각하고 탐색하며, 이러한 과정에서 발생하는 의문점을 해결하는 데 필요한 기초적인 탐구능력과 태도를 기르는 교육이라고 하였다.

이를 종합해보면, 영유아 과학교육은 영유아가 일상생활에서 직면하는 문제를 해결해 가는 탐구의 과정을 통해 과학적 지식을 축적하고, 이를 활용하여 주변 세계를 정확히 이해하며, 보다 나은 생활을 하도록 하는 것이라 할 수 있다(김다래, 2017). 이를 위해 영유아 과학교육은 지식이나 사실을 주입하는 것이 아니라 직접 경험을 통한 과정으로 실시되어야 한다. 또한 영유아 스스로 새로운 사실과 정보를 발견하고 이를 조직해 보게 하며 관찰, 추론, 분류, 의사소통을 해보는 기회를 많이 주어 영유아가 즐겁게 활동하고 적극적으로 참여하여 과학적 사고가 발달될 수 있도록 돕는 것이어야 한다(권영례, 2011).

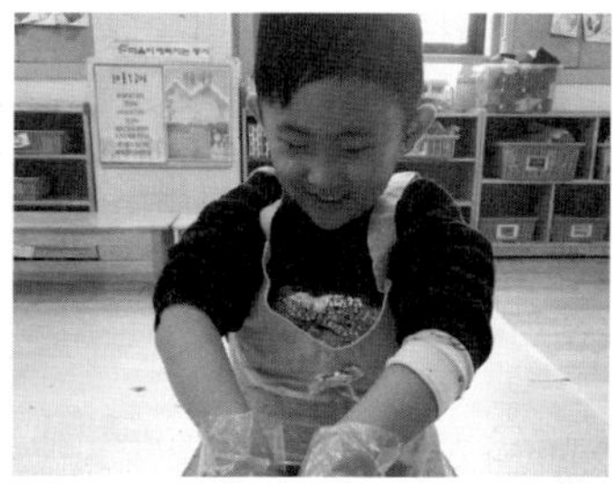

2) 유아과학교육의 목적 및 목표

4차 산업혁명의 시대를 맞이하여 각 국가들은 과학기술의 발전을 통해 국가 경쟁력 강화에 노력하고 있으며, 과학기술의 발전은 예측하지 못한 속도로 빠르게 진행되고 있다. 일상생활에서도 과학과 기술이 차지하는 비중이 점차 높아지고 있어 현대 생활을 하는 모든 사람들에게 과학적 소양이 이전보다 더욱 필요하게 되었다. 과학적 소양이 높은 사람은 주변 환경에 대해 끊임없는 관심을 가지고 새로운 것을 탐구하며 문제해결에 적극적이며, 과학적 소양이 높은 사회 구성원들이 많을수록 사회는 보다 다양한 과학적 사고능력과 태도를 바탕으로 발전되어 나갈 수 있다(유연화, 임경애, 최헌정, 2019).

특히 영유아들은 어려서부터 타고난 호기심과 탐구성향으로 인해 일상생활에서 뛰어난 과학적 소양을 나타낸다. 그러므로 영유아들의 생활 속에서 드러내는 뛰어난 과학적 소양을 계속적으로 길러주기 위해서는 인적 · 물적 환경이 제공되어야 한다.

영유아 과학교육의 목적은 가르치는 것이 아니라 직접 경험을 통해 과학적 지식과 탐구능력을 습득하고 과학적 태도를 함양하여 미래사회에 대처해 나갈 수 있는 문제해결능력을 배양하여 과학적 소양을 발달시키는 것으로(박혜순, 2003), 과학활동에 흥미와 관심을 갖게 하는 것이라 할 수 있다.

마틴(Martin, 2005)은 과학적 태도, 과학적 과정 기술, 과학적 지식의 향상을 과학교육의 목적이라 하였다. 그 중에서도 과학적 태도를 정서적 태도(끊임없는 호기심, 실패에 대한 긍정적 접근, 열린 마음, 타인과의 협동)와 인지적 태도(솔직성, 객관성, 비판성, 정직성)로 나누어 그 중요성을 강조하고 있다(이수진, 2007 재인용). 또한 긍정적인 태도를 유지하고 향상시킬 수 있도록 영유아들이 일상생활 속에서 과학놀이의 역할을 위한 판단을 발달시킬 수 있게 도와주어야 하며, 영유아들은 태도와 실제적 가치가 수업 목적이 되었을 때 과학의 가치를 인식할 수 있다고 하였다.

케인(Cain, 2002)은 탐구하고 발견하는 과정중심의 과학교육이 급속하게 변화하고 있는 세계에 대처하고 새로운 지식을 형성하는 데 효과적이라고 제안한다. 과정중심의 과학교육은 영유아 스스로 탐구하는 과정을 통하여 의미 있는 지식을 형성하고 새로운 지식을 발견하는 것을 교육의 목적이라고 하였다.

신은수, 안경숙, 김은정, 안부금(2018)은 영유아 과학교육의 목적을 다음과 같이 정리하였다. 첫째, 영유아의 주변 환경을 주의 깊게 탐구하는 과학적 방법과 과학의 과정에 관한 기술을 기른다. 둘째, 영유아 자신의 과학활동에 능동성과 자율성을 갖고 참여하며 의문과 호기심을 해결해 보려는 과학적 습관과 태도를 기른다. 셋째, 생활과 환경 속에서 탐구하는 과정을 통해 습득한 과학적 지식과 개념을 적용할 수 있는 논리적 사고력을 기른다. 넷째, 영유아가 환경과 생활에 대한 책임감을 갖고, 자신과 주변 환경의 문제를 해결할 수 있는 능력을 기른다.

유연화 외(2019)는 첫째, 일상생활에서의 호기심을 가지고 탐구하려는 과학적 습관과 과학적 태도를 기른다. 둘째, 자율적이고 능동적인 태도로 탐구하며 관련된 과학적 지식을 습득하여 적용할 수 있는 논리적 사고력을 기른다. 셋째, 주변의 환경과 사물에 대해 관심을 가지고 탐구하는 과학적 방법과 과학의 과정에 관한 기술을 기른다. 넷째, 과학적 과정을 통해 자신과 주변 환경의 문제를 해결할 수 있는 능력을 기른다는 것이 영유아 과학교육의 궁극적인 목적이라 하였다.

제4차 표준보육과정과 2019 개정 누리과정의 자연탐구영역의 목표는 다음과 같다(교육부, 보건복지부, 2019; 보건복지부, 2020).

〈표 5-1〉 국가수준 교육과정에서의 유아과학교육(자연탐구영역)의 목적 및 목표

구분	표준보육과정		누리과정
	0-1세	2세	3-5세
목적	• 주변 환경과 자연에 관심을 가진다.	• 주변 환경과 자연을 탐색하는 과정을 즐긴다.	• 탐구하는 과정을 즐기고, 자연과 더불어 살아가는 태도를 가진다.
목표	• 일상에서 탐색을 즐긴다. • 주변 환경을 탐색한다. • 생명과 자연에 관심을 가진다.	• 일상에서 탐색하는 과정을 즐긴다. • 주변 환경에 관심을 가지고 탐색한다. • 생명과 자연에 관심을 가진다.	• 일상에서 호기심을 가지고 탐구하는 과정을 즐긴다. • 생활 속의 문제를 수학적, 과학적으로 탐구한다. • 생명과 자연을 존중한다.

이상에서 여러 학자들이 주장한 내용을 바탕으로 영유아 과학교육의 목적을 정리해 보면, 영유아가 주변에서 일어나는 문제를 호기심을 가지고 직접적인 경험을 통하여

스스로 문제를 해결해 나가는 과정에서 탐구능력과 문제해결능력을 기르며, 지식을 구성해 나갈 뿐만 아니라 생명과 자연을 존중하며, 새로운 것에 흥미와 관심을 가지는 태도를 기르는 것으로 과학적 소양을 신장시키는 것이다.

2 유아과학교육의 내용

1) 과학적 개념

영유아를 위한 과학교육 내용은 영유아를 둘러싼 모든 자연현상과 일상생활 속에서 매일 경험하는 현상과 사건을 포함하여 영유아들이 스스로 탐색 및 경험하면서 이해할 수 있는 수준의 개념을 획득해 가는 과정을 다루어야 한다.

학자들에 따라 영유아 과학교육 내용에 대한 견해는 차이가 있다. 바루팔디 등(Baruffaldi, & Ladd Moses, 1981)은 영유아를 위한 과학교육의 내용은 장래의 학습을 위해 기초가 되는 개념을 중심으로 영유아가 흥미가 있어야 하고 현재 생활에도 유용한 것으로 구성되어야 한다며 그 내용을 생명과학, 물리과학, 지구과학, 우주과학으로 구분하였고, 할런(Harlan, 1992)은 영유아를 위한 과학교육의 내용을 식물, 동물, 우리 몸(보호와 영양), 공기, 물, 날씨와 계절, 돌과 무기질, 자석, 중력의 효과, 간단한 기계, 소리 및 전기로 나누었다(신은수 외, 1999 재인용).

미국 국가연구위원회(National Research Council, 1996)의 국가과학교육기준(NESS)에서는 유치원에서 초등학교 4학년까지의 과학내용으로 개념과 과정의 통합, 탐구로서의 과학, 물리과학, 생명과학, 지구와 우주과학, 과학과 기술, 개인과 사회적 관점에서의 과학, 과학의 역사와 본성의 8가지를 제시하였다.

우리나라 영유아과학교육 내용은 4차 표준보육과정과 2019 개정 누리과정 자연탐구영역에 제시되어 있으며, 자연탐구영역은 '탐구과정 즐기기', '생활 속에서 탐구하기', '자연과 더불어 살기'의 세 가지 내용 범주로 구성하였다. '탐구과정 즐기기'는 주변 세계와 자연에 대해 호기심을 가지고, 궁금한 것을 탐구하는 과정에 즐겁게 참여하며, 탐구과정에서 서로 다른 생각에 관심을 가지는 태도적 측면의 내용으로 구성하였다.

'생활 속에서 탐구하기'와 '자연과 더불어 살기'의 내용을 연령별로 살펴보면 다음과 같다(교육부, 보건복지부, 2019; 보건복지부, 2020).

〈표 5-2〉 국가수준 교육과정에서의 유아과학교육(자연탐구영역)의 내용

내용 범주	표준보육과정		누리과정
	0-1세	2세	3-5세
생활 속에서 탐구하기	• 친숙한 물체를 감각으로 탐색한다.	• 친숙한 물체의 특성과 변화를 감각으로 탐색한다. • 생활 도구에 관심을 가진다.	• 물체의 특성과 변화를 여러 가지 방법으로 탐색한다. • 도구와 기계에 대해 관심을 가진다.
자연과 더불어 살기	• 주변의 동식물에 관심을 가진다. • 날씨의 변화를 감각으로 느낀다.	• 주변의 동식물에 관심을 가진다. • 날씨와 계절의 변화를 감각으로 느낀다.	• 주변의 동식물에 관심을 가진다. • 생명과 자연환경을 소중히 여긴다. • 날씨와 계절의 변화를 생활과 관련짓는다.

4차 표준보육과정과 2019 개정 누리과정의 자연탐구영역의 내용을 살펴보면, 영유아과학교육의 내용은 물리과학, 생명과학, 화학, 지구과학으로 제시할 수 있다.

물리과학은 자연과학의 한 분야로, 물질과 물리적 성질과 그것이 나타내는 모든 현상으로 그리고 그들 사이의 관계나 법칙을 연구하는 학문이다. 물리과학은 영유아들의 일상생활에서 접하는 물체와 물질의 특징에 대한 내용으로 다양한 사물을 감각 및 직접적으로 조작해 보는 경험을 통해 물리적 지식을 형성하게 된다. 따라서, 영유아들이 자신의 감각을 활용하여 공, 꽃, 악기, 과일 등과 같은 주변의 사물과 상황을 탐색하면서 기본적인 특성을 발견할 수 있도록 교사는 주변에 탐색과 발견이 가능한 풍부한 환경을 제공해야 한다.

생명과학은 생명에 관계되는 현상이나 생물의 여러 가지 기능을 연구하여 의료 및 환경보존 등 인류복지에 사용하는 종합적인 과학으로, 영유아는 자신의 주변에 흔히 있는 친숙한 동식물을 탐색하고 이들이 어떤 특징을 갖고 있으며 어떻게 성장하면서 변화하는지, 그리고 인간과는 어떠한 관계를 맺고 있는지를 알아가게 된다. 따라서, 영유아기부터 생명체를 소중히 여기고, 생명체가 살기 좋은 환경에 대한 관심을 가지고 성장할 수 있도록 도와주어야 한다.

화학은 자연과학의 한 분야로, 물질의 조성과 구조, 성질 및 변화, 제법, 응용 등을 연구하는 학문으로, 물체와 물질 자체를 변화시키는 것으로 물체와 물질의 반응을 관찰하는 활동이다. 요리활동에 참여하는 영유아들은 딱딱하던 옥수수 알이 열에 의해 하얀색 팝콘으로 변화하고, 다양한 과일과 야채가 믹서기를 통해 변화하고, 길쭉길쭉 딱딱하던 국수가 길어지고 말랑거리게 변화되는 과정 등을 통해 물체와 물질 변화를 알게 된다.

지구과학은 지질학, 지상학, 생태학, 지리학 분야와 관련되며, 유아의 생활 주변에서 쉽게 접할 수 있는 흙과 돌, 물의 특성과 변화과정을 살펴보고, 날씨와 계절의 특성에 따른 사람들의 적응 방식과 생활 변화를 경험하게 된다. 또한 빛과 그림자, 환경과 생활주제를 통해 유아들은 사람과 물리적 환경의 상호관계를 이해하고 환경의 중요성을 깨닫고 소중함을 인식할 수 있게 된다. 교사는 스쳐 지나가기 쉬운 일상생활의 작은 변화일지라도 유아들이 관심을 가질 수 있도록 상호작용해야 한다.

이에 영유아과학교육의 내용을 정리하여 제시하면 다음과 같다.

물리과학	생명과학	화학	지구과학
• 도구와 기계 • 물체(고체, 액체, 기체) • 에너지 • 기술	• 나의 몸 • 살아 있는 것들(생명체) • 동물 • 식물 • 곤충	• 음식과 요리 • 염색	• 흙, 돌, 물, 바람, 소리 • 지구와 우주 • 낮과 밤 • 빛과 그림자 • 날씨(계절)와 생활 • 환경과 생활

2) 과학적 탐구과정기술

영유아들은 주로 기본적인 과학의 과정기술을 사용하여 능동적으로 과학에 대해 학습하며 탐구하는 과정에서 감각을 사용하여 사물과 사건을 관찰한다. 탐구능력은 과학을 학습하는 데 필요한 사고기능으로 탐구능력을 증진시키기 위한 가장 중요한 수단은 탐구과정기술이다(Althouse, 1998; Lind, 2005; Martin, 2009).

많은 연구자들은 다각적 측면에 초점을 맞춘 다양한 과학적 기술을 제시하고 있다. 탐구과정기술의 구성요소로 알트하스(Althouse, 1998)는 관찰하기, 측정하기, 비교하기, 분류하기, 실험하기, 의사소통하기, 예측하기, 추론하기, 새로운 아이디어 내기, 수단어 사용하기, 시간/공간 단어 사용하기 등을 제시하였고, 린드(Lind, 2005)는 관찰하기, 비교하기, 분류하기, 측정하기, 예측하기, 추론하기, 토론하기, 가정하기, 변인 통제하기를 제시하였다. 미국 국립연구원(National Research Council, 2001)에서 제시한 구성요소는 관찰하기, 예견하기, 실험하기, 과학적으로 추론하기, 토의하기이다. 마틴(Martin, 2009)은 관찰하기, 분류하기, 의사소통하기, 측정하기, 예측하기, 추론하기 등과 같은 탐구과정기술을 구성요소로 제시하였다.

탐구과정기술의 구성요소들 중에서 학자들이 공통적으로 강조하는 요소는 관찰하기, 분류하기, 측정하기, 예측하기, 실험하기, 의사소통 및 토의하기로 나타났다. 이에 영유아 과학 탐구과정기술의 내용을 정리하여 제시하면 다음과 같다.

과정기술	내 용
관찰하기	유아가 주의 집중하여 오감각을 사용하거나 도구를 이용하면서 물체의 특징과 변화를 관찰하고, 묘사하는 탐구과정기술이다.
분류하기	여러 가지 물체나 다양한 정보, 수집된 사물들을 어떤 특정한 준거를 사용하면서 유사점과 차이점에 따라 나누는 탐구과정기술이다.
측정하기	오감각을 이용하거나 도구 등을 사용하여 측량하는 탐구과정기술이다.

과정기술	내 용
예측하기	자료를 탐색하거나 실험하는 데 있어서 미리 알고 있는 지식에 기초하여 일어날 일을 미리 예상하는 탐구과정기술이다.
실험하기	유아가 예측한 것을 직접 해보는 활동으로 과학활동의 모든 사고 기능을 통합하여 활용하는 탐구과정기술이다.
의사소통하기	탐구과정에서 서로의 생각을 주고받거나 사물을 설명하거나 이야기를 나누는 탐구과정기술이다.

3) 과학적 태도

과학교육에서는 과학적 지식, 탐구능력 신장 이외에 자연현상과 과학학습에 대한 호기심을 기르고, 일상생활의 문제를 과학적으로 해결하려는 과학적 태도를 함양하는 것을 중요한 목적으로 한다(윤미승, 2015).

과학교육의 목적에서 과학적 태도의 중요성이 강조되는 것은 첫째, 긍정적인 과학적 태도는 과학에 적극적 자세를 갖게 하며, 둘째, 과학적 태도는 타고난 것이 아니라 교육과 경험에 영향을 받기 때문이다(Martin et al., 2005). 마틴(Martin, 2003)은 과학적 태도는 타고난 자질이 있는 유아에게만 기대할 수 있는 것이 아니며 교사가 어떤 환경과 경험을 제공해 주느냐에 따라 달라질 수 있다고 하였다.

과학적 태도의 구성요소는 학자들에 따라 다양하게 구분하고 있다. 킬머와 호프먼(Kilmer & Hofman, 1995)은 호기심, 개방성, 비판성, 협동성, 자진성과 적극성, 계속성 및 끈기, 솔직성, 객관성, 판단유보를 제시하였고, 브런튼과 손턴(Brunton & Thornton, 2010)은 호기심, 열정, 동기부여, 책임감, 독창성, 독립적 사색, 인내, 열린 마음, 비판적 사고, 증거존중을 제시하였다. 임귀자(2011)는 호기심, 자진성과 적극성, 솔직성, 객관성, 개방성, 비판성, 판단유보, 협동심, 끈기성을 과학적 태도의 구성요소로 제시하였고, 김형재(2013)는 호기심, 합리성, 객관성, 판단유보, 비판성, 개방성, 정직성, 겸손과 회의,

협동심, 정확성, 실패에 대한 긍정적 수용을 제시하였다.

여러 학자들의 공통적으로 제시한 것을 정리해보면, 과학적 태도란 유아가 과학활동을 하는 과정에서 문제를 해결하거나 아이디어와 정보를 평가할 때 취하는 특별한 양식을 의미하는 것으로 호기심, 자진성, 적극성, 솔직성, 객관성, 개방성, 비판성, 판단유보, 협동성, 끈기성을 들 수 있다. 이에 과학적 태도의 내용을 정리하여 제시하면 다음과 같다(김다래, 2017; Martin, 2001; 이경민, 2000; 조부경, 고영미, 남옥자, 2007; 조형숙, 허윤정, 이효정, 2001).

과학적 태도	내 용
호기심	신기한 것을 탐구하려고 하는 태도
자진성 & 적극성	실험이나 학습 문제 해결에 자진해서 적극적으로 참여하여 활동하려는 태도
솔직성	관찰 및 실험 결과를 왜곡하거나 선택적으로 취하지 않고, 편견 없이 사실을 제시하는 태도
객관성	자신의 주관적인 생각이나 가설에 치우치지 않고 결론을 내리기 전에 가능한 한 많은 자료를 수집하여 실험 결과를 근거로 결론을 내리려는 태도
개방성	자신들이 예측했던 것을 뒤엎는 새로운 결과를 경험하여도 수용하는 태도
비판성	타인의 결론이나 설명에 대한 옳고 그름을 판단하기 위한 증거를 요구하고 논쟁하려는 태도
판단유보	성급히 판단이나 결론을 내리지 않고 확실한 증거가 있을 때까지 사실로 받아들이지 않는 태도
협동성	개인보다는 집단의 이익을 먼저 생각하고 행동하며 다른 의견이 있을 때 서로 협의하는 태도
끈기성	문제가 해결되지 않을 때 포기하지 않고 해결하기 위해 지속적으로 노력하는 태도

3 …… 유아과학교육의 교수 · 학습방법

과학활동은 영유아가 직접 참여하여 계획, 조직, 실행해야 하기 때문에 활동을 능동적이고 적극적으로 도와주는 방법을 체계적으로 모색해야 하고 다른 활동영역과의 연관성 및 유아의 실생활과 밀접한 관계를 가져야 한다(박은주, 2012).

유아과학교육의 목표를 달성하기 위해서는 과학수업을 계획할 때 과학적 지식이나 개념 습득뿐 아니라 과학적 탐구기능, 과학적 태도 등의 향상이 교육목표가 되어야 하며, 이러한 교육목표를 달성시켜 줄 적절한 지도방법이 필요하다. 영유아 교사는 과학교육내용 영역에 대한 속성의 차이를 정확히 인식하고, 각 내용 영역의 속성에 맞는 교수 · 학습방법을 적용하는 것이 매우 중요하다(Howe, 1993). 영유아 과학교수 · 학습방법으로는 탐구중심 접근방법, 자연체험 중심 접근방법, 통합적 접근방법이 있다(서동미 외, 2014; 심성경 외, 2017; Martin, 2001).

1) 탐구중심 접근방법

탐구중심 과학교육은 1960년대부터 오늘날에 이르기까지 유아교육기관과 초등학교에서 가장 많이 강조되고 있는 교수 · 학습법이다(Forman & Kuschner, 1991).

탐구란 넓은 의미에서 어떤 대상이나 아이디어에 관해 조사하고 탐색하는 과정으로(McNairy, 1985) 지식 자체가 아닌 이러한 지식을 얻기까지의 과정, 방법 등을 포함하는 보다 종합적이고 복합적인 과정으로 볼 수 있다. 즉, 지식에 도달하기까지 조사, 탐색 과정 및 활동을 뜻하는 것이 탐구이다(정효은, 2009).

탐구중심 과학교육은 영유아들이 자신의 수준에서 여러 가지 주제에 관한 과학활동과 직접 호기심을 갖고 실험하고 탐구해보는 과정에서 과학학습에 대한 흥미와 즐거움 등과 같은 유아의 과학적 태도를 개발하는 데에도 유용하며(조형숙, 1999; Althouse, 1998;

Lind, 2005) 과학과정기술의 발달을 이끌어낸다. 그러한 이유는 영유아가 과학적 탐구과정을 충분히 익히기 위해서는 교사와 영유아 간의 상호작용과 더불어 영유아가 직접 과학을 행하는 경험이 요구되기 때문이다(Rillero, 1994). 따라서, 영유아 스스로 호기심을 가지고 발견하도록 하고 직접 탐구하고 실험해 보는 과정에서 과학적 지식뿐만 아니라 과학적 탐구과정을 즐기며 과학적 태도 등을 향상시킬 수 있는 기회를 제공하는 탐구 중심 접근방법이 과학에 대한 긍정적인 태도를 형성하는 데 도움을 준다.

2) 자연체험 중심 접근방법

영유아들은 오감을 통해 삶 속에서 자연을 체험할 필요가 있다. 자연체험의 장을 마련해 줌으로써 영유아들은 자연을 느끼고 이해하게 된다. 자연은 영유아들에게 놀이터와 놀잇감을 주고 감각능력과 지적 호기심, 상상력을 키워주며 생명의 소중함과 또래 간의 협동심을 온몸으로 체험하며 깨닫게 해준다(임재택, 2005).

자연체험 중심 접근방법은 영유아들이 자연을 공존의 대상으로 받아들이도록 가능한 한 자연과 접촉할 기회를 많이 제공하는 교육이며, 영유아들이 본래 가지고 있는 힘과 능력을 스스로 발휘하고 깨우칠 수 있도록 기다리며 도와주는 것이다(정혜진, 2002). 즉 유아가 자연을 하나의 생명으로 인식하고 직접 경험함으로써 자연과 상호적인 교류를 통해 전인적인 발달을 이루도록 돕는 교육이라 할 수 있다(홍은주, 2003).

자연물은 고정되어 있는 것이 아니라 변화하는 과정에 있다. 영유아들과 식물이나 동물에 관해 다루는 경우에는 시기, 계절에 따라 지속적으로 관심을 갖도록 하는 것이 좋다.

영유아의 주변에서 꽃과 나무들을 쉽게 볼 수 있는 장소를 제공하여 영유아들은 우리 주변에서 흔히 볼 수 있는 나무, 꽃, 열매, 풀 등에 대한 내용을 다루어보고, 직접 씨앗을 심고 물을 주어서 길러보는 자연체험을 통하여 식물의 유용함과 아름다움, 궁극적으로 자연을 사랑하고 감상하는 마음을 갖게 될 것이다(고명숙, 2010). 또한 자연도

우리와 똑같은 지구의 생명체로서 우리들과 함께 지구에서 살아갈 권리가 있다는 것을 알아가게 될 것이다.

3) 통합적 접근방법

영유아는 주변 세계에 관심이 많고 적극적이므로 사물을 조작하거나 실험하고 싶어 하며 끊임없이 질문한다. 영유아들이 세상을 이해하려고 하는 대부분의 것이 과학하기(sciencing)이며, 과학활동은 영유아들에게 자연스러운 것이다(한미라, 2000).

샬레와 브리튼(Chaille & Britain, 1997)은 과학활동이 모든 영역에서 통합되어 진행될 때 과학적 개념 획득에 더 효과적이라고 주장하였다.

통합적 과학활동은 과학활동을 주제와 통합하여 과학 개념을 중심으로 언어, 수학, 조작, 미술, 신체, 음률, 실외 활동 등으로 구성하여 연관성 있게 전체적인 학습과정에 포함시키는 것을 의미한다(최안좌, 2006).

할런(Harlan, 1992)은 과학교육을 계획할 때 여러 영역과 통합적인 활동으로 강화되어야 한다고 강조하면서 과학적 사건만 다루어 주는 자연과학교육은 많은 가치를 상실한다고 말하였다.

영유아의 교육활동이 전체 교육과정에 대한 고려 없이 과학영역에만 한정되는 활동을 제공할 경우 효율적인 교육을 할 수 없으며 특히 유아에게 교과목이 분리된 교육방법보다 놀이를 중심으로 한 통합적인 접근방법이 보다 적합하다고 볼 수 있다.

4 유아과학교육의 지도 실제

1) 자유놀이에서의 유아과학교육

<table>
<tr><td>활동명</td><td>꽃을 관찰해요</td><td>놀이 주제</td><td>봄 나들이 가기</td></tr>
<tr><td>활동 유형</td><td>자유놀이(실외놀이)</td><td>대상 연령</td><td>5세</td></tr>
<tr><td>활동 목표</td><td colspan="3">• 꽃에 대해 지속적으로 관찰한다.
• 꽃의 특징에 대해 말한다.</td></tr>
<tr><td>교육과정 관련 요소</td><td colspan="3">• 자연탐구 : 탐구하는 과정 즐기기 – 주변 세계와 자연에 대해 지속적으로 호기심을 가진다.
• 자연탐구 : 자연과 더불어 살기 – 주변의 동식물에 관심을 가진다.</td></tr>
<tr><td>활동 자료</td><td colspan="3">돋보기</td></tr>
<tr><td>활동 방법</td><td colspan="3">〈놀이 상황〉
아이들이 과학영역에 준비된 다양한 봄 꽃 사진에 대해 관심을 보이며 관찰하는 모습을 보였다. 몇 명 유아들이 실제 꽃을 관찰할 수 있도록 유치원 화단에 나가고 싶다고 제안을 하였다. 이러한 놀이 시 유아들의 상호작용에 대해 관찰하며 놀이의 확장을 위해 공간을 제한하지 않고 확장해주었다.

놀이 1일: 다양한 봄꽃을 관찰해요!

① 봄 꽃에 관심을 가진다.

정은: 어제 공원에서 봤던 꽃을 오늘 유치원 오면서도 봤어. 정말 여기저기 엄청 많아.</td></tr>
</table>

활동 방법

정은이는 공원에서 봤던 꽃과 등원을 하면서 봤던 꽃이 같은 꽃이고
정말 그 꽃이 너무 많다고 이야기를 하였다.

채운: 어떤 꽃이야 이름이 뭐야?
정은: 이름이 뭐였더라. 이름이 생각이 안 나.
어진: 어떻게 생겼어?
정은: 하얀 작은 눈처럼 생겼어. 큰 나무에 많이 달려 있어.
어진: 벚꽃이야.

정은이의 설명을 듣고 여기저기서 맞추겠다며 자신이 알고 있는 봄 꽃을 이야기하자,
과학영역에 봄 꽃 책을 보며 정답을 찾자고 수안이가 제안을 한다.

② 과학영역에서 다양한 봄 꽃에 대해 이야기를 나눈다.

정은: (벚꽃의 사진을 보고) 이 꽃이야.
어진: 내 말이 맞았어. 벚꽃이야.
수안: 우리 집 앞에는 개나리꽃이 엄청 많아.
채운: 꽃 중에 진짜 큰 꽃 알아? 내가 힌트를 줄게. 하얀색이야.

정은, 어진, 수안, 채운이는 자신들의 사전지식과 경험을 서로에게 자랑을 하듯 문제를 내고
답을 맞히고 놀이하는 모습을 보였다.

③ 과학영역 그림자료 꽃의 구조에 대해 관심을 가진다.

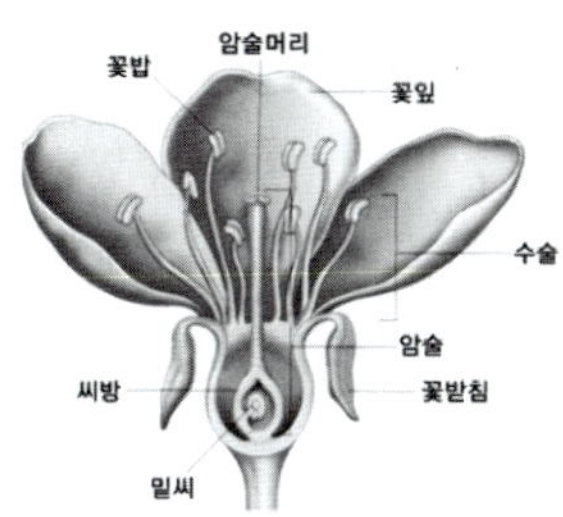

채운: 꽃 속에 많은 것이 들어 있나 봐.
수안: 암술과 수술이 있어야 또 꽃을 가질 수 있다고 했어.
채운: 너 실제로 본 적 있어? 난 못 봤는데…
수안: 나는 할머니가 보여준 적 있어서 봤지.
정은: 나도 못 봤는데, 보고 싶다. 그치?
어진, 수안: 나도 나도 보고 싶어.

꽃 속의 모습을 실제 보았다는 수안이 이야기에 채운, 정은, 어진이는 부러워하며 실제로 관찰하고 싶다고 하였고, 선생님이 실제로 볼 수 있도록 지원하였다.

활동 방법	

놀이 2일: 꽃의 여러 명칭을 꼭 찾겠어

① 꽃의 속을 관찰한다.

채운: 여기 봐~ 개나리꽃이 있어.
어진: 꽃 속에 뭐가 있어.
정은: 맞아. 이게 꽃잎이고 이게 수술인가?
채운, 수안: 암술이야
정은: 아니야 수술이야. 많잖아.
수안: 우리 과학영역에 그림을 가져와서 비교해보자.

아이들은 유치원 화단으로 나와 다양한 봄 꽃을 관찰하고 개나리 꽃 속을 들여다보며 이야기를 나누었다. 서로 생각이 다르자 수안이가 과학영역 자료를 가져와 비교해보자고 제안을 하였고, 선생님이 꽃의 구조가 분명한 자료를 지원하였다.

② 과학영역에 그림자료와 비교해보며 이야기 나눈다.

수안: 정말 정은이 이야기가 맞았어. 수술이야.
정은: 이게 암술인가봐. 여기에 밑씨가 있을까?
채운, 수안: 우리 한 번 실제 까볼까? 보고 싶어.
수안: 이게 밑씨 아닐까?
채운, 정은, 수안: 그림에 있는 것을 다 찾아보자.

아이들은 그림자료에 있는 다양한 꽃의 명칭대로 찾아갔다. 봄 꽃의 한 종류에서 끝나는 것이 화단에 있는 다양한 꽃으로 확장되었다.

놀이 경험 이해	〈유아의 놀이 경험〉 햇살이 따뜻하고 봄 꽃들이 활짝 핀 공원 산책을 자주 하고 있는 요즈음… 과학영역에 봄 꽃에 대한 사진과 책을 보면서 꽃에 대한 관심을 보이고 관찰하는 모습으로 놀이시간을 즐기고 있었다. 몇 명의 유아들이 산책을 하면서 봄 꽃을 보고 과학영역에서 사진과 책을 통해 놀이를 하고 있지만 꽃 속의 모습을 실제로 꼭 관찰을 하고 싶다고 하여 놀이시간 장소 확장을 해주어 꽃의 구조를 구체적으로 관찰할 수 있도록 하였다. 첫날에는 봄 꽃 속의 다양한 명칭에 대해 관심을 가지고 상호작용을 하고 있었다면 다음 날에는 실제 봄 꽃의 속을 해부하듯이 실제로 관찰하고 과학영역의 그림자료를 들고 와서 그 명칭에 맞추어 찾아보며 확인하는 시간을 가졌다. 〈교사의 놀이 이해〉 유아의 관심과 흥미로부터 시작된 '봄 꽃 관찰' 확장을 위해 유아들의 상호작용에 관심을 가지고 유아들과 이야기를 나누며 도움을 주었다. 유아들의 궁금증을 이야기나누기를 통해 전달하려고 하기보다는 유아들이 충분하게 탐색을 할 수 있는 시간과 장소를 제공하고 교사가 사고를 확장할 수 있는 발문을 제공하여 유아들의 궁금증을 해결하면서 나름대로의 지식을 구성해 나가는 모습이었다.
교사 지원의 특징	이번 놀이에서는 유아들이 궁금증을 해결하기 위해 장소에 대한 제약을 하지 않고 확장해 주어 유아들의 궁금증을 충분히 탐색할 수 있도록 질문을 하기보다는 충분한 시간을 제공하였고, 유아들이 봄 꽃을 꺾어 관찰하는 데 집중하여 궁금증 해결이 된 후, 식물에 대한 보호와 사랑에 대한 이야기를 나누었다.

2) 집단활동에서의 유아과학교육

<table>
<tr><th colspan="2">활동명</th><td>얼음을 녹여요</td><th>놀이 주제</th><td>안전하게 겨울 지내기</td></tr>
<tr><th colspan="2">활동 유형</th><td>이야기나누기(과학활동)</td><th>대상 연령</th><td>5세</td></tr>
<tr><th colspan="2">활동 목표</th><td colspan="3">• 얼음의 모양과 변화를 탐색한다.
• 얼음을 빨리 녹일 수 있는 방법을 찾는다.
• 얼음을 탐색하는 과정을 즐긴다.</td></tr>
<tr><th colspan="2">교육과정 관련 요소</th><td colspan="3">• 자연탐구 : 탐구하는 과정 즐기기 - 궁금한 것을 탐구하는 과정에 즐겁게 참여한다.
• 자연탐구 : 생활 속에서 탐구하기 - 물체의 특성과 변화를 여러 가지 방법으로 탐색한다.</td></tr>
<tr><th rowspan="2">활동자료</th><th>놀이 1일</th><td colspan="3">여러 가지 모양과 색의 얼음</td></tr>
<tr><th>놀이 2일</th><td colspan="3">여러 가지 모양과 색의 얼음, 소금, 설탕, 물, 계량컵, 장갑, 수건</td></tr>
<tr><th colspan="2">활동 방법</th><td colspan="3">〈교사의 놀이 의미 읽기〉
바깥놀이 시간에 놀이터에 얼음을 보고 많은 관심을 보였다. 그래서 얼음에 대해 충분히 탐색할 수 있도록 준비를 하였다. 또한 추운 겨울에 빙판길에 대한 안전교육을 함께 이야기를 나누면서 빙판길로 인해 생활 속에서 어떻게 대처하는지 왜 그렇게 하는지를 탐색 및 실험을 통해 실제적으로 경험할 수 있는 시간을 가져보았다.

놀이 1일: 얼음이 있어요!

① 바깥놀이 시간에 얼음을 보고 많은 관심을 보인다.

② 모둠별로 얼음을 준비해주어 충분히 탐색할 수 있는 시간을 준다.

정은: 어제 놀이터에 있었던 얼음이야. 여기 차가운 얼음이 많이 있어… 봐봐.</td></tr>
</table>

활동 방법

정은이는 얼음에 관심을 가지고 친구들을 부른다.

채운: 아이 차가워~ 얼음이 있으니 너무 좋다.
수안: 맞아! 얼음이 보니 더 추워지는 느낌이 들어~

③ 얼음을 탐색한다.

정은: (얼음을 맛을 보고) 이야 진짜 차가워~ 아무 맛도 안 나잖아.
채운: 난 잡기가 힘들어~ 미끄러워~ 난 시원한 맛이 나는데…
수안: 나도 어떤 냄새가 나? 냉장고 냄새도 나는 것 같기도 하구… 시원한 냄새도 나는데…

④ 얼음을 손으로 비비고 얼굴에 문지르기를 한다.

채운: 손에 자꾸 물이 생겨 수건이 필요해.
수안: 우리 손으로 비벼볼까 더 빨리 녹는 거 같아.
채운: 나는 뜨거운 나의 얼굴에 비벼볼 거야.
수안: 나도나도 좋아 우리 함께 해보자.
정은: 좋아~ 우리 그럼 누가 더 빨리 녹이는지 시합해 볼래?
채운, 수안: 좋아~ 좋아~

얼굴에도 비비고 손으로도 비비고 빨리 녹일 수 있도록 집중하는 모습이었다.
우리 생활과 연계를 하여 얼음을 빨리 녹일 수 있는 방법에 도움을 주고자
다양한 재료(물, 소금, 설탕)를 준비하여야겠다.

놀이 2일: 얼음을 빨리 녹일 수 있는 방법을 찾아보자.

① 얼음 주변에 소금, 설탕, 물이 담긴 계량컵을 발견하고 관심을 보인다.

채운: 여기 봐~ 얼음 옆에 다른 것이 있어~
수안: 무엇일까? 어떻게 알 수 있지…
정은: 먹어보는 게 어때?
채운, 수안: 좋아~ 그러자.
수안: 에고~ 짜워라 이건 소금이야.
채운, 정은: 맞아~ 소금이네…
채운, 정은, 수안: 달아 맛있다. 설탕이야. 이것은 그냥 물이잖아…

활동 방법

아이들은 소금, 설탕, 물이 담긴 계량컵을 보고 맛을 보고 냄새도 맡으며 탐색하는 모습이 보였다.

② 얼음 위에 각 재료들 중 어떤 재료가 얼음을 빨리 녹일 수 있을지 예측해보게 한다.

③ 얼음 위에 각 재료들을 넣어 실험한다.

수안: 우리 얼음 위에 올려보자.
정은: 그래 어떻게 변할까? 궁금하다.
채운, 수안: 좋아~ 해보자.
수안: 우리 얼음마다 따로 뿌려보자.
채운, 정은, 수안: 나는 소금, 나는 설탕, 나는 물…

아이들은 소금, 설탕, 물을 뿌렸을 때 얼음이 녹는 모습을 관찰하였다.

수안: 소금을 뿌린 내 얼음이 많이 작아졌어.
정은: 나도 나도 작아졌어.
채운, 정은: 수안이 얼음이 빨리 녹는 것 같아.
채운, 정은, 수안: 우리 다시 해보자.

④ 빙판길 사진을 보여주며 이야기를 나눈다.

교사: 너희가 예측한 대로 결과가 나왔나요?
수안: 제 생각이 맞았어요.
정은, 채운: 저는 달라요.
교사: 어떤 재료를 넣은 것이 빨리 녹았나요?
채운: 소금을 넣은 것이 가장 빨리 녹았어요.
교사: 그렇구나. (빙판길 사진을 보여주며) 어떤 사진인가요?
교사: (빙판길 소금을 뿌리는 사진을 보여주며) 어떤 사진인가요?

아이들과 빙판길 사진을 보며 왜 빙판길이 만들어졌는지 이야기를 나누고
빙판길에 소금을 뿌리는 이유에 대해 함께 생각하고 이야기를 나누는 시간을 가진다.

〈과학 TIP 흡열 반응〉
얼음에 소금을 넣으면 어는 점 내림 현상으로 얼음이 빠르게 녹고, 얼음이 물로 변하면서 주변의 열을 흡수하는 반응입니다.

놀이 경험 이해	〈유아의 놀이 경험〉 바깥놀이 시간에 여기저기에 얼음이 있는 것을 보고 관심을 가지기 시작하였다. 얼음을 가지고 재미있게 놀았던 자신의 경험에 대해 이야기를 하는가 하면 어떤 유아는 자기 할머니가 얼음길에 미끄러져 다친 이야기를 하기도 하였다. 겨울철 안전에 대해 이야기를 나눈 후 연계하여 얼음을 탐색할 수 있도록 하였다. 유아들이 얼음길 때문에 위험하다는 생각으로 얼음길을 어떻게 하면 안전하게 길을 건너도록 할 수 있을까 라는 고민을 하게 되었다. 첫날에는 유아들이 얼음을 오감을 통해 충분히 탐색하고 상호작용 할 수 있도록 하였다. 다음 날에는 미끄러운 빙판길을 안전하게 할 수 있도록 얼음을 빨리 녹일 수 있는 방법에 대해 과학활동으로 연계되었다. 〈교사의 놀이 이해〉 요즘 추운 날씨로 빙판길을 경험하기도 하고 얼음을 생활 속에서 경험하면서 얼음에 대한 관심 확장을 위해 교사는 실제 우리의 생활과 연계하여 생각할 수 있도록 유아들과 이야기를 나누며 도움을 주었다. 유아들의 궁금증을 이야기나누기를 통해 전달하려고 하기보다는 유아들이 충분하게 탐색을 할 수 있는 시간을 제공하고 문제를 해결해 나갈 수 있도록 다양한 자료를 가지고 과학활동을 하는 과정에서 나름대로의 지식을 구성해 나가는 모습이었다.
교사 지원의 특징	우리 생활과 연계하여 생각할 수 있도록 하였고, 우선 유아들의 경험을 이야기하고 문제를 발견하고 해결할 수 있도록 다양한 자료를 지원하였다. 여러 번의 시행착오를 거치면서 생활 속의 지혜를 발견하고 그것이 과학의 지식과 연결되어 있음을 유아들이 알아갈 수 있도록 지원하였다.

Chapter 6

유아사회교육

1. 유아사회교육의 이해
2. 유아사회교육의 내용
3. 유아사회교육의 교수 · 학습방법
4. 유아사회교육의 지도 실제

1 유아사회교육의 이해

유아사회교육은 사회생활에 대한 이해와 애정을 길러 유능한 시민으로 성장하게 하고 인간다운 능력자를 기르는 것에 초점을 두고 있다. 사회적 능력은 유능한 사회구성원이 되기 위해 환경에 적응하며 상호작용하는 것이다. 사회적 능력은 유아의 사회적 발달을 설명해주고 유아의 행위에 대한 이해를 촉진시켜 주고 있다는 점에서 그 중요성이 강조되고 있다(김영옥, 김우영, 2018). 유아가 자신과 주변 세계와의 관계를 탐구하는 경험을 통하여 사회적 지식, 기술, 태도를 익히고 활용함으로써 유능한 시민으로 성장해야 하는 데 가장 먼저 이루어져야 할 내용은 사회 속에서 자신을 발달시키는 것이다. 유아는 가정에서 가족 구성원의 인간관계를 통해 사회적인 존재로 성장하게 되고 이후 유아교육기관에서 교사 또는 또래집단의 친구들 등 다양한 인간관계에서 자신의 의견을 수정시켜 나가며 사회에서 지켜야 할 행동과 가치를 배우게 되므로 유아사회교육은 필요하다.

1) 유아사회교육의 개념

유아사회교육은 유아가 사회 구성원으로 살아가는 데 필요한 사회적 기술과 지식, 태도를 습득하도록 도와주는 교과이다. 유아는 사회적 관계 속에서 태어나서 다른 사람들과의 관계의 생성 및 발전을 통해 성장해 나가는데(박찬옥, 서동미, 엄은나, 2010), 자신을 포함한 사회환경 즉, 놀이집단, 학교, 지역사회, 나아가 세계 속에 참여하는 책임 있는 구성원이 되기 위해 사람과의 관계, 환경과의 상호작용에 관련된 가치, 태도, 기술을 형성하도록 지원하는 교육영역이라고 할 수 있다.

2) 유아사회교육의 목적 및 목표

유아사회교육의 목적은 유아가 사회생활에서 직면하는 문제들을 해결할 수 있는 능력을 길러주는 것을 중심으로 유아가 속한 세계를 이해하고 가족, 지역, 사회 등 집단의 일원으로서 그 기능을 최대한 발휘할 수 있도록 해주는 것이다. 또한 집단 내에서 발생하는 문제에 효율적으로 대처하는 태도와 능력을 키우고 문제해결에 필요한 자료를 찾고 활용할 수 있는 능력을 가진 인간으로 양성하는 것이라 할 수 있다(임부연, 최남정, 양혜련, 2019 재인용).

유아사회교육의 목표는 유아가 자신이 속한 사회 안에서 유능한 사람으로 살아가는 데 필요한 기초적인 능력을 함양하는 데 있다. 우리나라의 유아사회교육은 표준보육과정과 누리과정의 사회관계영역에서 이루어지고 있다.

최근 개정된 2019 개정 누리과정의 사회관계영역에서는 탐구하는 과정을 즐기고, 자연과 더불어 살아가는 태도를 가지도록 하는 데 목적을 두고 있으며 구체적인 목표로 첫째, 일상에서 호기심을 가지고 탐구하는 과정을 즐기고, 둘째, 생활 속의 문제를 수학적 · 과학적으로 탐구하며, 셋째, 생명과 자연을 존중하도록 하는 것을 구체적인 목표로 제시하고 있다.

우리나라 국가수준의 교육과정인 0-2세 표준보육과정과 3-5세 누리과정에서는 유아사회교육의 목적 및 목표를 사회관계영역에 제시하고 있다. 이에 대해, 구체적으로 살펴보면 다음과 같다.

〈표 6-1〉 국가수준 교육과정에서의 유아사회교육(사회관계영역)의 목적 및 목표

구분	표준보육과정		누리과정
	0-1세	2세	3-5세
목적	• 나를 인식하고 친숙한 사람과 관계를 맺는다.	• 나를 알고, 다른 사람과 더불어 생활하는 경험을 한다.	• 자신을 존중하고 더불어 생활하는 태도를 가진다.
목표	• 나를 고유한 존재로 안다. • 안정적인 애착을 형성하고, 또래 교사와 함께 지낸다.	• 나를 알고 긍정적으로 여긴다. • 다른 사람과 즐겁게 지내기 위한 태도를 기른다.	• 자신을 이해하고 존중한다. • 다른 사람과 사이좋게 지낸다. • 우리가 사는 사회와 다양한 문화에 관심을 가진다.

출처: 교육부, 보건복지부(2019). 2019 개정 누리과정 해설서; 보건복지부(2020). 제4차 어린이집 표준보육과정 해설서.

2 유아사회교육의 내용

1) 미국과 우리나라 유아사회교육 내용

미국사회교육협의회 NCSS(2010)에서는 사회교육의 내용으로 문화, 시간의 연속성과 변화, 사람 · 장소 · 환경, 개인의 발달과 정체성, 개인 · 단체 · 기관, 힘 · 권위 · 지배, 생산 · 유통 · 소비, 과학 · 기술 · 사회, 지구의 연계, 시민의식과 실천 등의 10가지 테마를 제시하였다. 이에 씨펠트(Seefedlt, 2005)는 NCSS에서 제시한 10가지 주제를 영유아에게 적합한 주제로 재조직하여 교육내용 선정 및 범위와 근거로 사용할 것을 제안하였다.

〈표 6-2〉 미국 사회교육 내용

주제	내용
문화	• 자아존중감 개발하기 • 다른 사람에 대한 지식과 존중 개발하기 • 자신과 다른 사람의 문화 알기
시간, 연속성, 변화	• 시간에 대한 감각 개발하기 • 변화에 대한 아이디어 얻기 • 삶의 연속성에 대해 이해하기
사람, 장소, 환경	• 지구는 우리가 사는 곳임을 알기 • 땅(지구)의 표면과 형태 알기 • 한 곳에서 다른 곳으로 이동하는 방법 비교하기 • 지도에 친숙해지고 사용하기
생산, 분배, 소비	• 필요와 요구에 대해 인식하기 • 생산자와 소비자 되어보기
시민의식과 실천	• 자신을 돌보기 • 집단의 이익을 위해 양보하기 • 투표하고 결정된 사항 따르기

출처: 나은숙 외(2014). p. 157.

우리나라 유아사회교육의 내용은 두 가지로 나눌 수 있는데, 첫째는 유아의 사회적 행동과 관련된 내용으로 자아개념 및 자기조절, 친사회적 행동, 도덕성, 성 역할 등이 있고, 둘째는 영유아가 살고 있는 사회에 대한 지식과 관련된 내용으로 역사, 지리, 경제 등이 있다(임부연, 최남정, 양혜련, 2016). 유아사회교육은 유아가 자신과 자신이 살고 있는 세계에 대한 이해의 범위를 넓히고 유능한 사회 구성원으로서 갖춰야 할 사회적 지식과 기술, 가치와 태도를 배울 수 있는 다양한 경험을 제공해주어야 한다.

우리나라 국가수준 교육과정인 표준보육과정과 누리과정의 사회관계영역에서 제시하고 있는 사회교육의 내용은 다음과 같다.

2) 우리나라 국가수준 교육과정에 나타난 사회교육의 내용

〈표 6-3〉 국가수준 교육과정에서의 유아사회교육(사회관계영역)의 내용

내용 범주	제4차 표준보육과정		2019 개정 누리과정
	0-1세	2세	3-5세
나를 알고 존중하기	• 나를 인식한다. • 나의 욕구와 감정을 나타낸다. • 나와 친숙한 것을 안다.	• 나와 다른 사람을 구별한다. • 나의 감정을 표현한다. • 내가 좋아하는 것을 한다.	• 나를 알고 소중히 여긴다. • 나의 감정을 알고 상황에 맞게 표현한다. • 내가 할 수 있는 것을 스스로 한다.
더불어 생활하기	• 안정적인 애착을 형성한다. • 또래에게 관심을 가진다. • 다른 사람의 감정과 행동에 관심을 가진다. • 반에서 편안하게 지낸다.	• 가족에게 관심을 가진다. • 또래와 함께 놀이한다. • 다른 사람의 감정과 행동에 반응한다. • 반에서의 규칙과 약속을 알고 지킨다.	• 가족의 의미를 알고 화목하게 지낸다. • 친구와 서로 도우며 사이좋게 지낸다. • 친구와의 갈등을 긍정적인 방법으로 해결한다. • 서로 다른 감정, 생각, 행동을 존중한다. • 친구와 어른께 예의바르게 행동한다. • 약속과 규칙의 필요성을 알고 지킨다.
사회에 관심 가지기			• 내가 살고 있는 곳에 대해 궁금한 것을 알아본다. • 우리나라에 대해 자부심을 가진다. • 다양한 문화에 관심을 가진다.

출처: 교육부, 보건복지부(2019). 2019 개정 누리과정 해설서; 보건복지부(2020). 제4차 어린이집 표준보육과정 해설서.

유아사회교육은 유아가 자신과 자신이 살고 있는 세계에 대한 이해의 범위를 넓히고 유능한 사회 구성원으로서 갖춰야 할 사회적 지식과 기술, 가치와 태도를 배울 수 있는 다양한 경험을 제공해주어야 한다. 구체적으로 살펴보면 다음과 같다.

'나를 알고 존중하기' 0~1세는 영아가 자신을 인식하고 기본적인 욕구와 감정을 나타내며 자신에게 친숙한 것을 알아가는 내용이다. 2세는 영아가 자신을 다른 사람과 구별하고, 자신의 여러 가지 감정을 표현해보며, 스스로 선택한 놀이를 즐겁게 해봄으로써 자신을 긍정적으로 여기도록 하는 내용이다. 3~5세는 유아가 자신을 나타낼 수 있는 것과 자신의 감정을 알고 상황에 맞게 적절하게 표현하며, 자신이 할 수 있는 것을 스스로 해 봄으로써, 긍정적인 자아존중감과 자율성을 경험하는 내용이다.

'더불어 생활하기' 0~1세는 영아가 교사와 안정적인 애착을 형성하고, 또래와 다른 사람에게 관심을 가지면서 반에서 편안하게 지내는 것을 경험하는 내용이다. 2세는 영아가 가족에게 관심과 특별한 감정을 갖고, 또래와 함께 놀이하며, 다른 사람의 감정과 행동에 적절하게 반응하고, 반에서의 기본적인 규칙과 약속을 알고 지킬 수 있도록 하여 사회관계의 기초를 경험하는 내용이다. 3~5세는 유아가 가족의 의미와 소중함을 알며, 친구와 서로 돕고 양보, 배려, 협력하며 사이좋게 지내고, 사람들마다 감정, 생각, 행동이 각기 다름을 알고 존중하여, 친구와의 갈등을 여러 가지 긍정적인 방법으로 해결하는 내용이다. 또한 친구와 어른께 예의 바른 태도로 말하고 행동하며, 사회공동체의 일원으로서 약속과 규칙의 필요성을 알고 지키는 내용이다.

'사회에 관심가지기'는 유아가 사회 구성원으로서 자신이 사는 지역에 관심을 가지고 탐구하며, 우리나라의 상징, 언어, 문화를 알아 가면서 대한민국 국민으로서 긍지와 자부심을 가지는 내용이다. 그리고 다른 나라의 다양한 문화에 관심을 가지고 존중하는 경험을 담고 있다.

3 …… 유아사회교육의 교수 · 학습방법

1) 유아사회교육의 접근방법

유아사회교육 접근법은 중심원적 접근법, 발달중심 접근법, 나선형 접근법, 과정중심 접근법의 네 가지로 분류할 수 있다(임부연, 최남정, 양혜련, 2019).

첫째, 중심원적 접근법은 유아가 접하고 있는 환경의 가장 가까운 곳에서부터 먼 곳으로 나아가도록 사회에 대한 지식을 조직하는 방법이다.

둘째, 발달중심 접근법은 유아기에 자연스럽게 여러 가지 사회기술을 습득하는 것으로 유아-유아, 유아-교사가 사회적 상호작용의 발달을 강조하는 방법이다.

셋째, 나선형 접근법은 사회과학의 기본과 주요개념을 교육내용으로 선정하여 유아가 연령이 높아질수록 점진적으로 개념의 깊이를 더해가는 방법이다.

넷째, 과정중심 접근법은 교실에서 발생하는 자연발생적 갈등상황에서 상호작용을 통해 사회적으로 허용되는 사건해결의 방법을 유아가 발견해 낼 수 있도록 돕는 방법이다.

유아의 사회적 능력과 관련된 교사의 역할로서 김영옥, 김우영(2018)에 의하면, 유아와 생활하는 교사는 긍정적이고 구체적으로 격려하기, 공정하게 대하고 존중하기, 자세히 관찰하고 개입하기를 할 수 있다.

유아사회교육을 운영하는 방법은 주제중심의 통합적 접근, 프로젝트 접근, 사회학습 영역 및 발달에 적합한 연습모델의 사용 등의 네 가지로 나누어 볼 수 있으며, 구체적인 내용은 다음과 같다(교육인적자원부, 2007; Melendez, Beck, & Fletcher, 2000; Mindes, 2005; Seefeldt, 2005).

(1) 주제중심의 통합적 접근

주제중심의 통합적 접근(Thematic teaching)에 기초한 유아사회교육 운영을 위해서는 다음과 같은 사항을 고려해야 한다. 첫째, 유아의 흥미와 요구를 반영한 사회교육 관련 주제를 선정한다. 둘째, 선택된 주제를 중심으로 유아의 실제 경험과 관련하여 활동을 계획한다. 셋째, 계획한 활동을 진행하기 위해 적절한 교재와 교구를 비치하고 지원한다. 넷째, 활동을 진행할 때 보다 흥미롭고 재미있는 도입을 포함한다. 다섯째, 활동의 과정과 결과가 가정과 연계될 수 있도록 하고, 활동과정에 대한 기록을 남기면서 평가한다.

유아사회교육을 위한 일반적 교수원리(이효림, 2016)는 첫째, 일상 속에서 자연스럽게 지도해야 한다. 둘째, 지금, 여기의 문제를 다루어야 한다. 셋째, 가정 및 지역사회와 연계해야 한다(이효림, 2016).

(2) 프로젝트 접근

프로젝트 접근(Project approach)에 기초한 사회교육 운영을 위해서는 다음과 같은 사항을 고려해야 한다. 프로젝트 접근법은 주제에 대해 깊이 있게 탐구해 나가면서 그 주제에 대한 관련 지식이나 기능을 증대시켜 나가는 방법으로서 주제에 따라 일주일 안에 끝나기도 하고 최소 몇 달이 걸리기도 한다. 따라서 주제의 선택이 중요하다. 좋은 주제를 선택하기 위해서는 첫째, 유아의 삶과 관련된 익숙한 경험과 연결시킨다. 둘째, 인근 지역사회와 연결된 주제를 선정한다. 셋째, 최근 유아가 흥미 있어 하거나 관심을 보인 사건들과 관련된 주제, 유아 주변의 장소를 이용한 주제를 선정한다, 넷째, 지진, 태풍 등 자연현상과 관련된 주제를 선정한다, 다섯째, 유아에 의해 제안된 주제들이 고려되어야 한다.

교사는 유아가 주제를 조사하기 위해 필요한 적절한 자료와 자원을 제공해 주어야 하고, 탐구과정에서 생기는 문제를 해결하고 새로운 탐구의 방향을 설정할 수 있도록 유아와 지속적인 상호작용을 해야 한다.

(3) 사회학습영역

사회학습영역(Learning centers)은 유아사회교육을 위해 교실 내에 하나의 흥미영역처럼 특별히 고안된 영역을 의미하는 것으로서 사회교육에 대한 유아의 관심과 탐구활동을 강조하기 위해서는 별도의 영역으로 마련할 수 있다.

사회학습영역의 종류는 사회교육의 목적에 따라 다양하게 구분될 수 있는데, 역사, 지리 및 새 소식 영역 등이 있다. 흥미영역과 같이 주제 또는 유아의 흥미, 관심에 따라 그 내용을 다양하게 구성할 수 있도록 하고 영역에 맞는 자료와 활동을 신중하게 선택하여 제공함으로써 유아에게 사회에 관한 다양한 배움과 사회적 상호작용이 이루어질 수 있도록 한다.

각 영역마다 활용할 수 있는 자료는 〈표 6-4〉와 같다(조순옥 외, 2002; 서동미 외, 2019 재인용).

〈표 6-4〉 유아사회교육에서의 활용할 수 있는 자료

세계교수 · 학습	
참조영역	다양한 정보를 주는 책, 지도, 브로슈어, 잡지 등의 정보자료, 인터넷 컴퓨터 프로그램
여행영역	여러 지역을 소개하는 그림, 포스터, 특산품, 그림엽서
새 소식 영역	새로운 사건을 소개하는 그림, 신문, 잡지 등
지역사회영역	지역사회 사람들이 하는 일을 소개하는 그림이나 포스터, 영수증, 순서표, 메뉴판, 디오라마
역사영역	가족들의 어릴 때 사진, 교통수단이나 학교, 집 등의 이전 사진, 신발, 생활용품 등의 오래된 물건
지리영역	지도, 지구본, 지역사회의 대표적인 장소, 그림 등
세계 여러 나라 영역	지도, 지구본, 각 나라의 언어상징, 다른 나라에 관한 책, 각 나라의 특징적인 물건, 여러 나라의 음악이나 그림, 의상이나 음식에 대한 사진, 우표 등
계절영역	계절의 특성이 담긴 그림, 계절에 따른 동물들의 생활모습이 있는 사진, 계절별 생활용품, 계절별 놀이모습 등

(4) 발달에 적합한 연습모델

유아사회교육은 유아의 연령 및 발달단계에 따라 달라질 수 있다. 첫째, 유아가 접하고 있는 환경의 가장 가까운 곳에서부터 먼 곳으로 나아가도록 한다. 둘째, 직접 해볼 수 있는 활동을 제공한다. 셋째, 일 년 내내 사회교육을 실시한다. 넷째, 사회적 현상에 대한 유아의 관심을 활용한다. 따라서 유아사회교육은 유아 자신과 연결되어 있는 주변 세계에 대한 깊은 이해를 제공할 수 있다.

2) 교수 · 학습방법

유아사회교육은 집단활동, 토의, 이야기나누기, 흥미영역활동, 현장학습 등과 같이 하루일과 중 교육과정의 모든 영역활동들을 통하여 지원될 수 있다(김영옥, 김우영, 2018; 서동미 외, 2019; 심성경 외, 2019; 이영자 외, 2001; 오채선 외, 2008; 조순옥 외, 2003). 유아사회교육을 위한 자유놀이 흥미영역의 환경구성이 필요하다(하수연 외, 2015). 쌓기놀이영역에서는 다양한 블록, 크고 작은 모형, 사회극놀이 소품, 쌓기놀이에 도움주는 책, 그림자료 등을 활용한 놀이를 통해 경험할 수 있다. 역할놀이영역에서는 기본가구, 일상생활, 역할놀이, 가족놀이, 교통기관놀이, 가게놀이, 병원놀이, 주유소놀이, 은행놀이, 미용실놀이 소품 등을 활용한 놀이를 통해 경험할 수 있다. 언어영역에서는 주제 관련 그림책과 인형, CD 플레이어 및 듣기 자료, 말하기 자료, 읽기 자료, 쓰기 자료 등을 활용한 놀이를 통해 경험할 수 있다. 수 · 조작영역에서는 소근육을 돕는 교수, 구성활동, 수활동, 조작활동, 일상활동, 게임활동 자료 등을 활용한 놀이를 통해 경험할 수 있다. 미술영역에서는 종이류, 그리기 도구, 꾸미기 도구, 만들기 도구, 자연물 등을 활용한 놀이를 통해 경험할 수 있다. 교사는 유아사회교육을 위하여 다음과 같이 유아를 지원한다.

유아사회교육을 위한 교수 · 학습
• 유아가 흥미와 관심에 따라 놀이에 자유롭게 참여하고 즐기도록 한다. • 유아가 놀이를 통해 배우도록 한다. • 유아가 다양한 놀이와 활동을 경험할 수 있도록 실내외 환경을 구성한다. • 유아와 유아, 유아와 교사, 유아와 환경 간에 능동적인 상호작용이 이루어지도록 한다. • 5개 영역의 내용이 통합적으로 유아의 경험과 연계되도록 한다. • 개별 유아의 요구에 따라 휴식과 일상생활이 원활히 이루어지도록 한다. • 유아의 연령, 발달, 장애, 배경 등을 고려하여 개별 특성에 적합한 방식으로 배우도록 한다.

출처: 교육부, 보건복지부(2019). 2019 개정 누리과정 해설서.

하루 일과 중 이루어지는 유아사회교육의 교수 · 학습방법을 살펴보면 다음과 같다.

(1) 토의

토의는 유아들이 어떤 주제 또는 사회적 갈등상황에 대해 자신의 의견을 표현하는 과정에서 서로의 생각을 교환하고, 공통 문제의 해결방법을 논의하는 과정이다. 이때, 주제는 함께 생각해 보아야 할 것, 공통의 관심을 갖는 것, 해결 가능성이 있는 것으로서 토의주제는 일상의 현상부터 시사적인 문제까지 골고루 다룰 수 있다. 교사는 토의를 위한 환경 준비, 토의 시 약속 정하기, 자유롭게 의견을 말할 수 있도록 분위기 조성하기, 참여를 촉진하기, 이야기한 내용을 요약하여 들려주어 서로의 느낌 알아보기 등을 통해 유아가 사회 구성원으로서의 자세를 실천할 수 있도록 지원한다.

(2) 현장학습

현장학습은 알고 싶은 것을 실제로 현장에 가서 보고 관찰 · 체험하며 배우는 것이다. 유아가 주변의 세계를 탐색하고 사회현상을 바르게 이해하며 사회 구성원으로서 살아가는 데 필요한 지식, 가치, 태도의 형성에 효과적이다. 생생하고 직접적인 경험을 줄 수 있는 현장학습은 학습 자료가 있는 현장으로 옮겨 학습하는 것으로 유아가 보다 경험적이며 능동적인 자세로 관찰하며 현장경험을 하고, 지역사회 구성원과 상호작용하는 과정에서 사회적 지식을 획득할 수 있다. 숲이나 바다 등 지역적 특성과 문화적 자원, 공공기관, 문화예술을 경험할 수 있는 장소 등 교육적으로 가치 있는 다양한 장소를 선정하여 학습과 연결될 수 있고, 봄동산, 지역기관, 농장 등의 방문을 통해 직접적인 관찰이나 실험을 통해 정보나 과정에 대한 구체적인 풍부한 경험을 할 수 있다. 교사는 유아의 흥미와 요구 등을 반영하고 안전을 확보한 현장학습 계획이 되도록 하고 현장학습 전 · 중 · 후 사후 활동의 과정에서 놀이와 경험이 배움으로 연계되도록 한다.

(3) 역할놀이

역할놀이는 사회 내의 다양한 역할을 맡아 감정이입, 협동적 기술 등을 경험하고 배우는 과정으로 유아가 자신의 생각과 경험을 표현해 보고 다른 사람에 대한 생각과 느낌을 경험해 보는 놀이다. 유아 자신이 직접 경험한 상황이나 주변사람의 역할을 언어나 행동으로 모방하는 역할놀이는 사회적 기술을 증진시키는 데 효과적이다. 자유놀이 시간에 영역에서 놀이할 수 있지만 교사는 유아의 흥미와 참여가 지속적으로 활발하게 일어날 수 있도록 교실을 반응적 환경으로 구성한다. 식당, 목욕탕, 학교, 마트, 공장, 소방서, 은행, 경찰서 등에서의 역할을 수행하면서 사회, 경제, 문화적인 개념을 발달시킬 수 있다.

(4) 도서 및 시청각 자료

도서활동은 유아들에게 이야기가 주는 즐거움을 느끼게 한다. 읽기, 듣기, 말하기, 쓰기의 통합적인 활동을 통해 사회적으로 바람직한 역할모델에 대한 감정이입을 경험하는 기회가 된다. 유아는 도서를 통해 사회 안에서 일어나는 다양한 현상이나 사건들에 대한 간접적인 경험을 할 수 있고 다양한 개념을 배울 수 있다. 또한 유아들이 이해하고 경험해 볼 수 있는 범위 내의 주제나 상황에서 유아가 스스로 자기표현을 하거나 설명하고, 상황 예측이나 문제해결을 경험할 수 있다. 도서는 타인의 입장을 이해하고 타인과의 상호관계를 터득해가는 사회화 과정에 도움이 된다.

시청각 자료는 사회적 개념에 대하여 생생한 영상이나 이미지를 통한 방법이다. 규칙이나 공공질서, 소비와 경제 등 사회와 관련된 다양한 요소들이 다루어진 내용을 접할 수 있다.

(5) 지역인사 초청

지역에 함께 살고 있는 조부모, 교사, 사회복지사, 의사 등을 유치원에 초청하여 그들의 생활과 문화를 듣고 이해할 수 있는 기회를 활용할 수 있다.

4 …… 유아사회교육의 지도 실제

1) 자유놀이에서의 유아사회교육

<table>
<tr><td>활동명</td><td>블록을 높이높이 쌓아요</td><td>놀이 주제</td><td>사랑해요 우리 가족</td></tr>
<tr><td>활동 형태</td><td>자유놀이(신체활동)</td><td>대상 연령</td><td>5세</td></tr>
<tr><td>활동 목표</td><td colspan="3">• 여러 가지 방법으로 블록을 높이 쌓는 방법을 탐색한다.
• 친구와 협력하는 즐거움을 느낀다.</td></tr>
<tr><td>교육과정 관련 요소</td><td colspan="3">• 사회관계 : 더불어 생활하기 - 친구와 서로 도우며 사이좋게 지낸다.
• 사회관계 : 더불어 생활하기 - 약속과 규칙의 필요성을 알고 지킨다.
• 사회관계 : 나를 알고 존중하기 - 나의 감정을 알고 상황에 맞게 표현한다.</td></tr>
<tr><td>활동 자료</td><td colspan="3">쌓기놀이 블록, 수 · 조작놀이 교구</td></tr>
<tr><td>활동 방법</td><td colspan="3">〈놀이 상황〉
자유놀이 시간에 유아들의 관심과 흥미가 가장 많은 놀이는 블록놀이이다. 이틀 동안 몇 명의 유아들이 와플블록으로 위로 쌓기 놀이를 하였다. 쌓다 보니 자신들의 키보다 높이 쌓을 거라고 목표를 정한다. 이러한 놀이 시 사회적 상호작용에 대해 관찰하며 놀이의 확장을 하는 유아의 모습을 기록하였다.

놀이 1일: 우리 키보다 높이 쌓을 거예요.
① 와플블록을 위로 쌓기 시작하며 놀이에 흥미를 가진다.

예린: 동윤이가 우리 못 따라잡겠지? 하나, 둘, 셋, 넷, 다섯, 여섯, 일곱. 어! 이거 밖에 안 됐어. 완전 잘했어. 봐봐.</td></tr>
</table>

활동 방법	예린이는 가온이가 쌓은 블록의 색을 보며 똑같이 쌓아 올린다. 예린: 따라 잡고 있는데~ 야! 우리 또 합체할까 이거? 가온: 그래! 우리 합체해서 만들자. ② 자신의 키보다 높이 쌓을 것이라는 목표를 정하고 놀이를 한다.  예린: (천장을 가리키며 껑충 뛰면서) 저쪽까지 가야지. 가온: 그럼 키가 안 닿을 걸? 예린: 야. 우리 키만큼 할까? 가온: 그래, 우리가 키 되는 만큼 하자. ③ 교사의 키보다 높이 쌓을 것이라는 목표를 정하고 놀이를 한다. 가온: 우리 키보다 넘었어! 도윤: 선생님 키 넘게 하자. 가온: 그럼 우리 손이 안 닿을 걸? 도윤: 선생님한테 해달라 하자. 우리 반에서 제일 큰 동윤이 키보다 높이 쌓자, 교사의 키보다 높이 쌓자고 한다. 와플블록이 유아 키를 넘어가자 중간 중간 끊어져 무너진다. 교사가 중간 중간 무너지는 곳을 잡아주지만 위로 쌓았던 블록이 무너진다. 교사: 천천히 해봐. 너희가 빨리 빨리 올리려고 하니깐 무너지지. 도윤: 우리 천천히 하자, 거북이처럼. 그래도 높이 쌓았던 블록이 무너지자 도윤: 한 명만 잡아서 그런가? 동윤아, 너도 선생님 도와서 다른 곳 잡아줘! 예린: 선생님~ 손이 안 닿아요. 도와주세요! 유아 키보다 높은 곳은 교사가 쌓아서 도와준다.

활동 방법

④ 주변에서 다른 놀이를 하던 유아들이 모여 블록쌓기를 함께한다.

주변에서 놀이하던 연서, 서연, 이수가 와서 블록이 무너지지 않게 중간 중간 잡아준다.
교사 키보다 높이 블록을 쌓기 완성한다.

도윤: 우와! 사진 찍어요! 정말 멋있잖아요!

놀이 2일: 맨 위에 상자를 떨어트려서 상자 위에 나온 표정 짓기 하자.

① 수 · 조작놀이에 있는 주사위 모양의 놀잇감을 이용하여 쌓기놀이를 한다.

어제 블록으로 키만큼 쌓기놀이 하던 것을 다른 놀잇감을 이용하여 위로 쌓기놀이를 한다.

도윤: 주사위로도 쌓을 수 있지 않을까?
가온: 이것도 쌓아서 해보자.
도윤: 큰 주사위가 제일 밑에 가야 될 것 같아.

② 상자에 여러 가지 감정 표정이 있는 것을 도윤이가 발견하여 놀이가 변형된다.

도윤: 이 사람 표정 봐. 화장실 가고 싶은가봐. 표정이 이상해.
예린: 우리 맨 위에 올린 상자를 툭 쳐서 떨어트리면 어떨까?
가온: 그래! 내가 먼저 할래.
도윤: (웃는 얼굴 사진이 위로 나온다.) 이거 웃는 얼굴이야! 나 좀 봐~

한 명씩 돌아가며 상자에 나온 얼굴 표정을 흉내 내며 놀이를 한다.

놀이 경험 이해	〈유아의 놀이 경험〉 유아는 와플블록을 이용하여 쌓기를 반복하며 놀이를 시작했다. 예린이와 가온이 두 명에서 시작한 놀이는 블록이 높이 쌓여질수록 도움의 손이 더 필요하자 주변에서 놀이하던 아이들도 자신이 놀이하던 놀잇감을 정리하고 와서 도와주었다. 이 과정을 통해 블록이 높이 쌓일 수 있도록 도와주어 다른 유아들까지 놀이의 확장이 일어나고 있었다. 하나의 목표(교사 키보다 높이 쌓기)를 정하고 친구들과 협동하여 이루는 성취감을 느낄 수 있었다. 그리고 블록을 높이 쌓기 위해 중간 중간 지지대가 필요함을 알 수 있었다. 다음 날, 수 · 조작놀이에 있는 놀잇감을 이용하여 쌓기놀이를 이어서 하였다. 이번에는 상자를 쌓아 올릴 때마다 각 상자에 있는 얼굴 표정을 보며 신체로 표현해 놀이를 변화시켰다. 〈교사의 놀이 이해〉 유아의 관심과 흥미로부터 시작된 '블록으로 키만큼 쌓기 놀이' 확장을 위해 놀이를 관찰하고 유아들과 이야기를 나누며 도움을 주었다. 매일 반복되는 놀이처럼 보이지만 그 속에는 유아들 간의 규칙과 약속, 놀이의 변화가 있었다. 아이들의 놀이 속에 참여하며 관찰하면 다양한 놀이가 생성된다는 것을 알 수 있었다.
교사 지원의 특징	추후에 교사의 도움 없이 유아들이 서로 협동하여 블록을 높이 쌓을 수 있도록 의자를 사용하여도 된다고 하였다. 그러자 아이들이 의자에서 떨어지거나 넘어지지 않게 의자의 간격을 맞추거나 의자를 잡아주는 등의 모습을 볼 수 있었다. 교실의 도구를 사용할 수 있으나 안전하게 활동을 하도록 약속을 정하였다.

2) 집단활동에서의 유아사회교육

활동명	감정이 눈에 보인다면?	놀이 주제	나의 감정 알기
활동 형태	신체표현	대상 연령	5세
활동 목표	• 나에게 다양한 감정이 있음을 알고 적절한 방법으로 표현한다.		
교육과정 관련 요소	• 사회관계 : 나를 알고 존중하기 - 나의 감정을 알고 상황에 맞게 표현한다. • 사회관계 : 더불어 생활하기 - 서로 다른 감정, 생각, 행동을 존중한다.		
활동자료 놀이 1일	'표현해 보아요' 동시, 감정 그림 카드, 꿍따리 꿍꿍 감정 체조		
활동자료 놀이 2일	인사이드 아웃 영화, 감정 그림 카드, 활동지, 색연필, 사인펜		
활동자료 놀이 3일	이파라파 냐뮤냐뮤 동화책, 마시멜롱 마음 카드, 사인펜, 색연필, 링고리		

활동 방법

〈교사의 놀이 의미 읽기〉

자유놀이 시간에 여러 가지 감정이 그려진 교구를 이용하여 놀이하는 친구들의 사진을 보여주며 활동에 관심을 이끌어 냈다. 아이들은 감정에 대해 어떤 것들을 알고 있는지, 감정을 서로에게 올바르게 표현하고 존중하는 방법을 알아가는 시간을 가져보았다.

놀이 1일: 감정이 눈에 보인다면 어떤 모습일까?

① 자유놀이 시간에 여러 가지 감정이 그려진 교구를 이용하여 놀이하는 친구들의 사진을 보여주며 활동에 관심을 가진다.

② '표현해 보아요' 동시를 읽으며 각 마음마다 어울리는 감정 표정을 서로 지어본다.

승호: 재미있는 기분은 동윤이가 춤을 췄을 때야. 하하하.
동윤: 뭐? 준우가 엉덩이 춤을 췄을 때라고?
준우: 선생님한테 다 말해! 그렇게 말하면 기분 나쁘잖아.
동윤: 알겠어. 알겠어. 놀린 것 아니야. 미안해.

활동 방법

서연: 준우는 슬픈 기분이었겠다.
예린: 우리 세 명에서 같이 놀이하자. 내가 무슨 표정인지 맞춰봐.

③ 감정표현을 해보다가 이수가 체조를 하자며 놀이를 제안한다.

이수: 선생님! 체조하고 싶어요!

유아들은 감정을 체조로 표현하자고 하여 자유롭게 표현하기 시작하였다.
그 사이 감정을 몸으로 표현하는 체조로 웃거나 우는 또 화난 같은 표정을 짓거나 위아래로 뛰기, 팔을 옆으로 흔들며 흔들기 등을 표현하였다. 그때 평소 춤추는 것을 좋아하는 이수가 체조를 하고 싶다고 놀이를 제안하였다. 그래서 감정과 관련된 체조가 있는지 유아들과 찾아보다가 '꿍따리 꿍꿍 감정 체조'를 찾았다. '꿍따리 꿍꿍 감정 체조'를 보며 따라하거나 자유롭게 동작을 표현하였다. 혼자서 또는 짝과 함께 빙빙 돌거나 뛰고 멈추는 등 자신의 기분과 감정을 말하면서 춤을 추었다. 엉덩이를 내밀고 직선으로 뛰어가기, 양팔을 높이 들고 손 털기, 얼굴에 양손을 대고 웃기 등 음악을 들으며 다양한 표현을 하였다.

이수: 이건 기분이 좋을 때 추는 춤이야.
예린: 나도 해볼래.

내일은 여러 가지 감정 표정을 볼 수 있는 사진자료도 준비해야겠다.

놀이 2일: 인사이드 아웃 주인공이 되어보자.

① 인사이드 아웃 영화를 보며 여러 가지 감정에 대해 알아본다.

② 인사이드 아웃에 나오는 주인공 중에 내가 표현하고 싶은 주인공을 신체로 표현한다.
(유아들이 표현한 감정 표현을 사진으로 찍어 사진을 보여주며 이야기를 나눈다.)

기쁜 표정

까칠한 표정

슬픈 표정

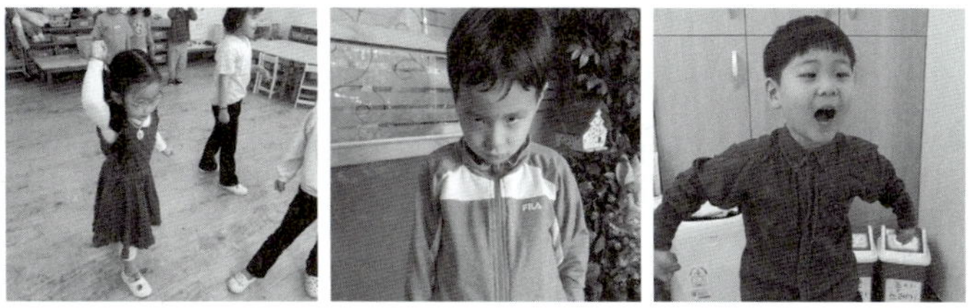
화가 난 표정

활동 방법

예린: 승호는 정말 화가 난 표정 같아.
연서: 주한이는 화가 나야 되는데 입이 웃고 있어.
교사: 까칠이 표정은 없는데… 어떡하지?
서연: 음… 선생님! 친구 치마 잡아당기는 그림해요!
교사: 왜?
연서: 까칠이는 자기 괴롭히는 친구를 싫어하니깐요. 그러니깐 하면 어떨까요?
교사: 아~ 그렇네. 좋은 생각이야.
교사: 연서는 무슨 까칠이야?
연서: 잘난 척하는 표정이에요.

활동 방법

③ 감정이 눈으로 보인다면 어떨까? - 그림으로 감정을 표현하기

"여기에 감정을 그려볼까요?"

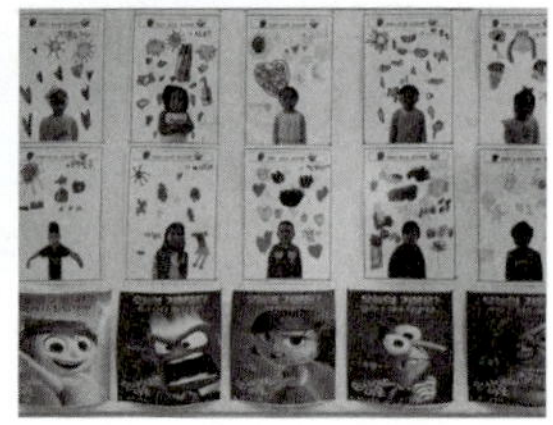

놀이 3일: 「이파라파 냐무냐무」 동화 듣고 마시멜롱 마음 카드 활동하기

①「이파라파 냐무냐무」 동화를 들으며 활동에 관심을 가진다.

"이파라파 냐무냐무? 웃긴 말이야."

② 마시멜롱들의 표정을 보며 어떤 마음일지 상상해서 이야기를 나눈다.

"여기에 보이는 마시멜롱은 어떤 기분일까?"

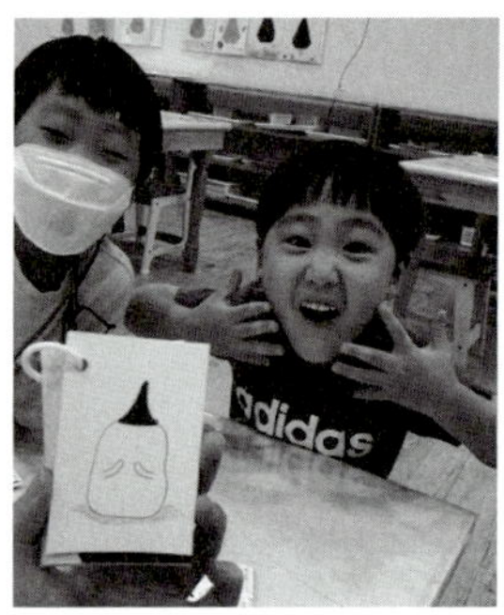

"왜 그런 기분일 것 같아?"

③ 마시멜롱 마음 카드 만드는 방법을 알아본다.

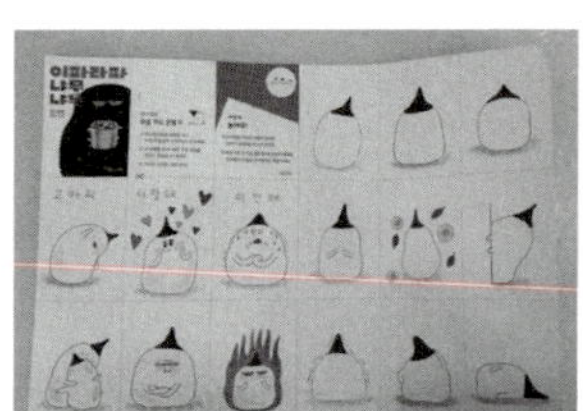

활동 방법

• 마시멜롱 안에 여러 가지 표정을 자유롭게 그림으로 그려 표현해본다.

동윤: 이 마시멜롱은 샤워를 해서 기분이 너무 좋아요.
가온: 마시멜롱 옆에 꽃이 있으니깐 행복한 마음일 것 같아.
이현: 어? 나도 화가 나면 얼굴이 빨개지는데. 얘도 내기에서 졌나봐.

④ 마시멜롱 마음 카드로 놀이를 한다.
내가 만든 마시멜롱 마음 카드를 몸으로 표현하여 친구들이 맞추는 게임을 한다.

동윤: 내가 고른 카드 뭐게?
도윤: 정답! 잠이 온다?
주한: 땡! 안아주는 거?
원혁: 피곤하다?
도윤: 최고야!
동윤: 딩동댕!

배부르다, 어지럽다, 좋다, 기쁘다, 무섭다 등을 표현하며 자유롭게 감정퀴즈 알아맞히기를 하였다.

놀이 경험 이해	〈유아의 놀이 경험〉 유아들은 동시, 영화, 마음카드 등을 활용하여 감정을 신체표현하며 놀이하였다. 나와 다른 표정을 짓는 친구들을 관찰하고 알아맞히기 게임을 하고, 자신의 상황을 말로 먼저 표현한 후 신체로 표현하는 등 자신의 감정을 친구들이 알아맞힐 때를 기다렸다가 알아맞히는 순간 박수를 치며 기뻐하였다. 이 과정을 통해 감정의 종류나 상황에 따라 공감하는 표정들을 지으며 다른 친구들의 감정이 다양하고 소중함을 느끼게 되었다. 놀이를 제안하고 마음카드로 보다 적극적으로 놀이하며 친구 여럿이 생각을 하나로 만들기 위해 친구들과 대화하는 시간이 늘어나는 등 놀이가 즐겁게 진행되는 것을 볼 수 있었다. 〈교사의 놀이 이해〉 유아의 관심과 흥미로부터 시작된 '감정이 눈에 보인다면' 놀이를 관찰하고 유아들과 이야기를 나누며 함께 참여하였다. 자신의 감정을 말이나 신체로 짧게 표현하거나 상황을 설명하며 친구들이 자신의 다양한 감정을 이해하는지를 관찰하는 유아들의 모습을 발견할 수 있었다. 유아들 간에는 '좋다/싫다'의 감정 말고도 다양한 감정이 있음을 서로 이야기 나누는 것을 볼 수 있었다. 같은 상황에서도 다른 감정이나 다양한 표현이 있을 수 있다는 것을 알게 되었다.
교사 지원의 특징	신체를 움직이며 표현할 수 있는 놀이공간을 구성하고 지원하였다. 유아들이 흥미와 관심을 지속하도록 놀이시간을 단절시키지 않고 길게 이어서 놀이하도록 하고, 함께 감정을 표현하며 긍정적으로 격려하였다.

Chapter 7

유아음악교육

1. 유아음악교육의 이해
2. 유아음악교육의 내용
3. 유아음악교육 교수 · 학습방법
4. 유아음악교육의 지도 실제

1 유아음악교육의 이해

유아교육기관에서의 하루 일과는 음악으로 시작해서 음악으로 마무리를 한다고 해도 과언이 아닐 정도로 유아들은 일상생활에서 자연스럽게 음악적 경험을 하게 되며, 유아의 다양한 음악적 경험은 유아의 음악적 능력을 발달시킨다. 또한 유아의 음악적 능력을 발달시키기 위해서는 통합적 전인교육, 적기교육으로서의 유아음악교육에 대한 올바른 개념 정립과 그에 따른 구체적인 음악교육의 실제가 이루어져야 한다.

1) 유아음악교육의 개념

인간의 감각기관 중 가장 먼저 발달하는 것은 청감각이다. 인간은 태내기부터 소리를 듣고 반응하며, 엄마 뱃속에서 세상 밖으로 나오면서 우는 생애 첫 울음은 음악을 위한 기초가 된다. 아기들은 다양한 울음을 통해 타인과 의사소통하고 감정을 교류한다. 즉 모든 인간은 태어날 때부터 음악적 능력을 가진 존재로 태어나고 음악을 통해 의사소통하고 자신의 정서를 표출한다.

오르프(Orff)는 정도의 차이는 있지만 모든 인간은 음악성을 가지고 태어난다고 하였으며, 달크로즈(Dalcroze)도 인간은 태어날 때부터 신체적으로 음악적 리듬을 타고난다고 하였다(심성경 외, 2019). 즉 음악적 능력은 인간이 가지고 있는 보편적 능력이다(임혜정, 2004; Gordon, 1990). 그러나 이러한 음악적 능력은 적절한 교육을 통해 발달하게 된다. 음악적 능력은 음악적 자질과 음악적 능력으로 구분할 수 있다. 음악적 자질은 타고 나지만 음악적 능력은 연습이나 훈련에 의해 후천적으로 획득되는 능력이므로 유아의 타고난 음악적 자질을 잘 계발시켜주기 위해서는 다양하고 풍부한 음악적 경험을 제공하는 음악교육을 통해 유아의 음악적 능력을 발달시켜주어야 한다.

음악교육은 크게 인간에게 음악을 교육시키는 것으로 전문적인 음악인을 양성하는 음악의 기능적인 측면이 강조되는 교육과 인간의 교육에 음악을 이용하는 일반적인 학교에서의 음악교육으로서 음악의 표현적인 측면이 강조되는 교육으로 구분할 수 있다. 유아음악교육은 3-5세 유아를 대상으로 이루어지는 일반적인 음악교육으로서 유아들이 음악을 즐기고, 느끼고, 상상함으로써 음악의 아름다움을 느낄 수 있도록 도와주는 교육이므로 음악이라는 특수한 영역의 조기 재능교육으로 이해되어서는 안 되며, 유아를 위한 통합적 전인교육이라는 교육의 본질적 측면에서 다루어져야 한다. 또한 유아들의 발달에 적합한 음악교육을 통하여 음악적 소양을 지닌 인간으로 성장하도록 안내하고(나은숙 외, 2014), 음악활동을 통하여 음악 그 자체에 대한 심미적인 경험을 제공하며, 그러한 경험을 제공하는 과정에서 음악적 능력의 발달과 조화로운 전인발달을 돕도록 해야 한다(안경숙, 김소향, 나은숙, 2016). 즉 음악적 기능의 훈련보다 노래 부르기나 악기 연주, 표현활동, 감상, 창작 등의 다양한 음악활동을 통하여 다양한 감정을 경험하도록 음악적 환경을 제공해 주는 것이다. 따라서 유아음악교육은 유아의 발달에 적합한 음악 감상하기, 노래 부르기, 악기 다루기, 동작으로 표현하기 등의 다양한 음악적 활동을 제공하여 유아가 음악을 즐기고 반응하고 표현하도록 음악적 능력 발달을 돕고 통합적 접근에 의한 유아의 전인적 발달을 돕는 계획적이고 체계적인 노력이라고 정의할 수 있다(심성경 외, 2019).

2) 유아음악교육의 목적 및 목표

음악활동은 유아에게 자기표현과 창의적 기쁨을 제공하며 운동능력과 리듬감 발달, 심미감 발달을 돕고 문화적 유산을 전달하기도 하며 인지적 발달과 추상적 사고가 증진되는 등 다양한 측면에서 도움을 준다(Draper & Gayle, 1987). 유아음악교육은 유아가 음악을 즐기고 느끼고 상상하면서 음악적 태도와 음악적 행동을 증진시키고 음악적 개념 형성을 통해 궁극적으로 음악적 소양을 기르는 데 목적을 두고 있다.

듀이(Dewey)는 음악은 유아로 하여금 생활 속에서 음악을 즐기도록 해야 한다고 하였다. 유아에게 음악을 지도하는 것은 단순히 음악교육을 위한 것이 아니라 음악을 통해서 유아의 생활 전체를 발달시키는 것이다. 즉 일상생활에서의 음악적 경험이 음악교육의 목적이 되어야 한다고 하였다. 따라서 유아음악교육은 기능의 연습이라기보다는 음악을 친숙하게 느끼도록 하고 좋은 음악표현이나 감상에 적극적인 태도를 갖도록 유아의 생활 속에서 자연스럽게 음악을 받아들이는 습관을 들이는 것이 중요하다(김혜경, 2019).

그린버그(Greenberg, 1985)는 음악교육의 목적을 창의성의 신장, 지적 성장, 언어발달, 신체발달, 자아개념 형성, 정서적 감수성 신장 및 심미적인 발달 등으로 보았다. 한국유아교육학회(1986)는 음악교육의 목적을 결코 전문적인 음악가를 양성하는 것이 아니며 넓고 깊은 음악적인 생활을 할 수 있도록 하는 일이라고 하였고, 맥도널드(McDonald, 1993)는 유아가 음악을 즐기고 상상하면서 음악적 태도와 음악적 행동을 증진시키고 음악적 개념 형성을 통해 궁극적으로 유아의 음악적 소양을 길러주는 것이라고 하였다(안경숙, 김소향, 나은숙, 2016). 2019 개정 누리과정의 예술경험영역에서는 아름다움과 예술에 관심을 가지고 창의적 표현을 즐기도록 하는 데 목적을 두고 있으며 구체적인 목표로 첫째, 자연과 생활 및 예술에서 아름다움을 느끼고 둘째, 예술을 통해 창의적으로 표현하는 과정을 즐기며 셋째, 다양한 예술적 표현을 존중하는 것을 구체적인 목표로 제시하고 있다.

우리나라 국가수준의 교육과정인 0–2세 표준보육과정과 3–5세 누리과정에서의 유아음악교육의 목적 및 목표는 예술경험영역에 제시되어 있다. 이에 대해, 구체적으로 살펴보면 〈표 7–1〉과 같다.

〈표 7–1〉 국가수준 교육과정에서의 유아음악교육(예술경험영역)의 목적 및 목표

구분	표준보육과정		누리과정
	0–1세	2세	3–5세
목적	• 아름다움을 느끼고 경험한다.	• 아름다움을 느끼고 즐긴다.	• 아름다움과 예술에 관심을 가지고 창의적 표현을 즐긴다
목표	• 자연과 생활에서 아름다움에 관심을 가진다. • 예술적 경험을 표현한다.	• 자연과 생활에서 아름다움을 느끼고 관심을 가진다. • 예술을 통해 자유롭게 표현한다.	• 자연과 생활 및 예술에서 아름다움을 느낀다. • 예술을 통해 창의적으로 표현하는 과정을 즐긴다. • 다양한 예술적 표현을 존중한다.

출처: 보건복지부(2020). 제4차 어린이집 표준보육과정 해설서.

유아음악교육의 구체적인 목적과 목표는 학자들과 교육과정에 따라 달리 제시하고 있으나 유아가 생활 속에서 음악을 듣고 즐김으로써 예술적인 감성을 기르고 유아의 조화로운 성장 · 발달을 돕는 데 있다. 이에 대해 구체적으로 살펴보면 다음과 같다.

(1) 신체발달

노래 부르기, 악기 연주하기, 동작으로 표현하기 등의 경험은 유아의 손과 눈의 협응력을 길러주고 소근육과 대근육의 조절능력을 향상시켜 주며, 이를 통해 유아의 신체발달을 도모한다. 예를 들어, 리듬에 맞춰 악기 연주하기, 북소리에 맞춰 걷기 등을 통해 신체를 조절하고 기본 동작하기 등 신체발달을 돕는다.

(2) 사회성 발달

유아들은 친구와 함께 노래 부르기, 다함께 악기 연주하기 등의 활동을 통해 또래와의 관계를 형성하는 데 필요한 협동, 나눔, 참여 등을 경험함으로써 사회성을 발달시킨다. 예를 들어, 목소리 조절하여 노래 부르기, 부분으로 나누어 부르기, 합주하기 등을 통해 사회성을 발달시킬 수 있다.

(3) 정서발달

음악은 희로애락의 다양한 감정이 포함된다. 유아는 다양한 음악을 경험하면서 자신의 감정을 자연스럽게 표현하고 타인의 감정을 의식하기도 하며 음악을 통해 내면의 긍정적 · 부정적 정서를 마음껏 표출하면서 정서를 발달시킨다. 즉 좋은 음악은 스트레스를 해소시켜주고 마음을 안정시켜준다. 유아는 자신이 느끼는 감정을 표현하기 위해 악기를 연주하거나 리듬에 맞춰 몸을 흔들거나 노래를 부르는 활동을 하며 음악적 감수성을 기르고 정서를 발달시킨다. 예를 들어, 음악을 들으며 자신의 감정을 그림으로 표현하기, 악기 두드리기, 얼굴로 감정 표현하기 등 유아들은 음악을 듣고 노래 부르고 악기 연주하고 몸으로 표현하는 활동 등의 모든 음악활동을 통해 정서를 발달시킨다.

(4) 인지발달

다양한 음악적 경험은 유아의 사고와 문제해결, 소리에 대한 이해력을 발달시키고 자신이 지각한 바를 관계, 비교, 개념의 체계로 조직하도록 자극하기 때문에 지적 성장을 촉진한다(Greenberg, 1985). 예를 들어, 빠른 음악과 느린 음악을 듣고 동물 움직임 표현을 통해 '빠르다', '느리다' 혹은 '무겁다', '가볍다' 등과 같은 수학적 · 음악적 개념 등을 형성할 수 있으며, 숫자풀이 노래를 부르며 수 개념을 형성하기도 하고 나비의 성장과정을 신체로 표현하면서 과학적 지식을 형성한다.

(5) 언어발달

유아들은 노래 부르기를 통해 단어와 소리의 형태, 문장 구성 등을 학습하게 되고 음악 감상 후 그 느낌을 언어로 표현해 보거나 노랫말에 포함된 다양한 단어를 익힘으로써 언어를 발달시킨다. 예를 들어, 음악 듣고 느낌 말하기, 노랫말 바꾸기와 같은 활동은 유아의 언어발달을 돕는다.

(6) 창의성 발달

창의성은 유아가 자신의 방식으로 음악을 이해하고 해석하고 표현하도록 허용할 때 발달된다. 유아는 음악활동을 통해 주변의 아름다움을 탐색하고 다양한 방법으로 경험하고 새로운 아이디어로 표현한다. 이때 자신의 생각과 느낌을 언어적으로 표현하기도 하고 노래나 악기로도 표현할 수 있으며 신체를 탐색하고 창의적 동작으로 표현해 볼 수도 있다. 예를 들어, 소리를 탐색하고 느낌 말하기, 개사하여 부르기, 즉흥 연주하기, 가을 느낌을 동작으로 표현하기 등과 같은 활동을 통해 유아들의 상상력과 표현력의 발달을 도모하며 창의적 사고력을 길러준다.

(7) 심미감 발달

음악을 통해 생각과 느낌을 전달하는 과정은 감정을 풍부하게 해주고 아름다움을 개발시킨다. 음악 속에서 감정과 인식, 영상의 감수성이 전달될 때 유아의 심미감은 형성된다(McDonald & Simons, 1989). 즉 유아에게 음악이 아름답다는 것을 느끼게 해주면 유아는 음악을 즐기며 자연스럽게 심미감을 발달시키게 된다.

2 유아음악교육의 내용

인간이 타고난 음악적 능력을 발전시키려면 생활 속에서 음악을 즐길 수 있는 풍부한 음악적 환경과 유아의 전인적 성장에 효과적으로 기여할 수 있는 다양한 음악적 경험이 제공되어야 한다. 그린버그(Greenberg, 1979)는 유아음악교육에서 다루어야 할 내용은 강약, 빠르기, 높낮이, 멜로디, 음색, 악구, 박자, 화성, 음악적 양식, 반복과 대비라고 하였고, 성경희(1995)는 셈여림, 빠르기, 리듬, 음의 높낮이, 음색, 음의 짜임새, 형식이라 하였다. 이는 유아음악교육에서 다루어야 할 내용에 대한 관점은 음악의 기본적 개념 즉 빠르기, 강약, 리듬, 높낮이, 음색, 박자 등 음악의 구성요소와 관련지어 다소 전문적이고 구체적인 개념으로 인식하는 입장이다.

반면 김혜경(1996)은 듣기, 노래 부르기, 악기 다루기, 몸으로 표현하기로 제시하였으며, 김명순과 조경자(2001)는 소리 탐색하기와 소리 듣기, 음악 감상하기, 노래 부르기, 악기 탐색하기와 악기 다루기를 유아음악교육의 내용으로 제시하고 있다. 미국음악교육협회(NAFME, 2005)는 음악교육을 위한 국가수준의 실행기준을 노래 부르기, 악기 연주하기, 음악 만들기, 음악에 반응하기, 음악을 이해하기로 나누어 구체적인 성취기준을 제시하고 있다(안경숙 외, 2016). 이는 음악 감상, 노래 부르기, 악기 연주 등 유아교육현장에서 실제로 실행되고 있는 교육활동을 유아음악교육의 내용으로 보는 입장이다.

우리나라 국가수준의 교육과정에서 유아음악교육과 관련된 내용은 0–2세 표준보육과정과 3–5세 누리과정의 예술경험영역에 제시되어 있으며, 크게 3가지 내용으로 구분된다. 첫째, 아름다움을 찾아보는 탐색활동, 둘째, 아름다움을 예술적으로 표현해 보는 표현활동, 셋째, 자신과 타인의 예술을 감상하는 감상활동으로 나눌 수 있다. 최근 개정된 0–2세 표준보육과정과 3–5세 누리과정의 예술경험영역의 내용 중 유아음악교육과 관련된 내용을 중심으로 살펴보면 〈표 7–2〉와 같다.

〈표 7-2〉 국가수준 교육과정에서의 유아음악교육(예술경험영역)의 내용

내용 범주	표준보육과정		누리과정
	0-1세	2세	3-5세
아름다움 찾아보기	• 자연과 생활에서 아름다움을 느낀다. • 아름다움에 관심을 가진다.	• 자연과 생활에서 아름다움을 느낀다. • 아름다움에 관심을 갖고 찾아본다.	• 자연과 생활에서 아름다움을 느끼고 즐긴다. • 예술적 요소에 관심을 갖고 찾아본다.
창의적으로 표현하기	• 소리와 리듬, 노래로 표현한다. • 모방행동을 즐긴다.	• 익숙한 노래와 리듬을 표현한다. • 움직임과 춤으로 자유롭게 표현한다.	• 노래를 즐겨 부른다. • 신체, 사물, 악기로 간단한 소리와 리듬을 만들어 본다. • 신체나 도구를 활용하여 움직임이나 춤으로 자유롭게 표현한다. • 극놀이로 경험이나 이야기를 표현한다.
예술 감상하기			• 다양한 예술을 감상하며 상상하기를 즐긴다. • 서로 다른 예술 표현을 존중한다. • 우리나라 전통 예술에 관심을 갖고 친숙해진다.

출처: 보건복지부(2020). 제4차 어린이집 표준보육과정 해설서.

이처럼 음악교육에서 다루어져야 할 내용은 학자나 교육과정에 따라 다르게 제시하고 있으나 음악을 듣고 음악적 요소를 이해하고 다양한 노래 부르기와 악기를 통해 음악적 요소를 표현하고 이러한 표현을 신체동작으로 연결시킴으로써 몸으로 음악을 익히고 통합적으로 표현하도록 하는 내용이 포함되어야 한다.

유아음악교육에서 다루어져야 할 내용을 음악 감상하기, 노래 부르기, 악기 다루기, 동작으로 표현하기로 구분하여, 이에 대해 구체적으로 살펴보면 다음과 같다.

1) 음악 감상하기

음악 감상하기

- 소리 탐색 및 소리 만들기
- 음악적 요소와 연결하여 듣기
- 노래 및 음악 감상하기

유아의 음악활동을 위해서는 소리의 특성을 이해하며 주의 깊게 듣는 능력이 필수적이다. 노래를 부르거나 악기를 연주하기 위해서는 정해진 곡의 멜로디, 리듬, 박자 등을 잘 들어야 노래를 잘 따라 부를 수 있고 악기연주도 할 수 있으며 음악의 느낌을 살려서 신체를 이용하여 동작으로 표현할 수 있다. 또한 유아의 청각적인 경험은 유아의 음악성 발달에 결정적인 요인으로 작용하므로(심성경 외, 2019) 유아의 듣기 발달 시기는 빠르면 빠를수록 좋다. 듣기발달은 초기단계에서는 음악을 단지 감각으로 들으며 즐거움과 흥미로 접하다가 점점 음악에 대한 흥미를 넘어서 음악에 대한 기본적인 이해를 수반한 듣기를 하며 음악적 이해능력을 체득한 감상단계로 발달된다.

유아기는 아직 특정 음악에 대한 선호 경향이 없으며 일생을 통해 가장 개방적으로 모든 종류의 음악에 대한 선호 경향을 보이는 시기이므로(Scott, 1989), 다양한 종류의 음악과 춤을 경험할 수 있도록 음악적 환경을 마련해 주어야 한다. 즉 고전음악, 전통음악, 종교음악, 락음악, 팝음악, 영화음악 등 다양한 종류의 다문화권 음악뿐만 아니라 동요, 다양한 악기소리, 다양한 연주음악 등의 음악적 경험을 할 수 있도록 풍부한 음악적 환경을 제공해 주는 것이 바람직하다.

따라서 음악 감상하기는 음악을 듣고 느끼고 이해하고 표현하기 위한 모든 음악활동의 기본적인 활동으로, 음악 감상활동에는 음악뿐만 아니라 일상생활과 관련된 다양한 소리도 음악의 소재가 되므로 소리를 듣고 탐색하기, 변별하기, 들은 소리를 기억하여 소리 만들기, 음악적 요소와 연결하여 듣기, 노래나 음악곡 감상하기 등이 포함된다.

2) 노래 부르기

노래 부르기

- 노래 듣고 부르기
- 다양하게 부르기
- 노랫말 바꾸어 부르기

유아의 노래 부르기는 출생과 더불어 울음으로부터 시작되며, 출생부터 생후 3개월까지의 초기 발성기에 내는 목소리는 발성의 기초가 된다. 이 시기의 울음, 쿠잉, 옹알이에는 음색, 리듬, 높낮이 등 음악적 구성요소가 포함되는데, 유아의 음악활동은 다양한 음색, 리듬, 높낮이 등이 포함된 다양한 울음으로 시작된다. 유아 스스로 쿠잉을 시작하면서 소리놀이를 하기도 하고 생후 3~4개월경에 시작되는 언어적 옹알이가 6~9개월경에는 음악적 옹알이로 나타나면서, 생후 1개월이 지나면 라임(rhyme)이나 찬트(chant) 등 원시적 형태의 노래 부르기가 시작된다.

노래 부르기는 유아가 즐기는 가장 일반적인 형태의 음악활동으로 생후 3~4년경이 되면 몇 개의 음으로 이루어진 멜로디의 한정된 범위 내에서 노래 부르기를 할 수 있으며, 생후 4년경이 지나야 소리의 강약, 빠르기 등을 고려하여 노래를 부르고 음악적인 측면의 표현도 가능해진다. 즉 노래 부르기 활동을 위해서는 먼저 유아의 발달에 적합한 노래를 선정하는 것이 중요하므로 유아의 음성 발달단계에 맞는 음역대의 노래를 선정하고 멜로디와 노랫말의 반복이 있어 유아가 흥미를 가지고 즐겨 부를 수 있는 친숙한 소재를 내용으로 하는 노래를 선정하는 것이 좋다.

노래 부르기 활동은 단순하게 노래를 듣고 부르는 것뿐만 아니라 다양하게 창의적인 방법으로 노래 부르기, 노랫말 바꾸어 부르기 등이 있다.

3) 악기 다루기

악기 다루기

- 악기 탐색하기
- 악기 만들기
- 악기 연주하기

악기는 창의적 자기표현의 매체로 악기 소리 탐색하기, 악기로 즉흥연주하기, 주변의 물건으로 연주하기, 재활용품으로 악기 만들어 연주하기 등의 활동을 통해 유아의 창의성 발달을 도모할 수 있다. 악기는 유아들이 다루기 쉬운 악기를 사용하는 것이 좋다. 휘파람 불기, 허밍하기, 박수치기, 발구르기, 고개 끄덕이기 등 신체의 일부를 사용하여 다양한 소리를 만들어 보거나 박자를 맞추는 등 일반적인 신체 리듬 탐색에 사용되는 신체악기는 악기 다루기의 기본적인 활동이다. 신체악기 외 유아를 위한 악기 다루기 활동을 위해 사용될 수 있는 악기로는 리듬악기, 멜로디악기, 하모니악기가 있다. 이를 구체적으로 살펴보면 〈표 7-3〉과 같다.

〈표 7-3〉 악기의 종류

구분	개념	종류
리듬악기	높낮이가 없이 악센트와 다양한 음색을 산출하는 악기	탬버린, 트라이앵글, 캐스터네츠, 우드블록, 리듬막대, 마라카스, 북, 징, 장구, 꽹과리, 귀로 등
멜로디악기	각 음이나 멜로디를 연주하기 위해 일정한 음의 높낮이를 내는 악기	실로폰, 멜로디언, 핸드벨 등
하모니악기	여러 개의 음을 동시에 내어 멜로디를 반주하고 화음을 내는 악기	피아노, 우쿨렐레, 아코디언, 기타 등
생활악기	주변의 생활용품을 활용하여 소리를 내는 악기	냄비뚜껑심벌즈, 유리컵, 양동이북, 젓가락막대, 빨래판 귀로 등
폐품악기	다양한 재활용품을 활용하여 만든 악기	페트병 마라카스, 깡통 북, 빨대 피리, 병따개 짝짝이 등

출처: 심성경 외(2019). 영유아 음악교육. pp. 52-55 재구성.

유아들은 리듬악기, 멜로디악기, 하모니악기 등 기존의 악기를 사용하여 소리를 탐색하고 연주하는 활동을 할 수 있으며, 이러한 일반적인 악기뿐만 아니라 주변의 생활용품으로 만든 생활악기, 다양한 재활용품 등을 활용하여 만든 폐품악기 등 유아가 직접 만든 창의적인 악기로도 연주할 수 있다. 즉 악기 연주하기 활동에는 악기 탐색하기뿐만 아니라 악기 만들기, 악기 연주하기 등이 포함된다.

4) 동작으로 표현하기

동작으로 표현하기

- 노랫말에 맞는 동작 만들기
- 음악적 요소에 맞는 동작 표현하기
- 모방적 동작 표현하기
- 창의적인 동작 표현하기

음악과 동작은 밀접하게 관련되어 있다. 신체적 움직임을 동해 즐거움을 추구하고자 하는 행위는 인간의 본능적인 특성으로 출생 이전부터 나타난다. 유아들은 움직임을 통해 자신과 외부세계를 지각하며 신체와 공간에 대한 기본적인 이미지를 발달시키고 반복적인 움직임 속에서 자신의 신체를 조절하는 능력과 움직이는 방법을 발견하고 새로운 운동기능을 습득한다(황순각, 2003). 그러나 이러한 신체적 움직임을 통한 창의적 동작활동 시 음악을 함께 경험하게 되면 '빠르게/느리게, 높게/낮게, 크게/작게, 가볍게/무겁게' 등 음악의 구성요소를 탐색할 수 있는 기회를 가지게 되므로 상호보완적인 역할을 하게 된다.

동작으로 표현하기 활동은 노랫말에 맞추어 신체표현하기, 음악적 요소와 관련된 신체표현하기, 주변의 사물 또는 사건 등의 그 어떤 것이 되어보는 모방적 동작 표현하기, 모방적 동작에 자신의 생각과 느낌을 추가하여 창의적으로 표현하기 등이 있다.

3 유아음악교육 교수 · 학습방법

1) 음악 감상하기

유아의 듣기 습관은 어린 시기부터 비롯되기 때문에 음악을 주의 깊게 듣는 습관을 기르기 위한 음악 감상 활동은 유아의 흥미를 지속시킬 수 있는 교수 · 학습방법이어야 한다. 또한 음악 감상 활동은 단순히 음악작품을 듣기만 하는 정형적 형태의 활동뿐만 아니라 소리를 듣고 탐색하기, 소리 만들기, 음악적 요소와 연결하여 듣기, 노래나 음악곡 감상하기 등 다양한 활동이 포함되므로 유아들의 듣기능력 발달과 감상을 통한 음악 이해를 돕기 위해 다양한 음악적 경험을 할 수 있도록 계획되어야 한다.

또한 음악 감상 활동은 유아가 듣고 느낄 수 있도록 자극을 주는 데 있으므로 감상을 위한 음악뿐만 아니라 여러 가지 악기소리, 일상생활에서 들을 수 있는 소리, 동물소리, 자연의 소리 등도 들려주는 것이 좋다. 즉 음악은 단순히 '유명한' 작품을 아는 것보다 새롭고 창의적인 작품을 이해하고 감상하는 것이어야 하므로(Serafine, 1986) 고전음악뿐만 아니라 민속음악, 영화음악, 재즈, 영화, 팝음악, 락음악 등 서로 다른 유형의 음악환경에 노출시켜야 한다. 지역사회에서 개최되는 음악회나 뮤지컬 등 공연을 관람하는 지역사회 연계활동도 좋은 방법이다.

효율적인 음악 감상 활동을 위한 교사의 구체적인 지도지침은 다음과 같다(고문숙 외, 2013; 하정희, 조영진, 강혜정, 2013).

- 음악 감상 전에 다양한 소리를 탐색해 보고 들어볼 수 있는 기회를 제공한다.
- 감상할 곡에 대한 이해를 돕기 위해 다양한 교수 자료를 사용한다.
- 감상할 곡을 여러 번 반복해서 듣고 다양한 방법으로 표현을 하도록 한다. 그러기 위해서 유아들의 느낌이나 생각을 자유롭게 표현하는 허용된 분위기를 조성해 준다.
- 음악의 요소 및 원리를 체험해 볼 수 있게 한다. 박자에 맞추어 지휘를 해 보거나 빠르기, 셈여림, 음의 높이에 따라 신체표현이나 게임 등을 하면서 음악적 감각을

키울 수 있다.

• 유아의 흥미와 발달단계, 내적 욕구에 맞는 곡을 선정해야 한다. 유아기의 감상은 유아들이 음악 듣기 그 자체에 흥미를 갖게 하는 것부터 시작하도록 한다.

2) 노래 부르기

유아의 발달에 적합한 노래는 음악적 태도, 음악 적성, 정서지능 발달에 긍정적인 영향을 미치므로(김미경, 권정윤, 2018), 유아음악교육에서 활용되는 노래는 유아의 음악적 발달 특성에 적합한 노래이어야 한다. 노래를 배우고 부르는 과정 또한 즐거운 놀이가 되어야 하므로, 내용적으로 문학적 가치가 있고 유아의 생활과 관련되는 것이 좋다. 노래는 대체로 밝은 느낌을 주는 장조의 곡을 단음으로 부를 수 있는 곡을 선택하고 복잡한 리듬의 곡이나 호흡에 무리가 가는 노래는 피하는 것이 좋으며 일과 중에 자연스럽게 들려주는 것이 좋다.

노래 부르기 활동을 지도 시에는 유아가 흥미를 가질 수 있도록 노래와 관련된 이야기를 들려주거나, 수수께끼를 내기도 하고 손인형을 이용하기도 한다. 노래에 대한 인식이 이루어지면 노래에 대한 탐색의 과정을 통하여 노래를 들어보고 탐색하도록 한다. 그리고 노래 속에 포함된 리듬이나 가락 등의 음악적 개념을 탐구할 수 있도록 충분한 시간을 제공하며 구체적인 자료나 그림악보와 같은 시각 자료를 제공해 주는 것도 좋다(안경숙, 김소향, 나은숙, 2016). 그러나 무엇보다도 중요한 것은 노래를 부른다는 그 자체가 교사와 유아 모두에게 재미있어야 한다(김혜경, 2019).

노래 부르기 활동에서의 구체적인 교사의 지도지침은 다음과 같다(심성경 외, 2019; 하정희 외, 2013).

- 유아의 연령과 흥미, 발달 수준 그리고 생활주제를 고려하여 노래를 선정한다. 유아를 위한 노래는 노랫말, 가락과 리듬이 단순하고 반복적이며 짧은 것이 좋다.
- 교사는 지도하기 전에 노래를 먼저 불러본다. 노래를 미리 불러봄으로써 유아가 어려움을 느끼게 될 곳이나 가사를 미리 예측하여 지도할 수 있다.
- 노래 부르기 활동 시 교사는 항상 유아를 보면서 노래하도록 한다. 눈을 마주하고 노래할 때 노래의 느낌과 분위기를 효과적으로 전달할 수 있다(Eliason & Jenkins, 2003).
- 휘파람, 한 글자(라라, 아아 등), 노래 속에 나오는 의성어 등 다양한 방법을 사용하여 영유아가 흥미를 유지하면서 노래를 부를 수 있도록 한다.
- 노래 부르기 활동을 할 때 영유아들의 노래는 길지 않고 이야기가 있으며 기승전결의 흐름이 있어 부분노래 방법보다는 전체노래 방법과 전체 부분 결합 방법을 사용하는 것이 좋다.
  - 전체노래 방법: 노래 전체를 처음부터 끝까지 반복해서 들려줌으로써 자연스럽게 노래에 익숙해지도록 하는 방법
  - 부분노래 방법: 한 소절이나 두 소절씩 떼어서 들려주고 따라 부르면서 노래를 익히는 방법
  - 전체 부분 결합 방법: 전체노래 방법으로 노래를 부르되, 어려운 부분은 따로 떼어서 들려주고 따라 부르도록 하는 방법

3) 악기 연주하기

유아들은 태어나면서부터 음악적 관심을 가지고 태어나기 때문에 다양한 음색을 가진 악기를 탐색해 볼 수 있는 기회가 많이 제공되어야 한다. 소리 나는 모든 것은 유아에게 악기가 된다. 유아들은 아직 소근육이 제대로 발달되지 않았기 때문에 피아노, 바이올린, 플루트 등과 같이 다루기 힘든 악기보다 간단한 멜로디 악기나 리듬악기를 가지고 소리변별과 탐색활동 중심으로 이루어지는 것이 바람직하며 형식적인 리듬합주도 피해야 한다. 즉 악기 연주하기 활동은 유아가 다루기 쉽고 재미있는 악기를 경험하도록 하고 다양한 악기의 경험을 통해 유아들의 연주방법에 대한 감각을 키워주는 것이 바람직하다.

악기 연주하기 활동을 위해 유아교육현장에서는 교실에 음악활동을 위한 놀이영역을 마련하고 유아들이 악기를 자유롭게 탐색해보도록 하거나 생활용품이나 재활용품으로 직접 악기를 만들어 연주하거나 간단한 멜로디 악기나 리듬악기로 연주를 할 수 있도록 하고 있다. 따라서 유아교육기관에서는 유아를 위한 풍부한 음악적 환경을 마련하고 음악영역에서 다양한 악기를 다루어 볼 수 있도록 해야 한다. 또한 교사가 악기에 대한 지식이 풍부하면 음악활동 시 좀 더 전문적인 접근이 가능하고(김혜경, 2019), 다른 영역의 활동과 통합적 접근이 용이하므로 교사가 피아노, 장구, 우쿨렐레 등 유아교육현장에서 많이 활용되는 악기를 다룰 수 있으면 음악활동 시 다양한 음악활동을 시도해 볼 수 있다.

악기 연주하기 지도 시 교사의 구체적인 지도지침은 다음과 같다(이춘자, 조인경, 2013).

- 악기를 미리 음률영역에 제시하여 충분한 탐색이 이루어지도록 한다. 악기 연주하기 활동에 사용할 악기들은 유아들에게 친숙하고 많이 연주해 본 악기가 좋기 때문에 미리 제시하여 모든 유아들이 경험할 수 있게 한다.
- 활동에 사용할 악기를 나눠주기 전에 약속을 정한다. 악기를 받게 되면 유아들이 소리를 내면서 소란스러워지기 때문에 나눠주기 전 소란스러워지지 않도록 약속

을 정하고 나누어 주도록 한다.

• 악기 연주를 하기 전에 리듬에 익숙하도록 손뼉치기, 발구르기, 무릎치기 등 신체를 이용한 리듬치기를 먼저 한다.

• 악기 연주를 위한 그림악보를 만들어 그림악보를 보면서 연주를 한다.

4) 동작으로 표현하기

유아를 위한 동작활동은 획일적인 율동이나 교사를 따라하는 동작이 아니라 자신의 신체를 탐색하고 조절하고 자유롭게 표현하는 창의적인 활동으로 신체를 이용한 신나는 놀이이다. 유아들은 이러한 신체놀이를 통해 자신의 신체를 인식하고 조절하는 능력을 기르며 자아를 발견하고 자신감도 획득하게 된다.

동작으로 표현하기는 기본동작과 음악에 반응하는 동작활동으로 구분되며, 기본동작은 신체의 기능적 움직임을 강조하는 것으로 이동 동작, 비이동 동작, 조작적 동작으로 나눌 수 있다. 표현적 움직임이 강조되는 음악에 반응하는 동작은 교사가 보여주는 동작을 따라 움직이거나 지시대로 움직이기, 노랫말에 따라 움직이는 구조적 동작활동, 음악이나 노랫말에 내포된 제한적 지시에 따라 창의적으로 움직이는 비구조적 동작활동, 음악에 대한 느낌이나 생각을 자신이 이해하고 해석한 대로 표현하는 창의적 동작활동으로 나눌 수 있다(심성경 외, 2019). 기본적인 운동능력의 발달과 더불어 신체를 탐색하는 탐색적인 동작 경험이 충분히 이루어지면 유아들은 창의적인 신체표현이 가능해지므로, 동작으로 표현하기 활동에는 기본동작이 포함되며, 이러한 기본동작은 음악에 반응해서 움직이는 활동에 포함하여 지도하는 것이 바람직하다.

동작으로 표현하기 활동은 노랫말에 맞추어 신체표현하기, 음악적 요소와 관련된 신체표현하기, 주변의 사물 또는 사건 등의 그 어떤 것이 되어보는 모방적 동작 표현하기, 모방적 동작에 자신의 생각과 느낌을 추가하여 창의적으로 표현하기 등이 있다.

5) 통합적으로 표현하기

유아를 위한 음악교육은 생활경험으로 접근되고, 발달영역뿐 아니라 음악내용 간, 예술영역 간, 여러 교과영역 간의 통합을 통해 다양하고 흥미로운 방법의 음악놀이중심으로 경험될 때 가장 효과적이다. 음악놀이를 통한 통합적 경험은 유아에게 넓고 다양한 음악적 능력, 음을 창조적으로 표현하는 능력 그리고 음에 대한 민감성을 길러준다(전인옥, 이숙희, 2007). 음악극은 다양한 극적 경험, 음악적 경험, 신체표현의 경험뿐만 아니라 창의적이고 정서적인 경험을 줄 수 있는 통합적인 교육활동으로(Miller, 1984), 이야기, 음악, 노래, 동작의 요소들이 결합되어 있는 통합적인 교육활동이다(Leland & Horste, 1994).

통합적 음악활동 지도 시 교사의 구체적인 지도지침은 다음과 같다(김연주, 양연숙, 김현지, 2014; 송주승, 김민은, 2013).

- 교사는 노래 부르기, 악기 탐색 및 연주하기, 신체표현하기, 음악 감상하기, 언어표현 등 다양한 활동을 통해 영유아의 음악표현 능력을 증진시켜야 한다.

- 교사는 영유아에게 노래동화를 들려주어 노래 부르기 활동에 즐거움을 더하고 노래동화의 내용을 이야기 나누기와 이야기 꾸미기 활동을 통해 영유아의 언어표현 능력을 증진시키도록 한다.
- 통합활동 중 하나인 음악극을 지도할 때는 가능한 많은 유아들이 역할을 맡아 참여할 수 있도록 하고 가능한 한 유아의 의견을 존중하고 수용하여 활동에 대한 흥미를 높여주고 자긍심을 길러주도록 한다.

4 유아음악교육의 지도 실제

1) 자유놀이에서의 유아음악교육

활동명	생일축하해요	놀이 주제	가을이 되었어요
활동 유형	자유놀이(바깥놀이 - 노래 부르기/악기 다루기)	대상 연령	5세
활동 목표	• 생일의 의미를 알고 생일축하 노래 부르기에 즐겁게 참여한다. • 자연물로 만든 악기로 연주할 수 있다.		
교육과정 관련 요소	• 예술경험 : 아름다움 찾아보기 - 노래를 즐겨 부른다. • 예술경험 : 창의적으로 표현하기 - 신체, 사물, 악기로 간단한 소리와 리듬을 만들어 본다.		
활동 자료	자연물로 만든 음식, 자연물 악기		
활동 방법	〈놀이 상황〉 바깥놀이 시간에 흙으로 음식을 만들며 놀이를 하던 중 유아가 흙으로 케이크를 만들었다고 자랑하였다. 자연스럽게 유아들의 관심과 흥미가 생일축하로 이어지며 놀이가 시작되었다. 유아가 생일을 맞은 친구의 생일축하 음식을 만들어주자는 의견이 제안되었고 유아들이 놀이에 동의하면서 자연물로 생일잔치 상차리기라는 놀이 목표를 정하고 놀이가 시작되었다. 이러한 놀이과정에 대한 유아들의 상호작용에 대해 관찰하며 놀이를 확장해 나가는 유아의 모습을 기록하였다. **놀이 1일: 생일잔치 상차리기를 해요.** ① 흙으로 케이크를 만들어 자랑하자 생일에 유아들의 관심과 흥미를 가진다. 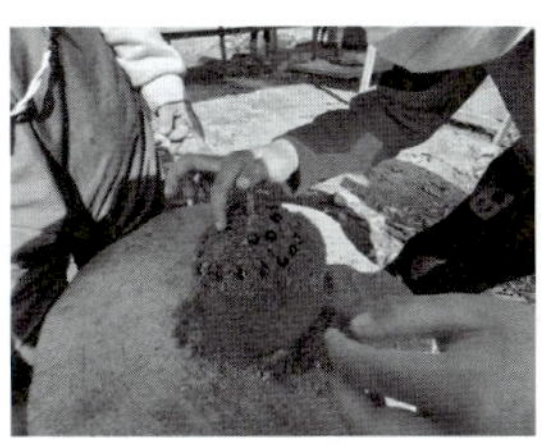  예진: 다겸아, 이것 좀 봐. 미숫가루 같지? 다겸: 응, 나는 흙떡이야. 지은: 나는 블루베리 케이크야. 내일 내 생일이거든. 예진: 선생님, 내일 지은이 생일이래요. 우리가 지은이 생일축하 해줄래요. 교사: 좋은 생각이구나. 어떻게 생일축하 해주면 좋을까?		

활동 방법	예진이의 제안으로 유아들의 생일 음식 만들기가 시작되었고 유아들은 각자 자연물로 음식을 만들기 시작했다. 예진: 나는 유채꽃을 따서 맛있는 화전을 만들 거야. 다겸: 나는 지은이가 좋아하는 거 만들 거야. 지은아, 뭐 먹고 싶어. 지은: 음… 수지: 나도 도와줄래. 지은아, 케이크 같이 만들자. ② 생일잔치 상차리기를 위해 유아들은 자연물을 이용하여 다양한 음식을 만든 후 상차리기를 한다.  교사: (만들어진 음식을 가리키며) 예진아, 다 만든 음식은 여기에 놓아두세요. 다겸: 선생님, 저는 쿠키를 만들었어요. 지은: 케이크도 여기에 둘게요. 예진: 얘들아, 모여라. 지은이 생일축하 할 거야. 유아들이 만든 자연물 음식으로 생일잔치상이 멋지게 차려지자 유아들이 하나둘씩 모여들기 시작했다. ③ 교사는 생일상 주변으로 유아들을 자리를 정해 앉도록 한다.  교사: 지은이가 내일 생일이라 친구들이 자연물로 멋진 생일음식을 만들었어요. 다함께 생일축하 할까요? 모두: 네, 생일축하 노래 불러요. 교사: 우리 다함께 생일축하 노래 불러주며 지은이 생일 축하해 줍시다. 모두: (노래를 부른다) 생일 축하합니다.

흙으로 케이크를 만들면서 시작된 흙 놀이가 전환되어 다양한 자연물로 음식을 만드는 생일잔치 상차리기 놀이로 확장되었고 자연스럽게 노래 부르기의 음악활동으로 이어졌다.

④ 유아가 나무막대로 바닥을 치며 리듬에 맞춰 노래 부르기를 즐기는 모습을 보고 교사가 노래 말고 생일축하를 해줄 수 있는 다른 방법을 제안한다.
교사: 노래 선물 말고 우리가 해줄 수 있는 다른 선물은 뭐가 있을까?
동윤: 춤 선물을 해주고 싶어요.
교사: 소리를 낼 수 있는 자연물을 하나씩 찾아보자.

교사의 제안에 유아들은 소리 나는 물건을 각자 찾아서 모인다.
냄비, 나무막대, 돌멩이, 플라스틱 통 등 소리 나는 다양한 물건을 가지고 악기놀이를 한다.

활동 방법

동윤: (막대기를 두드리며) 우와! 선생님 보세요. 소리가 아주 커요.
지은: (막대기로 플라스틱 통을 두드리며) 북소리 같아요.
다겸: (돌멩이를 두드리며) 내 소리 들어봐. 예쁜 소리가 들려.
교사: 악기 연주하며 생일축하 노래를 불러볼까?

유아들 신나게 자연물 악기를 두드리며 생일축하 노래 부르기를 하였다.
자연물로 생일잔치 음식을 만들기 놀이가 전환되어 생일축하 노래 부르기와 자연물 악기 연주하기로 놀이가 확장되면서 다양한 음악활동을 즐기게 되었다.

놀이 2일: 자연물 악기로 연주해요.

① 자연물 악기를 이용하여 소리탐색놀이를 한다.

어제 생일축하놀이를 하며 즐긴 자연물 악기 연주하기에 대한 관심과 흥미가 자연스럽게 자연의 소리 탐색활동으로 놀이가 확장되었다. 유아들은 소리 나는 다른 자연물들을 찾아 소리를 들으며 소리의 차이를 비교하기도 하고 리듬놀이를 제안하기도 하며 소리탐색하기를 즐긴다.

<table>
<tr><td>활동
방법</td><td>지은: (소리를 비교하며) 내 소리가 더 크지? 이 소리 들어봐.
예진: (소리를 작게 하고 리듬을 치며) 시끄러워. 나처럼 해봐.
동윤: (자연물 악기소리에 맞춰 춤을 춘다.) 따라해 봐.
지은, 예진: (낄낄대고 웃으며 악기를 두드린다.) 동윤아, 우리가 연주해줄게.

② 소리탐색놀이가 리듬치기놀이로 변형된다.

지은: 아니, 그렇게 말고.
지은이의 지시에 따라 동윤이는 리듬에 맞춰 움직이는 놀이를 한다.</td></tr>
<tr><td>놀이 경험
이해</td><td>〈유아의 놀이 경험〉
진흙놀이로 음식을 만들며 놀이하다 우연히 지은이가 케이크를 만들면서 지은이의 생일축하를 위한 음식 상차리가 시작되었다. 유아들은 지은이의 생일축하를 위해 나뭇가지, 나뭇잎, 솔방울 등 다양한 자연물로 상을 차리고 다함께 모여 지은이를 위해 생일축하 노래를 불러 주었다. 생일축하 노래 부르기가 자연물 악기로 연주하기로 전환되면서 유아들은 자연물이 내는 소리에 관심을 가지기 시작하였다. 다음날 자연 소리 탐색활동에 대한 유아들의 관심이 지속되면서 유아들의 놀이는 리듬놀이로 진행되었다.

〈교사의 놀이 이해〉
유아의 일상생활의 경험을 놀이로 연결하고 유아들의 놀이 관찰을 통해 나타난 유아의 행동이 다시 놀이로 연결되도록 도움을 주었다. 유아의 우연한 행동이 자연물 소리 탐색하는 소리 듣기 활동이 되고 자연물 악기 연주하기 활동이 되면서 유아들은 일상생활 속에서 자연스럽게 음악을 경험할 수 있다는 것을 알 수 있었다.</td></tr>
<tr><td>교사
지원의
특징</td><td>유아의 자연스러운 행동을 자연물 악기를 가지고 연주하는 음악놀이로 안내하고 유아들의 놀이에 대한 관심이 지속될 수 있도록 지원하였다.</td></tr>
</table>

2) 집단활동에서의 유아음악교육

활동명	낙엽이 춤을 춰요	놀이 주제	가을이 되었어요
활동 유형	음악(동작으로 표현하기)	대상 연령	5세
활동 목표	• 음악을 듣고 노랫말에 따라 동작으로 표현할 수 있다.		
교육과정 관련 요소	• 예술경험 : 아름다움 찾아보기 - 예술적 요소에 관심을 갖고 찾아본다. • 예술경험 : 창의적으로 표현하기 - 신체, 사물, 악기로 간단한 소리와 리듬을 만들어 본다.		
활동 자료 놀이 1일	동화 '페르디의 가을나무', 낙엽, 음악, 파라슈트		
활동 자료 놀이 2일	낙엽, 비닐봉지		

활동 방법

〈교사의 놀이 의미 읽기〉

바깥놀이 시간에 나뭇잎에 대한 동화를 들려주며 낙엽에 대해 이야기를 나누고 낙엽을 이용한 놀이에 대한 관심을 이끌어 냈다. 파라슈트 위에 낙엽을 올려놓고 음악을 듣고 동작으로 표현하고 낙엽으로 소리탐색도 하고 바람을 직접 느껴보기도 했다.

놀이 1일 : "나뭇잎이 떨어져요. - 동작으로 표현하기

① 나뭇잎에 대한 동화 '페르디의 가을나무' 동화를 들려준다.

동화를 들은 후 겨울이 되면 나뭇잎이 왜 떨어지는지에 대해 이야기 나눈다.

교사: 겨울이 되면 나뭇잎이 왜 떨어질까?
동윤: 바람이 불어서 떨어져요.
준우: 나뭇잎이 스스로 떨어질 때가 되어서요.
예린: 낙엽이니까 떨어져요.

활동 방법

② 떨어진 나뭇잎을 '낙엽'이라고 하며, 낙엽의 쓰임새에 대해 이야기를 나눈다.

승호: 나뭇잎 파티 할 때 써요.
동윤: 나뭇잎 뿌리기 할 때도 필요해요.
준우: 푹신하게 할 때도요.
서연: 동물들한테도 푹신한 이불이 되어줘요.
예린: 애벌레 먹이가 되기도 해요.
서연: 낙엽으로 음식 만들기도 할 수 있어요.
준우: 낙엽 위에서 점프하기도 해요.

③ 파라슈트에 낙엽을 올리고 음악에 맞추어 파라슈트를 움직여 본다.

'낙엽이 둥실둥실~' 노랫말이 들릴 때에는 파라슈트를 조심조심 흔들어보고 '날아요'라는 노랫말이 들릴 때에는 파라슈트 위에 있는 낙엽을 위로 멀리 날려본다.

준우: 얘들아, 조심해.
서연: 낙엽이 떨어지는 것 같아요.
예린: 와! 낙엽 비다.

놀이 2일: "낙엽으로 악기 연주해요" - 소리듣기, 악기 연주하기

① 낙엽소리 탐색하기를 한다.

아이들은 낙엽을 밟으며 다양한 소리 탐색을 하며 낙엽에 대한 흥미를 보였다.

예린: 선생님, 낙엽을 밟으니 '바스락바스락' 해요.
연서: 손으로 비벼도 소리가 나요.
교사: 어떤 소리가 나니?
연서: '스윽스윽' 하는 것 같아요.

<table>
<tr><td>활동
방법</td><td>교사: 낙엽으로 어떻게 악기 연주를 할 수 있을까?
서연: 손으로 치면서 소리를 낼 수 있어요. 이렇게요.
예린: 밟아서 소리를 낼 수 있어요.
서연: 낙엽을 찢어도 돼요.
연서: 비닐봉지에 바람이랑 낙엽을 같이 넣었더니, 바람소리도 나는 것 같아요.
지훈: 낙엽을 봉지에 넣어서 흔들어도 소리가 나요.
교사: 그럼, 우리 다같이 노래에 맞춰 낙엽악기로 연주해 볼까?

아이들은 낙엽으로 다양한 소리를 내며 신나게 노래를 부른다.

② 낙엽을 이용하여 다양한 놀이를 한다.

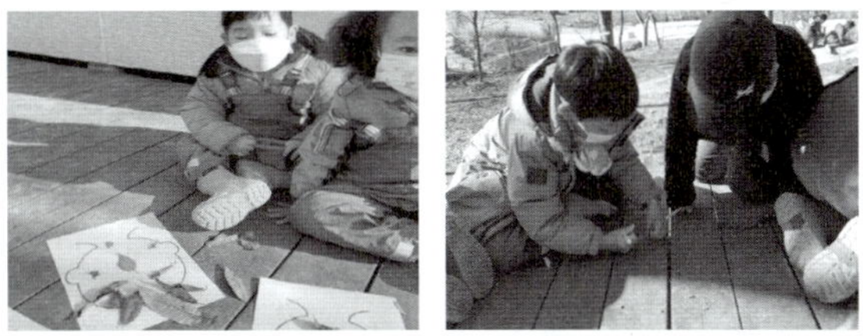

낙엽을 이용하여 아이들의 놀이는 낙엽으로 얼굴꾸미기, 낙엽으로 편지쓰기 등
다양한 놀이로 전환되었다.</td></tr>
<tr><td>놀이 경험
이해</td><td>〈유아의 놀이 경험〉
교사가 들려준 나뭇잎에 대한 동화를 듣고 낙엽에 관심을 가지게 되면서 파라슈트와 낙엽을 이용한 놀이가 시작되었다. 파라슈트 위에 낙엽을 올려놓고 음악을 들으며 낙엽의 모습을 다양한 동작으로 표현해 보았다.
다음 날, 유아들의 놀이는 바깥 놀이터에 있는 낙엽으로 ‘소리 탐색하기’, ‘악기 연주하기’로 이어졌고 유아들의 놀이는 ‘낙엽으로 얼굴꾸미기’, ‘낙엽으로 편지쓰기’ 등 다양한 놀이로 전환되었다.
〈교사의 놀이 이해〉
낙엽에 대한 관심과 흥미를 끌기 위해 동화 들려주기, 신체 놀이 등을 제안하여 시작된 놀이가 유아들의 자발적인 놀이로 전환되었고 낙엽 소리 탐색과 악기 연주하기 등의 음악 활동이 낙엽으로 얼굴 꾸미기와 편지쓰기 등 언어놀이, 미술놀이 등 다양한 놀이로 확장되어 나가는 것을 알 수 있었다.</td></tr>
<tr><td>교사
지원의
특징</td><td>동화 들려주기로 낙엽에 관심과 흥미를 유발하고 낙엽을 이용한 신체놀이를 제안하는 안내자 역할을 하였으며 낙엽을 이용한 소리 탐색하기, 악기 연주하기, 얼굴 꾸미기, 편지쓰기 등 유아의 놀이를 관찰하였다.</td></tr>
</table>

Chapter 8

유아동작교육

1. 유아동작교육의 이해
2. 유아동작교육의 내용
3. 유아동작교육의 교수 · 학습방법
4. 유아동작교육의 지도 실제

1 …… 유아동작교육의 이해

유아들에게 동작은 자신의 느낌이나 생각을 몸으로 표현하는 수단이며 특히 언어발달이 미숙한 유아시기에 동작은 효과적인 표현수단이 된다. 유아기에 신체탐색과 기본동작 기술의 훈련이 이루어져야 이후 아동기에 보다 복잡한 운동기술의 학습이 용이하게 된다(심성경 외, 2017). 또한 신체의 움직임을 통해 유아들은 건강한 신체를 갖는 동시에 자신의 신체를 사용하는 창의적 움직임을 통해 사고하고 표현하며 심미적 태도를 기른다. 이에 본 장에서는 유아동작교육에 대한 올바른 이해를 돕고자 한다.

1) 유아동작교육의 개념

태어날 때부터 끊임없는 영유아 신체 움직임은 신체 운동 발달뿐만 아니라 그들의 삶 자체이며 그들의 전인적 발달을 이끄는 매우 중요한 수단이라고 할 수 있다. 일반적으로 동작교육은 율동, 무용, 신체표현 활동, 움직임 교육, 창의적 표현활동 등의 다양한 명칭으로 불리어져 왔으며, 동작교육의 개념은 1968년 미국교육학회(AAHPER)의 체육분과 위원회에서 동작교육 용어 정의에 대한 논의와 연구가 있었으나 명확한 결론을 내리지 못하였다(정상수, 2008).

동작교육에 대한 개념은 학자들에 따라 다양하게 제시되고 있다. 벤틀리(Bentley, 1970)는 동작교육을 영유아가 자신의 신체를 어떻게, 어디로 움직일 수 있는가 하는 기본 움직임과 자신의 신체능력이 어느 정도인가를 탐색하도록 하는 것이라 정의하였고, 다우어(Dauer, 1972)는 영유아가 움직일 때 얻는 모든 경험의 합이며 이것을 배우기 위해 움직이는 것과 동시에 움직이는 방법을 배우는 것이 동작교육의 정의라고 하였다.

게하르트(Gerhardt, 1973)는 동작교육을 신체의 움직임을 통해 자아개념을 발달시키고 협동심을 기르며 보다 복합적인 방법으로 자신의 신체를 사용하는 창의적 사고와 상징적인 표현능력, 심미적인 감각을 기르게 하는 것이라 정의하였고, 호프먼 등(Hoffman, Young, & Klesius, 1981)은 동작교육은 신체의 동작에 대한 기본원리를 이해하며, 운동발달을 능동적으로 개발함과 동시에 문제해결을 위한 한 접근이라고 정의하였다.

갈라휴(Gallahue, 1996)는 '동작을 위한 교육'과 '동작을 통한 교육'으로 나누어 동작교육을 정의하였다. 동작을 위한 교육은 동작을 가르치는 교육으로서 자신의 신체 움직임에 대한 발견을 강조하는 체육교육의 일부이고, 동작을 통한 교육은 신체를 움직임으로써 인간의 전반적인 발달을 추구하고자 하는 목적을 가지고 여러 가지 다양한 동작을 시도하고 경험하게 하는 교육을 말한다. 영유아를 위한 동작교육은 동작을 위한 교육과 동작을 통한 교육을 모두 포함하는 교육으로서 동작의 기본원리와 요소를 배우도록 하는 기본 동작교육과 동작을 통하여 경험의 폭을 넓히며 학습을 위해 몸을 움직일 수 있는 방법을 알게 하는 것이라고 정의하였다(송화진, 2010 재인용).

이를 종합해보면, 유아동작교육은 크게 두 가지 방향으로 정의할 수 있다(이정애, 2016). 첫 번째는 동작교육을 '기능적 동작'에 중점을 둔 것으로, 다양한 운동기술을 터득하는 동시에 신체를 보다 효율적으로 사용하는 가운데 자신의 잠재된 운동능력과 가능성을 발견하는 것이다. 두 번째는 동작교육을 '표현적 동작'에 중점을 둔 것으로, 신체를 통하여 자신의 감정을 표현하고 전달하는 동시에 창의적인 사고와 상징적 표현능력을 발달시키는 것이다.

따라서 유아동작교육은 이런 인간의 움직임에 수반되는 기본요소에 대한 인식과 기본운동 기술을 배우도록 하고, 이를 토대로 유아의 느낌이나 생각을 자연스럽게 표현하도록 하는 것이다(이영, 1995). 이를 통해 유아의 심동적 발달뿐만 아니라 인지적 · 정의적 · 창의적 발달 등에 영향을 주어 전인 발달을 이끈다(김은심, 1995; 전인옥, 이영, 2008; Gallauhue, 1996; Schirrmacher, 1998).

2) 유아동작교육의 목적 및 목표

유아동작교육은 단순히 몸을 움직이거나 운동기술을 숙달시키는 것이 아니라 움직임에 대한 유아의 욕구를 최대한 존중하여 움직이는 과정에서 생각하고 느끼며 다양한 동작을 탐색하도록 하는 기회를 의도적으로 제공하는 것이다(백성희, 이혜은, 2006). 피카(Pica, 1997)는 동작교육이 기본운동기술과 신체인식 및 공간인식과 같은 개념을 강조하는 기초적인 체육교육의 일종이며, 신체적으로 교육된 인간을 만들기 위해 동작교육이 가치가 있다고 주장하였다. 또한 발달에 적합한 동작교육은 신체발달, 사회정서 발달, 인지발달, 창의성 발달을 도울 수 있다고 주장하였다.

로크와 래섬(Locke & Latham, 1985)은 발달적 게임과 교육 체조를 통합한 유아동작교육을 구성함에 있어 구체적인 목적과 목표를 설정하는 것은 운동 수행 능력을 향상시킬 뿐만 아니라 무엇을 달성할 것인지에 대한 명확성을 제시하며 목표에 도달하려는 신념과 수행을 통한 자신감 및 만족감을 경험하게 할 뿐만 아니라, 동작교육의 구체적인 내용과 방법, 평가 등의 구성 및 되돌아볼 수 있게 하는 기준이 되기에 매우 중요하다고 하였다.

갈라휴와 도널리(Gallahue & Donnelly, 2003)는 동작활동의 목적을 움직임 자체가 곧 목적인 움직임을 위한 학습과 움직임을 수단으로 또 다른 목적을 설정하고 있는 움직임을 통한 학습으로 구분하여 설명하였다. 전자는 첫째, 이동운동, 안정운동, 조작운동 등 기본운동과 움직임의 기술과 관련한 운동 측면의 발달과 건강 관련 체력 및 수행 관련 체력 등 기초체력의 향상이 있다. 후자는 지각운동학습과 관련한 인지적 측면의 발달과 자아개념과 긍정적인 사회화와 관련된 정의적 측면의 발달을 이룬다.

황순각(2003)은 동작활동이 영유아기 신체발달, 사회성발달, 인지발달, 정서발달에 기여하며, 신경계의 급격한 발달이 이루어지는 영유아기에 다양한 운동경험을 통하여 스스로 자신의 몸을 다양하게 움직여보면서 안전에 대처하는 능력을 향상시킨다고 하였으며, 심성경 등(2015)은 첫째, 신체적 성장을 촉진하고 체력을 증진시키는 등 신체적 발달을 돕는다, 둘째, 협동심과 공동체 의식을 기르며, 다양한 감정의 표현을 통해 사회적 · 정서적 발달을 돕는다, 셋째, 다양한 언어적 상호작용을 경험하고, 다양한 개념의 습득 및 이해를 증진시켜 언어 · 인지발달을 돕는다, 넷째, 경험과 느낌, 상상한 바를 창의적으로 표현하고 다양한 동작표현을 감상함으로써 창의성, 심미감, 감상능력의 발달을 돕는다라고 동작교육 목표를 정리하였다.

제4차 표준보육과정과 2019 개정 누리과정에 나타난 동작교육에 관련된 신체운동 · 건강영역 목표는 다음과 같다(교육부, 보건복지부, 2019, 보건복지부; 2020).

〈표 8-1〉 국가수준 교육과정에서의 유아동작교육(신체운동영역/신체운동 · 건강영역)의 목적 및 목표

구분	표준보육과정		누리과정
	0-1세	2세	3-5세
목적	• 감각으로 탐색하고 신체활동을 즐긴다.	• 감각을 활용하고 신체활동을 즐긴다.	• 실내외에서 신체활동을 즐기고, 건강하고 안전한 생활을 한다.
목표	• 감각탐색을 즐긴다. • 신체활동을 즐겁게 경험한다.	• 감각을 활용하고, 신체를 인식한다. • 신체활동을 즐긴다.	• 신체활동에 즐겁게 참여한다. • 건강한 생활습관을 기른다. • 안전한 생활습관을 기른다.

제4차 표준보육과정과 2019 개정 누리과정에 나타난 동작교육에 관련된 예술경험영역 목표는 다음과 같다(교육부, 보건복지부, 2019; 보건복지부, 2020).

〈표 8-2〉 국가수준 교육과정에서의 유아동작교육(예술경험영역)의 목적 및 목표

구분	표준보육과정		누리과정
	0-1세	2세	3-5세
목적	• 아름다움을 느끼고 경험한다.	• 아름다움을 느끼고 즐긴다.	• 아름다움과 예술에 관심을 가지고 창의적 표현을 즐긴다.
목표	• 자연과 생활에서 아름다움에 관심을 가진다. • 예술적 경험을 표현한다.	• 자연과 생활에서 아름다움을 느끼고 관심을 가진다. • 예술을 통해 자유롭게 표현한다.	• 자연과 생활 및 예술에서 아름다움을 느낀다. • 예술을 통해 창의적으로 표현하는 과정을 즐긴다. • 다양한 예술 표현을 존중한다.

이상에서 여러 학자들이 주장한 내용을 바탕으로 영유아 동작교육의 목적을 정리해 보면, 유아동작교육을 통해 영유아의 인지발달, 사회·정서발달, 언어발달, 창의성 발달과 아울러 영유아의 신체발달 및 운동능력을 신장시키고, 움직임을 통한 예술교육의 효과를 지향하면서 전인발달을 도모하는 것이다.

2) 유아동작교육의 내용

동작교육의 내용에 대한 관점은 학자나 교육과정에 따라 약간씩 다르게 제시되어 왔다. 가바드(Gabbard, 1988)는 동작교육의 내용을 기초영역(기본동작, 동작의 기본요소 인식)과 응용영역(창의적 동작, 표현, 게임, 체조)으로 나누었고, 퍼셀(Purcell, 1994)은 동작의 기본요소, 창의적인 춤(비구조적인 동작), 다른 사람에 의해 고안된 춤(구조적 동작)으로 구분하였다. 배인자와 한규령(2000)은 동작교육의 내용을 좀 더 세분화하여 신체탐색, 기초적 동작, 리듬동작(율동), 창의적 동작으로 제시하였으며, 홍용희 등(2007)은 기본동작, 동작의 구성

요소 탐색, 창의적 동작, 다른 사람에 의해 만들어진 동작으로 제시하였다. 피카(Pica, 2004)는 동작의 요소(공간, 모양, 시간, 힘, 흐름, 리듬)에 대한 인식 활동, 이동 기술 활동, 비이동 기술 활동, 조작적 기술 활동을 동작교육의 내용으로 강조하였고, 심성경 등(2007)은 음악교육의 부분적 내용으로 동작으로 표현하기를 포함시키고 그 내용을 기본동작(이동동작, 비이동 동작), 음악에 반응해서 움직이기(구조적 음률활동, 비구조적 음률활동, 창의적 음률활동)로 구분하여 제시하였다.

심성경(2007)은 월과 머레이(Wall & Murray, 1994)를 근거로 동작의 의도에 따라 유아동작교육의 내용을 크게 기본운동 동작하기와 표현 동작하기로 구분하였다. 또한 동작교육의 내용을 실제 현장에서의 교육활동으로 인식하는 입장에서 감상하기를 교육내용에 포함시켜 기본운동 동작하기와 동작 감상하기, 표현 동작하기의 세 가지로 구분하였다. 이를 정리하면 [그림 8-1]과 같다.

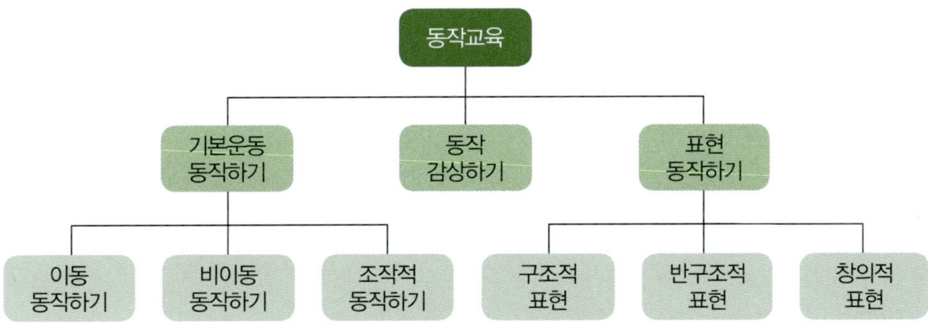

[그림 8-1] 유아동작교육의 내용 구성

1) 표준보육과정에 나타난 동작교육의 내용

(1) 신체운동영역

우리나라 영아동작교육 내용은 4차 표준보육과정 신체운동영역에 제시되어 있으며, 신체운동영역은 '감각과 신체 인식하기', '신체활동 즐기기'로 두 가지 내용 범주로 구성하였다.

'감각과 신체 인식하기'와 '신체활동 즐기기'에서 동작교육과 관련된 내용을 연령별로 살펴보면 다음과 같다(보건복지부, 2020).

〈표 8-3〉 국가수준 교육과정에서의 유아동작교육(신체운동영역)의 내용

내용 범주	내용	
	0-1세	2세
감각과 신체 인식하기	• 감각적 자극에 반응한다. • 감각으로 주변을 탐색한다. • 신체를 탐색한다.	• 감각 능력을 활용한다. • 신체를 인식한 움직인다.
신체활동 즐기기	• 대소근육을 조절한다. • 기본 운동을 시도한다. • 실내외 신체활동을 즐긴다.	• 대소근육을 조절한다. • 기본 운동을 즐긴다. • 실내외 신체활동을 즐긴다.

① 감각과 신체 인식하기

0–1세 영아가 여러 가지 다양한 감각적 자극에 오감각으로 반응하고 동시에 감각기관으로 주변을 탐색하며 이와 함께 자신의 신체를 즐겁게 탐색하면서 스스로 신체를 인식하게 하는 내용으로 구성할 수 있다.

2세 영아가 다양한 감각기관을 활용하여 주변의 사물과 환경을 탐색하면서 사물의 특성과 환경을 인식하는 경험을 하게 하는 내용, 자신의 신체를 탐색하면서 자신의 신체에 대해 인식하고 움직이는 경험하게 하는 내용으로 구성할 수 있다.

② 신체활동 즐기기

0–1세 영아가 목 가누기, 뒤집기, 앉기, 서기 등의 대근육 조절 능력을 발달시키는 것으로, 몸을 한 곳에서 다른 곳으로 이동하는 기기, 걷기 등의 이동 운동과 제자리에서 몸을 축으로 하여 원하는 방향이나 물체를 향해 움직여 보는 뻗기, 흔들기 등의 제자리 운동을 시도해보는 내용으로 구성할 수 있다. 또한 0–1세 영아가 몸을 움직이는 것에 활발히 참여하고 도구를 이용하여 다양하게 시도하며 실내뿐만 아니라 실외에서

도 신체활동을 하고 인근 놀이터나 공원, 지역사회 시설 등을 활용하여 신체활동을 즐기는 내용으로 구성할 수 있다.

2세 영아가 몸의 균형을 잡고 몸을 자유롭게 움직이면서 대소근육의 조절을 경험하게 하는 내용, 2세 영아가 신체의 위치를 바꾸면서 몸을 한 곳에서 다른 곳으로 옮기는 이동 운동이나 장소를 움직이지 않고 제자리에서 움직이는 비이동 운동을 경험하게 하는 내용, 2세 영아가 실내외 다양한 신체활동과 도구를 이용한 신체활동에 참여하면서 즐거움을 느끼는 경험을 하게 하는 내용으로 구성할 수 있다.

(2) 예술경험영역

우리나라 영아 동작교육 내용은 4차 표준보육과정 예술경험영역에 제시되어 있으며, 예술경험영역은 '아름다움 찾아보기', '창의적으로 표현하기' 두 가지 내용 범주로 구성하였다. '아름다움 찾아보기'와 '창의적으로 표현하기'의 동작교육과 관련된 내용을 연령별로 살펴보면 다음과 같다(보건복지부, 2020).

〈표 8-4〉 국가수준 교육과정에서의 유아동작교육(예술경험영역)의 내용

내용 범주	내용	
	0-1세	2세
아름다움 찾아보기	• 자연과 생활에서 아름다움을 느낀다. • 아름다움에 관심을 가진다.	• 자연과 생활에서 아름다움을 느끼고 즐긴다. • 아름다움에 관심을 갖고 찾아본다.
창의적으로 표현하기	• 모방 행동을 즐긴다.	• 움직임과 춤으로 자유롭게 표현한다. • 일상생활 경험을 상상놀이로 표현한다.

① 아름다움 찾아보기

0-1세 영아가 자신을 둘러싼 일상적인 환경에서 움직임, 모양 등에 호기심을 기울이며 미적이고 감성적인 경험을 통해 아름다움을 인식하는 과정으로 발전시켜 나가는 활동으로 구성할 수 있다.

2세 영아가 무심히 지나칠 수 있는 일상의 자연이나 생활 속 공간, 사물 등의 아름

다움에 주의를 기울여 아름다움을 풍부하게 느끼며, 자신의 또래와 다양한 예술적 표현을 감상하고 즐기는 내용으로, 즉 사람과 사물, 동식물의 움직임에서 아름다움을 발견하고 경험하는 내용으로 구성할 수 있다.

② 창의적으로 표현하기

0-1세 영아가 익숙하고 의미 있는 사람과 상호작용하며 타인의 표정이나 모습, 움직임을 모방하는 것에서부터 단순한 상징을 놀이로 즐기는 내용으로 영아는 모방 행동을 통해 새로운 행동을 만들어 내고, 상대의 모방을 유도하며, 영아가 이를 다시 모방하는 순환관계를 보여주는 내용으로 구성할 수 있다.

2세 영아가 운율 있는 소리나 노래 또는 보고 만지고 맛보는 등 감각적 경험에서 느낌을 움직임이나 춤으로 표현하는 내용과 일상생활에서 경험한 사건에 포함된 대상이나 상황을 상상놀이로 표현하며 즐기는 내용으로 구성할 수 있다.

2) 누리과정에 나타난 동작교육의 내용

(1) 신체운동 · 건강영역

우리나라 유아동작교육 내용은 2019 개정 누리과정에서 신체운동 · 건강영역에 제시되어 있으며, 신체운동 · 건강영역은 '신체활동 즐기기', '건강하기 생활하기'. '안전하게 생활하기'의 내용범주로 구성되어 있다. 동작교육과 관련된 내용범주는 '신체활동 즐기기'로 내용을 살펴보면 다음과 같다(교육부, 보건복지부, 2019).

〈표 8-5〉 국가수준 교육과정에서의 유아동작교육(신체운동 · 건강영역)의 내용

내용범주	내용
	3-5세
신체활동 즐기기	• 신체를 인식하고 움직인다. • 신체 움직임을 조절한다. • 기초적인 이동 운동, 제자리 운동, 도구를 이용한 운동을 한다. • 실내외 신체활동에 자발적으로 참여한다.

① 신체를 인식하고 움직인다.

유아가 자신의 신체에 관심을 가지며 신체 각 부분의 특성을 알고 다양하게 움직이는 내용으로 물놀이를 하기 전 교사와 유아들이 목을 오른쪽 왼쪽으로 번갈아 가며 돌리며, 어깨를 으쓱거리고, 허리에 손을 얹고 허리를 돌리고, 무릎을 구부렸다가 펴고, 손목과 발목을 돌리는 체조를 하는 활동으로 이루어질 수 있다.

② 신체 움직임을 조절한다.

유아가 몸을 움직이며 균형을 잡고, 몸이나 도구의 움직임을 다양하게 조절하는 내용과 눈과 손을 협응하며 소근육 움직임을 조절하는 내용으로 얼음땡 놀이를 하면서 천천히 걷고 빠르게 뛰면서 달아나기도 하고 술래에게 잡히지 않으려고 몸의 방향을 재빨리 바꿔 달아나기도 하고, "얼음" 하고 외치며 급히 멈추는 놀이로 이루어질 수 있다.

③ 기초적인 이동 운동, 제자리 운동, 도구를 이용한 운동을 한다.

유아가 한 곳에서 다른 곳으로 몸을 움직이는 걷기 · 달리기 · 뛰어넘기 등의 이동 운동, 구부리기 · 뻗기 · 돌기 등의 제자리 운동(비이동 운동), 공 · 줄 · 후프 등의 도구를 이용한 운동(조작적 운동)을 하는 내용으로 구성할 수 있다.

④ 실내외 신체활동에 자발적으로 참여한다.

유아가 하루 일과에서 실내외의 다양한 신체활동에 자발적으로 즐겁게 참여하는 내용으로 바깥 놀이터에서 달리기 시합, 잡기놀이, 무궁화 꽃이 피었습니다 등 다양한 놀이로 이루어질 수 있다.

(2) 예술경험영역

우리나라 유아동작교육 내용은 2019 개정 누리과정에서 예술경험영역에 제시되어 있으며, 예술경험영역은 '아름다움 찾아보기', '창의적으로 표현하기'. '예술 감상하기'로 구성되어 있다. 동작교육과 관련된 내용을 중심으로 살펴보면 다음과 같다(교육부, 보건복지부, 2019).

〈표 8-6〉 국가수준 교육과정에서의 유아동작교육(예술경험영역)의 내용

내용 범주	내용
	3-5세
아름다움 찾아보기	• 자연과 생활에서 아름다움을 느끼고 즐긴다. • 예술적 요소에 관심을 갖고 찾아본다.
창의적으로 표현하기	• 신체나 도구를 활용하여 움직임과 춤으로 자유롭게 표현한다.
예술 감상하기	• 다양한 예술을 감상하며 상상하기를 즐긴다. • 서로 다른 예술 표현을 존중한다. • 우리나라 전통 예술에 관심을 갖고 친숙해진다.

① 아름다움 찾아보기

유아가 자신의 주변에서 만나는 자연, 공간, 사물 등의 아름다움을 풍부하게 느끼며 즐기는 내용으로 예를 들어, 벚꽃이 바람을 타고 휘날리는 모습을 보고 느껴보거나 하늘을 향해 고개를 들고 두 팔을 벌리며 흩날리는 벚꽃잎을 맞기도 하고, 바람결에 날아가는 벚꽃을 쫓아다니기도 하는 놀이로 전개할 수 있다.

유아가 주변의 자연과 생활에서 사물이나 동식물의 움직임에서 아름다움을 경험하는 내용으로 유아가 표현하는 다양한 동작은 동작의 요소를 포함하고 있으므로 교사는 동작교육의 내용으로 동작의 기본요소를 탐색하는 내용을 포함시켜야 한다(심성경 외, 2007). 동작의 기본요소와 그에 따른 발문은 다음과 같다.

〈표 8-7〉 동작의 기본요소와 발문

동작의 기본요소	내용	동작 요소와 관련 발문
신체	• 신체 각 부분에 대한 모양과 명칭 • 신체의 각 부분으로 만들 수 있는 다양한 형태 • 신체의 여러 부분을 합하여 만들 수 있는 동작	• 손을 어깨에 올려보자. • 손을 엉덩이에 올려보자. • 나의 몸을 길쭉하게 만들어 보자.

동작의 기본요소	내용	동작 요소와 관련 발문
공간	• 개인공간: 개별 유아를 둘러싼 공간으로 유아의 신체와 아주 가까이 있는 공간 • 일반공간: 여럿이 함께 사용하는 공간이며 바닥, 벽, 천장에 의해서만 제한되는 넓은 공간	• 훌라후프 안에서 움직여 보자. • 선생님의 북소리에 맞춰 교실을 걸어보자.
노력	• 시간: 동작의 속도와 관련된 요소로 빠르고 느린 리듬의 차이 • 힘: 동작이 강하고 약한 정도 • 흐름: 움직임의 계속성으로 자유로운 흐름(free flow)과 제한된 흐름(bound flow)	• 빠른 속도의 자동차가 되어 달려보자. 멈추어 보자. • 신호가 들리면 강하고 힘차게 걸어가 보자. • 새가 되어 미끄러지듯이 날아보자(free flow). • 신나게 춤을 추다가 호루라기 소리를 듣고 멈춰 보자(bound flow).
관계	• 신체 부분 간의 관계 • 다른 사람이나 사물과의 관계	• 오른쪽 팔과 오른쪽 발을 같이 들어 보자. • 훌라후프를 발로 움직여 보자.

출처: 심성경 외(2017), p.61.

② 창의적으로 표현하기

유아가 자연과 생활에서 발견한 다양한 움직임을 자유롭게 표현하고 나아가 자신의 생각과 느낌을 자신의 신체나 다양한 도구를 활용하여 움직임과 춤으로 표현하는 내용으로 유아가 창문 밖으로 나뭇잎이 바람에 날리는 모습을 보며 교실에 있는 리본 막대를 들고 동그랗게 흔들면서 "나뭇잎이 둥글둥글 굴러가고 굴러가고"라고 흥얼거리며 놀이로 전개할 수 있다.

③ 예술 감상하기

유아가 자신과 또래의 작품이나 움직임, 춤 등 다양한 예술을 감상하고 자유롭게 상상하기를 즐기면서 서로 다른 다양한 표현을 존중하는 내용으로 구성할 수 있다. 또한 유아가 우리나라 고유의 전통 음악, 춤 등에 관심을 가지고 전통 예술을 감상하며 우리나라 문화에 친숙해지는 내용으로 구성할 수 있다.

3 …… 유아동작교육의 교수 · 학습방법

유아는 끊임없이 움직이고 동작표현을 하는 과정에서 여러 가지 동작기술을 탐색해 보고 발견하며 보다 정교하고 성숙된 동작을 익히게 된다. 유아가 자유롭게 몸을 움직이는 것만으로도 성숙된 동작의 발달이 이루어질 수 있으나 자신의 능력을 탐색할 수 있는 경험이 체계적으로 조직되어 제공된다면 보다 정교화된 동작의 발달을 가져올 수 있다(이정애, 2016). 특히 김은심(1995)은 교사가 선택하는 교수 · 학습방법에 따라 동작교육의 질이 결정된다고 보았다.

유아동작교육에 관한 교수방법에 대해 살펴보자면, 피카(Pica, 2004)는 동작교육의 교수방법을 지시적 교수방법과 비지시적 교수방법으로 나누어 제시하였고, 배인자, 한규령(2010)은 동작교육의 교수방법으로 지시적 전달학습, 유도-발견학습, 탐색학습을 제시하였다. 김은심(2007)은 직접적 교수방법과 간접적 교수방법으로 나누어 동작교육의 교수방법을 설명하였고, 이영심(2009)은 동작교육의 교수 · 학습 전략 모델을 교사중심의 직접적 교수방법과 유아중심의 간접적 교수방법, 교사와 유아 중심의 통합적 교수방법으로 나누어 제시하였다.

위 내용을 정리하여 유아동작교육의 교수방법을 정리하면 [그림 8-2]와 같다.

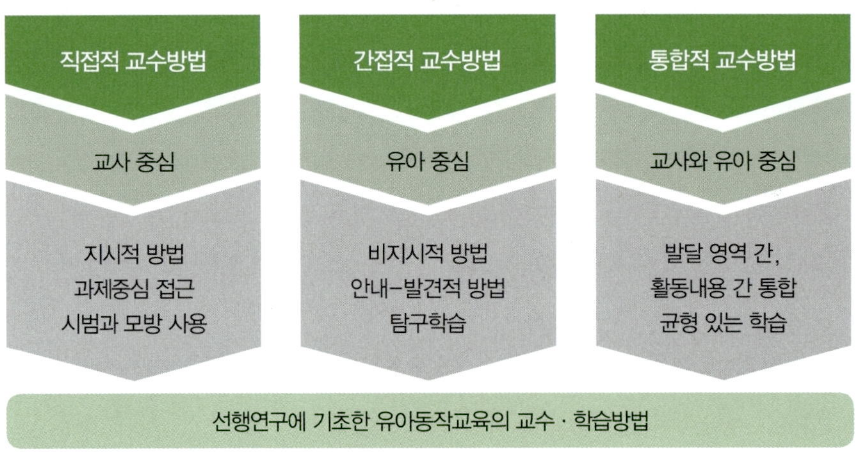

[그림 8-2] 유아동작교육의 교수방법

1) 직접적 교수방법

직접적 교수방법은 교사가 주도하여 활동을 진행하는 것으로 지시적 방법과 과제제시방법이 포함되며, 시범과 모방을 사용하여 지시하는 교수유형으로 과제중심적 접근이라고도 한다. 과정보다 기술을 익히는 결과에 초점을 두어 교사가 직접 지도하는 것으로 전통적 체육이나 게임, 발레, 체조 등에 적합하다.

직접적 교수방법의 장점은 기본동작을 효과적으로 지도할 수 있으며 유아 개인이나 대그룹활동에 쉽게 적용할 수 있으며, 통제가 용이하다는 점이다. 그러나 직접적 교수방법은 동작활동에 있어 다양하게 표현하는 자율성을 허용하지 않으며, 유아의 발달과 능력에 대한 개인차를 전혀 고려하지 않으며, 운동기술을 익히기 위해 반복과 연습을 요구한다는 단점이 있다(서현아 외, 2017).

2) 간접적 교수방법

간접적 교수방법은 유아가 주도하여 활동을 진행하는 것으로 안내-발견적 방법과 탐구적 방법이 포함되며, 학습자인 유아가 문제를 해결하는 것이다. 교사의 언어적 단서가 되는 질문이나 반응을 통해 유아가 스스로 동작들을 탐색하고 문제를 발견하며 나아가 스스로 문제를 해결하여 다양한 동작표현을 유도하는 비지시적인 교수방법이다.

안내-발견적 방법은 교사가 사전에 결정된 학습목표에 맞추어 적절한 질문을 던짐으로써 유아가 창의적으로 표현하고 실험할 수 있도록 기회를 주고 이를 통해 점점 사전에 결정된 학습목표에 접근하도록 하는 방법이다. 즉, 동작활동에 대한 교사가 계획된 구체적 과제를 가지고 진행하며 계획된 과제 관련 질문을 하여 유아가 동작을 표현하도록 허용하나 궁극적으로 정답에 초점이 모아지도록 한다(심성경 외, 2017). 여기서 주의점은 교사는 결코 해답을 주지 않아야 한다는 것이다. 계속적으로 구체적인 질문을 하여 유아로부터 원하는 반응이 나올 수 있도록 지도해야 하며, 부정확한 반응이라도 유아의 반응을 수용해 주는 것이 중요하다(서현아 외, 2017).

탐색적 접근법은 유아가 스스로 신체의 잠재력을 실험하면서 운동능력과 기술을 발달시키고 성취감을 느끼며 창의적으로 자신의 신체를 표현하게 하는 방법이다. 교사는 시연하거나 모방을 하도록 하지 않으며, 유아가 어떤 활동을 할 것인지 격려만 하고 유아가 자유롭게 선택하여 원하는 대로 표현하게 함으로써 유아가 스스로 과제에 대한 해결책을 탐색하게 한다. 이러한 교수방법은 창의적 동작활동 지도 시 유용하다.

3) 통합적 교수방법

교사와 유아 모두가 중심이 되어 발달영역 간, 활동 간의 내용을 통합을 통해 균형 있는 학습이 이루어지도록 하는 교수방법이다. 교사는 생활주제에 따라 기본 운동과 창의적 신체표현 활동을 계획하고 이러한 동작교육의 내용과 영역이 다양한 교과활동에서 유기적으로 통합될 수 있도록 운영하는 것을 의미한다.

4 유아동작교육의 지도 실제

1) 자유놀이에서의 유아동작교육

<table>
<tr><td>활동명</td><td>공놀이를 해요</td><td>놀이 주제</td><td>건강하게 놀아요</td></tr>
<tr><td>활동 유형</td><td>자유놀이(신체활동)</td><td>대상 연령</td><td>5세</td></tr>
<tr><td>활동 목표</td><td colspan="3">• 공을 탐색한다.
• 공을 다양한 방법으로 주고받는다.
• 친구와 서로 도우며 사이좋게 공놀이를 한다.</td></tr>
<tr><td>교육과정 관련 요소</td><td colspan="3">• 신체운동 · 건강 : 신체활동 즐기기 - 기초적인 이동운동, 제자리 운동, 도구를 이용한 운동을 한다.
• 사회관계 : 더불어 생활하기 - 친구와 서로 도우며 사이좋게 지낸다.</td></tr>
<tr><td>활동 자료</td><td colspan="3">공</td></tr>
<tr><td>활동 방법</td><td colspan="3">〈놀이 상황〉
아이들이 자유놀이에 준비된 다양한 공을 보고 많은 관심을 보였다. 공을 가지고 굴러보기도 하고 튕겨 보기도 하고 던져보기도 하면서 위험한 상황 등이 연출되어 공을 이용하여 놀이 시 약속을 정해보는 시간을 갖기도 하였다. 몇 명의 유아들이 공을 가지고 다양한 신체활동을 하고 싶다는 제안을 하였고, 놀이 확장을 위해 장소를 이동하였다.

놀이 1일: 공을 탐색해요!
① 다양한 공에 관심을 가진다.
지은: 다양한 공들이 있네.
지은이가 공을 발견하고 공을 관찰한다.
</td></tr>
</table>

활동 방법

지은: 자 굴러보자~~ 어디까지 가는 거야… 통통 잘도 튀네…
세진: 어~ 공이잖아! 나 축구공 좋아해. 목요일마다 축구를 하거든. 나랑 축구해볼래?
지은: 싫어. 축구공은 무서워. 다른 공으로 공놀이 하자.

② 공을 탐색한다.

세진: 좋아 우리 뭐할까?
지은: 서로 주고받기 놀이할까? 공을 굴러볼까?
세진: 좋아 해보자.
지은: 이번에는 누가 더 오래 튕기는지 내기해 볼까?
세진: 오~ 좋지. 내가 너무 좋아하는 게임이야.
지은: (야구공을 튕기다가) 뭐야 나는 왜 잘 안 되는 거야.
세진: 야구공은 다른 공보다 잘 튕기지 않아 다른 공으로 해봐.
승훈: 아야~ 너희 왜 교실에서 시끄럽고 위험하게 하는 거야. 내 머리가 깨지는 줄 알았잖아…

세진이와 지은이가 공을 이용하여 다양한 놀이로 전개하였다. 놀이 중 오래 튕기기 게임을 지은이가 제안을 하여 하던 중 지은이가 자꾸 지게 되자 세진이의 도움으로 다른 공을 선택하여 문제해결을 하는 모습을 볼 수 있었다. 또한 공을 이용하여 놀이를 하다 보니 위험한 상황이 자꾸 연출되어 다양한 공놀이를 안전하게 할 수 있는 더 넓은 장소에 대한 요구가 있었다.

놀이 2일: 공놀이 게임을 해요.

① 공을 가지고 할 수 있는 다양한 신체활동을 제안한다.

세진: 발로 공을 주고받기를 해보자.
지은: 손으로 주고받기 시합을 해볼까?
승훈: 짝지끼리 공을 안고 달리는데 떨어뜨리지 않게 해보면 어떨까?
열리: 서로의 어깨로 공을 이동하면 어떨까?

공을 이용한 다양한 신체활동을 제안하였다.

활동 방법

② 공을 이용하여 다양한 신체활동을 한다.

세진: 우리 둘이서 짝을 지어 활동을 해보자.
지은: 그래 우리 가위바위보로 짝을 정하자. 어떻게 변할까? 궁금하다.
승훈, 열리: 좋아~ 해보자.
세진: 처음에는 발을 이용하여 주고받기를 해보자 공을 놓치는 팀이 지는 거야.
승훈, 지은, 세진: 좋아… 준비 시작…

아이들은 승훈, 세진, 지은이가 제안하는 신체활동을 하면서 팀게임을 진행하였다.

놀이 경험 이해

〈유아의 놀이 경험〉
자유놀이에 준비된 공을 이용하여 탐색하는 것에서부터 놀이를 시작됐다. 지은이가 공을 발견하고 공을 탐색하는 동안 평소에 축구교실을 다니는 세진이가 관심을 가지자 공을 이용하여 서로 놀이하는 모습이 보였다. 그러던 중 다양한 공 중에 잘못 선택한 지은이가 세진이가 제안한 놀이에서 패배가 이어지자 공마다 다른 특징이 있음을 세진이가 말해주어 세진이가 다른 공으로 대처할 수 있었다. 교실에서 공을 이용한 놀이가 진행되다 보니 위험한 상황이 연출되었고 다른 유아들도 관심을 가져 더 넓은 장소를 이동하였다. 이동한 장소에서 협동놀이들을 제안하면서 놀이가 확장되었다. 협동놀이 속 서로 작전을 짜거나 자연스러운 스킨십을 하면서 즐거워하는 모습을 볼 수 있었다. 의견이 다를 때에는 서로 조율하는 모습을 보였다.

〈교사의 놀이 이해〉
유아의 관심과 흥미로부터 시작된 '공놀이' 확장을 위해 놀이를 관찰하고 유아들과 이야기를 나누며 도움을 주었다. 다양한 공을 이용하여 신체활동을 하면서 공들이 가지고 있는 성질에 대해 인지하는 모습을 볼 수 있었다. 2일차에는 어떤 신체활동을 진행하느냐에 따라 다른 공으로 하겠다며 공을 수시로 바뀌는 경우도 있었다. 아이들의 놀이를 관찰하고 놀이를 경험하면서 지식을 구성해 나가는 모습이었다.

교사 지원의 특징

이번 놀이에서는 유아들의 신체활동을 더 적극적으로 하기 위해 장소에 대한 제약을 하지 않고 확장해 주어 유아들이 충분히 표현할 수 있도록 시간을 제공하였다. 유아들에게 다양한 종류의 공을 준비하여 탐색하고 자유롭게 놀이할 수 있도록 하여 물리적 지식과 함께 지식이 자연스럽게 구성되었다.

2) 집단활동에서의 유아동작교육

<table>
<tr><td colspan="2">활동명</td><td>음악을 듣고 몸으로 표현해요</td><td>놀이 주제</td><td>동식물 이야기</td></tr>
<tr><td colspan="2">활동 유형</td><td>음악활동(신체표현)</td><td>대상 연령</td><td>5세</td></tr>
<tr><td colspan="2">활동 목표</td><td colspan="3">• 「왕벌의 비행」 속 음악의 빠르기와 소리에 관심을 가진다.
• 음악을 듣고 몸을 이용하여 자유롭게 표현한다.
• 음악 감상하기를 즐긴다.</td></tr>
<tr><td colspan="2">교육과정 관련 요소</td><td colspan="3">• 예술경험 : 창의적으로 표현하기 - 신체나 도구를 활용하여 움직임과 춤으로 자유롭게 표현한다.
• 예술경험 : 예술 감상하기 - 다양한 예술을 감상하며 상상하기를 즐긴다.</td></tr>
<tr><td rowspan="2">활동 자료</td><td>놀이 1일</td><td colspan="3">왕벌의 비행 음원, 림스키 코르샤코프 사진 또는 업적</td></tr>
<tr><td>놀이 2일</td><td colspan="3">왕벌의 비행 음원</td></tr>
<tr><td colspan="2">활동 방법</td><td colspan="3">〈교사의 놀이 의미 읽기〉
자유놀이 음률영역에 있는 림스키 코르샤코프 사진에 관심을 보였다. 림스키 코르샤코프의 업적에 대해 보면서 작곡가라는 것을 알게 되었다. 림스키 코르샤코프의 곡을 감상하며 관심을 보였다.

놀이 1일: 음악을 감상해요!

① 림스키 코르샤코프 사진에 관심을 가진다.

② 림스키 코르샤코프 업적에 대해 이야기를 나눈다.

정은: 여기 수염이 긴 할아버지가 누구야. 우리나라 사람이 아닌가봐.

정은이가 림스키 코르샤코프 사진을 보고 관심을 보이자 다른 친구들이 모여들었다.

교사: 아, 림스키 코르샤코프에 대해 들어본 적 있나요?
수안: 아니요…</td></tr>
</table>

활동 방법

교사: 어떤 분인지 같이 그림자료를 보도록 해요.

림스키 코르샤코프에 대해 아이들의 흥미를 보이자 이 분의 생애와 업적에 대해 소개하는 시간을 가졌다. 그리고 많은 곡을 작곡한 작곡가이고 러시아 출생임을 알 수 있었다.

③ 왕벌의 비행 음악을 감상한다.

정은: 선생님 작곡한 곡 듣고 싶어요.
교사: 선생님이 준비한 곡을 한 번 들어보아요.
채운: 제목이 무엇이에요?
교사: 제목은 비밀이에요. 먼저 감상해보도록 해요.
수안: 바쁘다는 느낌이 들어요… 벌이 움직이는 것 같아요…
교사: 제목은 왕벌의 비행이에요.
열리: 막 움직이고 싶어요. 뛰어다니고 싶어요.

왕벌의 비행이라는 곡을 감상하고 어떤 생각이 들었고 어떤 느낌인지 이야기를 나누었다. 왕벌의 비행을 작곡한 배경에 대한 이야기를 통해 아이들은 더 관심을 가졌고 음악을 듣고 몸으로 표현해보고 싶다는 제안을 하여 그 다음날로 놀이가 이어졌다.

놀이 2일: 음악을 듣고 몸으로 표현해요.

① 왕벌의 비행 음악을 듣고 생각하는 느낌을 표현한다.

교사: 림스키 코르샤코프의 왕벌의 비행 음악을 들어봐요.
채운: 몸을 움직이면서 들어도 돼요?
교사: 네. 음악을 들으면서 자유롭게 몸을 움직여봐요.

왕벌의 비행이라는 곡을 듣고 느껴지는 대로 몸을 움직였다.
각자 어떤 생각을 하고 어떻게 몸을 움직였는지 소개하는 시간도 가졌다.

③ 음악을 들으면서 신체로 표현해본다.

활동 방법	정은: 지금은 아주 빨리 움직여야 해. 열리: 누군가가 쫓아오는 거 같아요. 정말 빨리 도망가야겠어요. 아이들은 왕벌의 비행 곡을 들으면서 상상의 이야기를 그렸다. 그리고 신체를 이용하여 표현하는 시간을 가졌다.
놀이 경험 이해	〈유아의 놀이 경험〉 자유놀이 음률영역에 있는 림스키 코르샤코프 사진에 관심을 보였다. 림스키 코르샤코프의 업적에 대해 보면서 작곡가라는 것을 알게 되었다. 림스키 코르샤코프의 곡을 감상하며 관심을 보이며 선생님께 질문이 이어졌다. 유아들의 흥미와 관심이 많아지자 선생님은 음악활동으로 진행하게 되었다. 첫날은 유아들이 림스키 코르샤코프라는 작곡가에 집중이 되어 그분이 어떤 분인지 이야기를 나누며 그 분의 음악을 감상하는 시간을 통해 유아들의 놀이는 이루어졌다. 둘째 날은 왕벌의 비행 곡을 들으면서 이야기를 상상하였고, 그리고 신체를 이용하여 표현하는 놀이로 이루어졌다. 〈교사의 놀이 이해〉 교사는 음률영역에 음악을 감상하고 작곡가에 대해 관심을 가질 수 있도록 환경을 마련해 두었다. 이에 유아의 관심과 흥미로부터 시작된 ‘림스키 코르샤코프’에 대한 궁금증을 알아가기 위해 유아들과 이야기를 나누며 도움을 주었다. 림스키 코르샤코프의 다양한 음악을 감상할 수 있도록 하였고, 함께 감상하는 시간을 가졌다. 2일차에는 음악을 듣고 느껴지는 생각과 상상의 그림대로 자신의 신체로 표현해보았다. 아이들끼리 상호작용하면서 다양하고 창의적인 신체표현으로 구성해 나가는 모습이었다.
교사 지원의 특징	유아들이 다양한 음악을 감상하고 감상 곡의 작곡가나 감상 곡을 만들게 된 배경 등과 같은 내용에 관심을 가질 수 있도록 환경을 먼저 지원하였다. 그리고 유아들의 흥미에 따라 음악감상 후 신체표현활동으로 이루어지도록 지원하였다.

Chapter 9

유아미술교육

1. 유아미술교육의 이해
2. 유아미술교육의 내용
3. 유아미술교육의 교수 · 학습방법
4. 유아미술교육의 지도 실제

1 유아미술교육의 이해

유아에게 있어 미술은 감정과 느낌을 표현하고, 자신과 주변 세계에 대한 생각을 자유롭게 표현하는 의사소통 수단이라고 할 수 있다. 유아미술교육의 목표와 교수 · 학습방법은 모방과정에서 기능 중심으로, 기능에서 자신의 생각과 느낌, 즉 내면의 정서를 창의적으로 표현하는 과정에서 심미적 태도를 기르는 것이라고 할 수 있다. 다시 말해, 미술기법을 훈련하고자 하는 것이 아니며 다양한 미술활동을 통해 전반적인 발달을 지원한다는 데 의의가 있다. 이에 본 장에서는 유아미술교육의 개념과 목적, 내용과 교수학습방법에 대한 올바른 이해를 돕고자 한다.

1) 유아미술교육의 개념

유아에게 미술은 자신의 감정과 느낌을 표출하는 정서적 배출구이며 자신과 주변세계에 대한 생각을 표현하는 의사소통의 수단이 된다(류지후 외, 2002). 따라서 미술교육은 유아가 그리기와 만들기 등의 작품을 완벽하게 만들어 내는 것이 아니라 유아 주변에서 아름다움을 발견하고 자신의 생각과 느낌을 창조적으로 표현하는 과정에서 심미감을 발달시키는 것이라고 할 수 있다(박찬옥, 서동미, 곽현주, 2020).

유아기의 미술교육은 미술기법을 훈련하는 것이 아니라 미술활동을 통해 전반적인 발달을 통합적으로 지원한다는 데 교육적 가치가 있다. 미술활동을 통해 유아들은 자신의 생각과 감정을 자유롭게 표현하는 과정에서 즐거움과 흥미를 경험한다. 또한 유아는 미술의 요소를 발견하고 탐색하는 기회를 통해 심미감을 발달시키고 개인의 독창적이고 창의적인 표현능력을 발달시킬 수 있다. 미술활동은 유아가 오리거나 구기기, 붙이기 등 자신의 감각을 사용하여 미술활동 과정에 참여하고 도구를 다루는 과정에서 대근육과 소근육의 운동 기회를 제공하며 미술활동의 과정에서 무엇을 만들고 어떻게 만들지 등을 고민하면서 문제해결력을 발달시키기도 한다. 그러나 무엇보다 미술교육은 유아가 유아 주변의 자연환경과 사물 등에서 아름다움을 발견하고 이를 표현하기를 즐기는 가운데 아름다움을 탐색하고 표현하고 감상하는 능력이 발달한다는 데 의미가 있다.

2) 유아미술교육의 목적 및 목표

유아미술교육은 유아들이 주변의 아름다움을 찾고 자신의 생각을 미술적으로 표현하기를 즐기며, 아름다움을 감상하는 태도를 발달시키는 것이다. 유아들은 미술활동을 하는 동안 결과를 중요시하기보다는 과정을 즐기고 자신만의 독특한 표현이나 새로운 시도들을 하면서 창의성을 기를 수 있다. 또한 미술활동을 통해서 다른 사람의 작품을 감상하고 자신의 작품에 대해서도 이야기할 수 있으며 다양한 미술도구를 사용하면서 대 · 소근육을 활발하게 사용하게 되고 이를 통해 신체발달도 도모할 수 있다. 즉, 유아미술교육은 유아가 미술을 즐기며 표현하는 활동들을 제공함으로써 유아의 전인적인 성장을 도울 수 있다(김중기 외, 2015).

우리나라 국가수준의 교육과정인 2019 개정 누리과정의 예술경험영역은 유아가 자연, 생활, 예술에서 아름다움을 찾아보고 느끼며, 다채롭고 창의적인 방법으로 자신의 경험, 생각, 느낌을 표현해 보고, 다양한 예술 표현을 존중하는 경험을 제공하는 영역이다(교육부, 보건복지부, 2019). 누리과정에는 미술교육의 목적이나 목표가 따로 제시되어 있지는 않고 음악이나 동작 등의 다른 예술교과의 목표를 포괄하는 형태를 보이고 있다. 예술경험의 교육목표는 '아름다움과 예술에 관심을 가지고 창의적 표현을 즐긴다.'이다(교육부, 보건복지부, 2019). 구체적으로 '첫째, 자연과 생활 및 예술에서 아름다움을 느끼고, 둘째, 예술을 통해 창의적으로 표현하는 과정을 즐기고, 셋째, 다양한 예술 표현을 존중한다'이다.

또한 4차 표준보육과정 0-1세 예술경험의 교육목표는 '아름다움을 느끼고 경험한다'이며, 구체적으로 '첫째, 자연과 생활에서 아름다움에 관심을 가지고, 둘째, 예술적 경험을 표현한다'이다. 2세 예술경험의 목표는 '아름다움을 느끼고 즐긴다'이며, 구체적으로 '첫째, 자연과 생활에서 아름다움을 느끼고 관심을 가지고, 둘째, 예술을 통해 자유롭게 표현한다'이다(보건복지부, 2020).

〈표 9-1〉 국가수준 교육과정에서의 유아미술교육(예술경험영역)의 목적 및 목표

구분	제4차 표준보육과정		2019 개정 누리과정
	0-1세	2세	3-5세
목적	• 아름다움을 느끼고 경험한다.	• 아름다움을 느끼고 즐긴다.	• 아름다움과 예술에 관심을 가지고 창의적 표현을 즐긴다.
목표	• 자연과 생활에서 아름다움에 관심을 가진다. • 예술적 경험을 표현한다.	• 자연과생활에서아름다움을 느끼고 관심을 가진다. • 예술을 통해 자유롭게 표현한다.	• 자연과 생활 및 예술에서 아름다움을 느낀다. • 예술을 통해 창의적으로 표현하는 과정을 즐긴다. • 다양한 예술 표현을 존중한다.

이상에서 살펴본 내용을 토대로 영유아미술교육의 목표를 정리해보면 다음과 같다.

첫째, 자연과 사물의 미적 요소를 인식하고 탐색한다.
둘째, 자신의 생각과 느낌을 창의적으로 표현하는 과정을 즐긴다.
셋째, 다양한 미술작품을 보고 즐기며 심미적인 태도를 기른다.

2 유아미술교육의 내용

미술교육의 내용은 미술교육의 변천사에 따라 달라지고 있다. 전통적인 미술교육에서는 미술의 표현기법을 지도하는 것을 강조하였다. 그러나 최근에는 미술의 요소 인식과 창의적인 자기표현, 예술적 요소에 대한 감상을 교육내용으로 하고 있다.

4차 표준보육과정 예술경험영역에 영아를 위한 미술교육 내용이 제시되어 있으며 '아름다움 찾아보기', '창의적으로 표현하기'의 내용 범주를 제시하고 있다(보건복지부, 2020).

2019 개정 누리과정의 예술경험영역은 '아름다움 찾아보기', '창의적으로 표현하기', '예술 감상하기'의 내용 범주를 제시하고 있다(교육부, 보건복지부, 2019).

우리나라 국가수준의 교육과정에서 유아미술교육과 관련된 내용은 0-2세 표준보육과정과 3-5세 누리과정의 예술경험영역에 제시되어 있으며, 표준보육과정에서는 2가지, 누리과정에서는 크게 3가지 내용으로 구분된다. 첫째, 아름다움을 찾아보는 탐색활동, 둘째, 아름다움을 창의적으로 표현해 보는 표현활동, 셋째, 다양한 예술을 감상하는 감상활동으로 나눌 수 있다. 최근 개정된 0-2세 표준보육과정과 3-5세 누리과정의 예술경험영역의 내용 중 유아미술교육과 관련된 내용을 중심으로 살펴보면 다음과 같다.

〈표 9-2〉 국가수준 교육과정에서의 유아미술교육(예술경험영역)의 내용

내용 범주	표준보육과정		누리과정
	0-1세	2세	3-5세
아름다움 찾아보기	• 자연과 생활에서 아름다움을 느낀다. • 아름다움에 관심을 가진다.	• 자연과 생활에서 아름다움을 느끼고 즐긴다. • 아름다움에 관심을 갖고 찾아본다.	• 자연과 생활에서 아름다움을 느끼고 즐긴다. • 예술적 요소에 관심을 갖고 찾아본다.

내용 범주	표준보육과정		누리과정
	0-1세	2세	3-5세
창의적으로 표현하기	• 감각을 통해 미술을 경험한다.	• 미술 재료와 도구로 표현해 본다.	• 다양한 미술 재료와 도구로 자신의 생각과 느낌을 표현한다.
예술 감상하기	–	–	• 다양한 예술을 감상하며 상상하기를 즐긴다. • 서로 다른 예술 표현을 존중한다. • 우리나라 전통 예술에 관심을 갖고 친숙해진다.

1) 표준보육과정에 나타난 미술교육 내용

(1) 0-1세 표준보육과정 내용

① 아름다움 찾아보기

아름다움 찾아보기는 영아가 자연과 생활 예술에서 아름다움을 느끼고 관심을 가지며 감상하는 경험을 반영한 내용으로 구성할 수 있다. 구체적으로 살펴보면, '자연과 생활에서 아름다움을 느낀다.'는 0–1세 영아가 자신을 둘러싼 일상적인 환경에서 소리나 움직임, 색과 모양 등에 호기심을 기울이며 미적이고 감성적인 경험을 통해 아름다움을 인식하는 과정으로 발전시켜 나가는 내용이다. '아름다움에 관심을 가진다.'는 0–1세 영아가 일상생활에서 자연이나 사물의 아름다움을 감상하고 즐길 수 있는 내용을 다룬다. 또한 반복적으로 경험하는 친근한 사람의 목소리, 주변의 소리와 리듬 있는 소리 그리고 익숙한 노래 등에 관심을 가지며 아름다움의 요소를 경험하는 가운데 이를 즐기는 내용을 다룬다.

② 창의적으로 표현하기

창의적으로 표현하기는 영아가 자신의 느낌과 경험을 소리, 음악과 리듬, 미술 경험, 모방행동 등을 통해 표현하는 과정을 즐기는 내용이다. 구체적으로 살펴보면, '감각을 통해 미술을 경험한다.'는 영아가 감각을 통해 미술 표현을 시도하고 단순한 미술을 경험하며 즐기는 내용이다. 우연하게 미술 경험을 하다 결과물을 만들어내고, 미술을 경험하는 과정에서 재료와 익숙해지며 재료를 이용하여 스스로 만들어 내는 창의적 표현을 즐기는 내용을 다룬다.

(2) 2세 표준보육과정 내용

① 아름다움 찾아보기

아름다움 찾아보기는 2세 영아가 일상에서 접하는 사물과 공간, 동식물과 사람, 자신과 또래의 표현 등에서 아름다움을 느끼고 즐기며, 아름다움에 관심을 가지고 찾아보는 내용이다. 이를 구체적으로 살펴보면, '자연과 생활에서 아름다움을 느끼고 즐긴다.'는 2세 영아가 무심히 지나칠 수 있는 일상의 자연이나 생활 속 공간, 사물 등의 아름다움에 주의를 기울여 아름다움을 풍부하게 느끼며, 자신과 또래의 다양한 예술적 표현을 감상하고 즐기는 내용이다. '아름다움에 관심을 갖고 찾아본다.'는 2세 영아가 다양한 색이나 형태 등과 같은 미술적 요소에서 아름다움을 발견하고 경험하는 내용으로 구성할 수 있다.

② 창의적으로 표현하기

창의적으로 표현하기는 2세 영아가 노래와 리듬, 움직임과 춤, 미술 표현, 상상놀이의 다양한 방법으로 생각과 느낌을 자유롭게 표현하는 내용이다. 이를 구체적으로 살펴보면, '미술 재료와 도구로 표현해 본다.'는 2세 영아가 스스로 다루기 적절한 재료와 도구를 이용하여 자유롭게 미술 표현을 시도하고 이 과정을 즐기는 내용으로 구성할 수 있다.

2) 누리과정에 나타난 미술교육의 내용

① 아름다움 찾아보기

아름다움 찾아보기는 유아가 자연과 생활에서 아름다움을 느끼며 예술적 요소에 관심을 가지고 찾아보는 내용으로 구성할 수 있다. 구체적으로 이를 살펴보면, '자연과 생활에서 아름다움을 느끼고 즐긴다.'는 유아가 자신의 주변에서 만나는 자연, 공간, 사물 등의 아름다움을 풍부하게 느끼며 즐기는 내용이다. '예술적 요소에 관심을 갖고 찾아본다.'는 유아가 주변의 자연과 생활에서 다양한 소리나 리듬 등의 음악적 요소, 색이나 형태 등과 같은 미술적 요소를 발견하고, 사물이나 동식물의 움직임에서 아름다움을 경험하는 내용이다.

② 창의적으로 표현하기

창의적으로 표현하기는 유아가 노래를 즐겨 부르고, 간단한 소리와 리듬을 만들어 보며, 자유롭게 움직이며 춤추고, 다양한 미술 재료와 도구를 활용하여 표현하며, 경험과 이야기를 극놀이로 표현하는 내용으로 구성할 수 있다. 구체적으로 '다양한 미술 재료와 도구로 자신의 생각과 느낌을 표현한다.'는 유아가 자연과 생활에서 발견한 다양한 재료와 도구를 활용하여 여러 가지 방법으로 표현하고, 자신의 경험, 느낌, 생각 등을 창의적으로 표현하는 과정을 즐기는 내용이다.

③ 예술 감상하기

유아가 자신과 또래의 작품뿐만 아니라 다양한 예술을 감상하며 상상하기를 즐기고, 서로 다른 예술 표현을 존중하며, 우리 고유의 전통 예술에 친숙해지는 내용으로 구성할 수 있다. 이를 구체적으로 살펴보면, '다양한 예술을 감상하며 상상하기를 즐긴다.'는 유아가 자신의 또래의 작품이나 음악, 춤, 미술작품, 극 등 다양한 예술을 감상하고 자유롭게 상상하기를 즐기는 내용이다. '서로 다른 예술 표현을 존중한다.'는 유아가 자신과 또래의 작품, 음악, 춤, 미술작품, 극 등에 포함된 다양한 표현을 존중하는 내용이다. '우리나라 전통 예술에 관심을 갖고 친숙해진다.'는 유아가 우리나라 고유의 전통 음악, 춤, 미술, 건축물, 극 등에 관심을 가지고 전통 예술을 감상하며 우리나라 문화에 친숙해지는 내용이다.

3) 유아미술교육의 내용(탐색, 표현, 감상)

일반적인 미술교육의 내용과 국가수준 교육과정의 예술경험에서 제시하는 미술교육의 내용을 토대로 본 절에서는 유아미술교육의 내용을 미적 요소 탐색, 미술적 표현, 미술감상의 세 가지로 제시하고자 한다.

(1) 미적 요소 탐색

탐색은 유아가 감각을 활용하여 관찰하고 체험하는 과정으로 이를 통해 사물의 특징을 지각적으로 이해할 수 있다. 미적 요소 탐색은 유아가 자연과 사물에서 다양한 색과 형태 등 미적 요소에 주의를 기울이고 반응하면서 아름다움을 느끼고 미적 요소들이 갖고 있는 특징과 차이를 발견하고 탐색하는 것이다(교육과학기술부, 2012).

미적 요소 탐색의 세부내용은 색, 모양, 질감, 공간이다.

① 색

유아의 주변은 색으로 가득 차 있고, 유아는 자연스럽게 자연환경과 사물 등에서 색을 발견하고 탐색한다. 유아들은 주변 환경에서 기본의 3색을 찾고 물감놀이나 색 셀로판지를 통해 색의 혼합을 발견하며 경이로워한다. 유아의 연령이 어릴 경우 선호하는 색을 중심으로 탐색하지만 연령이 높아질수록 점차 사물의 고유한 다양한 색을 발견하게 된다. 또한 유아들은 색에 대한 자신만의 느낌을 반영하여 탐색하고 표현할 수 있게 된다(이정욱, 임수진, 2010).

② 모양

유아 주변의 세상은 형태를 지니고 있는 것들로 가득 차 있다. 유아들은 아주 일찍부터 주변 환경의 형태에 관심을 갖고 탐색을 시작한다. 미술에서의 형태는 유아수학교육의 도형의 개념과 연계된다. 유아들은 사물의 기본적인 형태로부터 시작하여 평면의 도형과 입체의 도형을 인식하고, 기본의 도형 외에도 다양한 도형을 탐색하고자 한다.

③ 공간

공간이란 사물의 상하, 좌우, 앞뒤, 여백 등을 탐색하는 것이다. 이는 유아수학교육의 공간 개념과도 관련이 있다. 유아들은 주변 환경에서 사물이 차지하고 있는 물리적 공간에 대해 관심을 기울이며 멀고 가깝고, 위와 아래, 앞과 뒤 등 공간이 만들어 내는 아름다움을 탐색하게 된다.

④ 질감

질감은 시각적 · 촉각적 감각 등 모든 느낌의 총체이다. 유아는 자신의 감각을 활용하여 주변의 환경과 사물의 재질에서 부드럽고 까끌까끌한, 매끈매끈한, 거친 등의 다양한 질감을 발견하고 탐색한다.

(2) 미술적 표현

미술적 표현은 유아들이 미적 요소를 활용하여 자신의 생각과 느낌, 경험을 창의적으로 표상하는 과정이다. 미술적 표현은 다양한 미술재료와 도구를 가지고 유아가 상상하고 경험한 것을 자유롭게 표현하는 과정으로 유아들은 이러한 과정을 통해 정서적 즐거움과 성취감과 자신감을 갖게 된다. 유아들이 자신의 생각과 느낌을 창의적으로 표현하기 위해서는 유아의 연령과 발달에 적합한 다양한 재료와 도구를 활용할 수 있어야 한다.

미술 표현의 세부내용으로는 그리기, 판화, 오리기와 찍기 등의 평면미술활동과 만들기, 점토활동과 같은 입체미술활동이 있다.

① 평면미술활동

스포덱(Spodek, 1985)은 유아의 미술활동에 제공되는 자료에 따라서 2차원적인 미술활동과 3차원적인 미술활동으로 분류하였다. 2차원적인 미술활동은 평면적인 자료를 의미하는 것으로 물감 · 크레파스 · 분필을 사용하여 그리기, 판화활동, 콜라주활동을 하는 것이다(이정욱, 임수진, 2010).

가. 그리기

- 자유화: 주제와 형식에 구애받지 않고 유아가 그리고 싶은 것을 그리기
- 관찰화: 인물, 자연물, 사물 등을 주의 깊게 관찰하고 대상의 형태, 색의 특징을 그리기
- 상상화: 유아가 본 것, 느낀 것, 생각한 것을 자기 나름으로 표현하기

나. 판화활동

- 오목판화: 스티로폼 위에 뾰족한 도구로 꾹꾹 눌러 가면서 그림을 그린 다음 그 위에 물감을 칠한다. 그 위에 종이를 덮어 손바닥으로 문지른 후 종이를 떼어낸다.
- 볼록판화: 여러 가지 물체에 물감을 묻힌 후 종이에 찍기, 야채 위에 무늬를 볼록하게 새긴 후 물감 묻혀 찍기 활동을 하거나, 모루 등을 붙여서 무늬를 내고 도장처럼 찍기 활동을 할 수 있다.
- 평판화: 아세테이트지나 유리판 위에 물감으로 그림을 그리고 그 위에 종이를 덮어서 찍어내는 활동이다. 이 외에도 핑거페인팅한 것을 찍어내거나 마블링, 데칼코마니 등이 포함된다.
- 공판화(스텐실): 종이 위에 모양종이를 올려놓고 잉크나 물감 묻힌 롤러로 밀거나 물감을 분무기에 담아서 뿜어 본다. 종이 위에 올려놓은 도안을 떼어내면 도안이 있던 자리는 물감이 묻지 않고 그 주변만 물감이 묻어 있게 된다. 또는 안개 그림이라고 부르는데, 나뭇잎이나 형태를 지닌 물건을 종이 위에 올려놓고, 가는 빗에 물감을 묻힌 칫솔로 문지르는 기법도 있다.

② 입체미술활동

입체미술활동은 3차원적 미술활동으로서 유아가 길이나 넓이, 깊이 등의 공간에 대해 탐색할 수 있는 활동이다. 유아가 입체적 미술활동에 참여하는 방법으로는 점토를 이용한 활동과 평면자료를 입체적으로 표현하는 꾸미기 활동과 만들기 활동을 들 수 있다(김신영, 배인자, 유혜숙, 2001).

- 점토활동: 점토는 부드럽고 유연성이 있어서 유아가 조작하는 대로 형태가 만들어지기 때문에 유아들이 쉽게 성취감을 느낄 수 있으며, 한 번 만든 형태를 다른 형태로 변형이 가능하기 때문에 창의성을 발달시킬 수도 있다(서동미 외, 2014).
- 꾸미기: 꾸미기는 종이, 한지, 비닐과 같은 평면자료들을 구기거나, 돌돌말기, 붙이기, 직조하기 등의 표현기법을 사용하여 구성하는 것이다. 색종이를 오려 붙여서 면 구성하기, 한지를 말거나 꼬아서 선 표현하기 활동을 할 수 있다.
- 만들기: 만들기는 유아가 생각하는 입체적 이미지를 표현하기 위해 주변의 상자와 폐품, 나뭇조각 등의 입체자료를 사용하여 쌓거나 붙여서 구성하는 방법이다. 유아들은 상자를 이용하여 자동차와 집 만들기, 철사와 모루를 이용하여 동물 만들기와 같은 만들기 활동에 참여할 수 있다.

(3) 미술감상

감상하기는 유아들이 쉽게 접하는 주변 환경, 자연과 사물, 다양한 미술작품을 통해 아름다움을 느끼고 작품의 가치를 발견하는 활동이다(서동미 외, 2014). 아름다움을 느끼는 대상과 형태는 사람에 따라 다르게 나타나므로 매우 주관적이다. 따라서 감상은 절대적인 평가가 아니라 상대적인 느낌과 비평으로 이루어진다.

감상을 통하여 유아들이 자신과 타인의 작품, 전통문화 예술품 등을 접하면서 표현기법, 재료, 느낌과 표현내용에 대해 서로의 생각을 교환하고 작품에 대한 자신만의 판단을 구성하고 가치를 내면화시키는 경험을 한다. 작품을 비교하고 평가 · 판단하는 경험은 작품을 보는 안목을 길러줄 뿐만 아니라 새로운 표현을 하고자 할 때 창의적인 표현의 밑바탕이 된다.

감상을 활동하기 위해서 교사는 미술작품을 충분히 감상할 시간을 제공하고 작품의 주제와 구성요소에 대해 토론할 수 있도록 격려해 주어야 한다. 감상의 내용은 미술의 요소를 기초로 이루어지며 작품에 대한 유아들의 느낌이나 평가도 다루어질 수 있다.

● 다양한 미술작품 감상하기

감상은 유아들이 자신과 다른 사람의 작품, 자연을 통해 미적 요소를 발견하고 미적인 아름다움을 즐기는 과정이다. 유아들은 미술활동의 결과에 대해 색과 형태, 질감과 공간 등에 대한 평가를 통해 미적인 요소를 인식하며 이는 새로운 미술 표현에 반영된다. 미술교육에서의 감상하기는 유아가 주변의 여러 가지 조형적이고 시각적인 언어를 읽고, 그 의미를 이해하여 미술적 표현으로 이끌어 새로운 작품을 탄생하게 하는 기틀이 된다. 또한 이러한 과정에서 심미감을 발달시킬 수도 있다.

3 …… 유아미술교육의 교수 · 학습방법

유아미술교육은 기본적으로 미술을 즐기고 이해할 수 있는 기초적인 능력의 신장과 더불어 미술활동을 통해 유아교육과정에 포함된 다양한 교과 관련 지식의 습득도 동반되어야 한다. 유아를 위한 미술교육의 지도방법은 교사의 철학에 따라 양극화되는 경향이 있다. 유아들은 미술활동을 통해 사물을 표현할 능력이 없기 때문에 교사가 작품의 소재와 방법 등을 구체적으로 가르쳐 주어야 한다는 교수법과 유아들에게 100%의 자유를 부여하는 방법인 '자유표현'을 주장하는 교수법이 그것이다. 전자는 교사중심적 교수법인 반면 후자는 유아중심적 교수법으로 칭할 수 있다. 교사중심의 교수법에 의해 미술활동을 경험한 어린이들은 교사의 기호에 맞추어 그리려는 성향을 보인다. 따라서 자신의 느낌이나 경험을 표현하기보다는 교사의 기대에 맞는 그림을 그리게 된다.

지나치게 교사중심적으로 이루어지는 미술 교수법도 문제이지만 유아들이 무슨 일을 하든지 그냥 내버려 두는 방임적 방법도 문제가 된다. 따라서 이 두 가지 유형의 교수법에 균형을 줄 수 있는 교수법이 필요하다.

다음에서 미술로 표현하기를 촉진할 수 있는 교수방법과 유아의 미적인 인식을 높여줄 수 있는 미술 감상법에 대해 알아보기로 한다.

1) 미술로 표현하기를 촉진할 수 있는 균형적 교수법

브라운리(Brownlee, 1983)는 유아들이 주도성을 갖고 경험하고 활동하며 이를 창의적으로 표현할 수 있고 교사들 역시 주도성을 갖고 유아들의 활동 및 표현이 창의적으로 이루어질 수 있도록 분위기를 조성해 주는 균형적 교수법을 제안하고 이를 첫째, 인식의 단계, 둘째, 집중의 단계, 셋째, 창의적 표현의 단계, 넷째, 평가의 단계로 구분하여 설명하였다.

이를 구체적으로 살펴보면 다음과 같다.

① 인식의 단계

사물의 특징을 명확히 인식하거나 사건의 핵심을 잘 알도록 하기 위해 오감각을 사용하여 폭넓은 경험을 하도록 하는 단계이다. 다양한 경험에는 여러 가지 사물을 접해 보는 활동과 한 가지 사물을 다룰 때 다양한 방법으로 활동해 보는 것이 포함된다.

유아들은 많은 것을 경험해야 하며, 경험을 명료하게 인식하는 것이 중요하다. 사물에 대한 유아들의 인식이 구체화되고 명료화되려면 교사의 개입이 있어야 한다. 교사가 유아들이 경험하는 것을 정확하게 관찰하고, 이에 알맞은 말을 해주면 사물에 대한 유아들의 인식 능력은 점점 향상될 수 있다. 성인은 유아의 호기심을 격려해 주어 배우는 것을 즐겁게 여기도록 함으로써 새로운 것을 대할 때 두려워하거나 피하지 않도록 도와주어야 한다. 이를 위해서 활용할 수 있는 방법은 첫째, 사물을 구체적으로 관찰하도록 도와주어 유아들의 시각적 인식력을 높여주는 것이다. 둘째, 상대방의 입장에 서보는 기회를 제공하기 위해 다양한 질문을 하여 상대방의 입장에 서서 느끼고 생각해 볼 수 있도록 하는 것이다. 이러한 경험을 바탕으로 유아들은 관찰한 대상에 대한 예술적 표현을 쉽고 즐겁게 할 준비를 갖추게 된다.

② 집중의 단계

미술활동을 시행하기 전에 사물의 특성을 구체적 · 객관적으로 파악하기 위해 사물을 직접 보지 않고, 과거의 경험을 근거로 사물의 생김새에 사고를 집중하는 단계이다. 인식의 단계에서 발생한 흥미가 존중되고 인정되어 보상을 받을 수 있을 때 인식의 단계는 집중의 단계로 이어진다. 이때 중요한 것은 성인의 인정과 격려이다. 대부분의 유아들은 자발적으로 사물의 구체적인 특성에 주의를 집중하기 때문에 성인이 조금만 도와주어도 되지만, 그렇지 못한 유아들은 세심히 배려하면서 도와주어야 한다. 이때 성인의 도움이란 유아들의 내면에서 호기심이나 관심이 생기도록 하는 것이다. 성인의 생각이나 느낌을 유아에게 강요하는 것은 창의적 표현을 방해한다. 따라서 경험을 되살려 보게 하고, 자신감과 자기 신뢰감을 갖도록 도와준다. 성인의 방식을 주입하기보다는 유아 스스로 표현할 매체의 속성을 발견하고, 이를 자신감을 가지고 나름대로 표현해 보도록 하는 것이 중요하다.

③ 창의적 표현 단계

유아들이 사물을 주의 깊게 관찰하고, 이 경험을 바탕으로 무언가를 표현하고자 하는 단계이다. 집중의 단계에서 파악한 매체의 속성을 근거로 새로운 모양을 창작해 내는 것이다. 창의적 표현 단계가 활성화되려면 유아의 자발성을 보장하고, 결과보다 과정을 중요하게 여기는 태도를 보여 주어야 하며, 충분히 기다려 주어야 한다. 실수에 대한 두려움 때문에 반복해서 표현해 보는 기회를 가지지 못한 채 성장한 유아는 초보적 수준의 표현이 부끄러워 아예 표현하는 것조차 회피하게 되는 악순환이 생기게 된다. 성인으로부터 핀잔이나 부끄러움을 당했던 경험이 있는 유아는 창의적으로 무엇인가를 표현하려고 하는 대신 이미 했던 활동만을 반복하려 할 곳이다. 창의성은 유아들을 이해하고 도와줄 수 있는 성인들의 전문적인 도움으로 발달될 수 있다.

④ 평가의 단계

유아들은 자신들의 표현에 대해 교사나 부모가 관심을 보여주고 인정해 주기를 바란다. 창의적 표현 과정에서 성인들이 자료를 풍부하게 마련해 주고, 표현의 자유를 허용해 주는 일도 중요하지만, 유아들의 작품을 사려 깊게 다루는 일은 더욱 중요하다. 따라서 유아들이 만들어 내는 작품들이 유아들의 발달 수준에 맞으면 대견하게 여기고, 그 일을 해낸 유아들의 노력과 인내를 칭찬해 주어야 한다. 그러나 인정과 격려는 사실에 근거해야 한다. 유아가 표현한 것이나 노력한 정도보다 지나치게 칭찬하는 것은 도리어 해롭다. 본인은 노력하지 않고 대강 해치웠는데, 칭찬을 받으면 앞으로 일을 책임감 없이 처리하게 될 수 있으며, 또 칭찬 받은 작품이나 행동만 반복해서 하려 할 수 있기 때문에 새로운 표현의 기회를 놓치게도 된다. 따라서 성인들은 유아의 활동을 예민하게 관찰하면서 칭찬할 내용을 구체적으로 파악해야 한다.

유아들의 작품은 사진으로 찍거나 작품을 전시해 주는 것이 좋다. 유아의 작품이나 사진에 이름을 쓸 때에는 정성껏 하는 것이 좋다. 유아의 그림에 대한 이야기를 써 줄 때에도 주의 깊게 듣고 그대로 써 주도록 한다. 이야기가 길어 그림과 어울리지 않는 경우에는 다른 종이에 써서 그림과 함께 전시해 주면 좋다. 작품을 접기보다는 말아 주기, 콜라주가 마를 때까지 기다려 주기, 자신만의 작품을 자유롭게 전시할 수 있는 공간 제공하기, 전시하고 싶지 않은 작품은 억지로 전시하지 않기 등 유아의 미술작품을 소중하게 다루고 생각을 존중하도록 한다.

2) 미술 감상 활동의 지도방법

미술적 요소를 의식하고 지각하는 것은 우연히 이루어지는 것이 아니다. 유아들의 주변에 다양한 미술작품을 전시함은 물론 유아들과 자주 작품에 대한 이야기를 나누어야 한다. 유아들과 작품에 대한 이야기를 나누기 위해서는 교사가 미술의 특성을 이루는 미술적 요소와 이들이 결합되는 형식을 이해하고 있어야 한다. 미술적 요소들은 나무, 찰흙과 같은 재료들을 의미하는 것이 아니라 선, 색, 모양, 형태, 질감 등이 나타내는 형식상의 특징이다. 미술에서 형식상의 특징은 선, 색, 모양, 형태, 질감 등의 시각적 요소들이 어우러져 어떤 미적 질서를 표출함으로써 감상자에게 즐겁고 아름다운 감정을 주게 되는 것이다. 미적으로 마음을 움직이는 이러한 선과 색채의 관계 또는 그 결합 상태를 '의미 있는 형식'이라고 정의할 수 있다(김정, 조정숙, 2007). 이렇게 이루어진 형식에서 보이는 미적인 질서가 결국 조화, 변화, 통일, 균형, 대조, 강조, 율동, 반복, 대칭 등의 구성미로 나타난다.

유아들과 미술작품에 대해 이야기 나누는 과정에서 활용할 수 있는 방법 중 하나가 펠드먼(Feldman, 1970)이 제안한 토의법이다. 펠드먼은 미술작품 감상을 통해 학생들의 지각력을 개발시킬 수 있으며, 대다수의 학생들은 그들이 알지 못하는 것에 대해 모험심과 호기심을 가지고 의견을 제시하는 것을 즐긴다고 언급하면서 미술 감상 활동의 방법을 〈표 9-3〉과 같은 네 가지의 과정으로 제시하였다(정미경, 1999; 고문숙 외, 2016 재인용).

〈표 9-3〉 Feldman의 미술 감상 4단계 모델

단계	내용	질문의 예
서술 과정	유아들에게 미술작품을 자세하게 살펴보도록 한 후, 유아가 작품 속에서 본 것들을 보이는 그대로 모두 나열하게 하는 과정으로 이 과정을 통해 작품의 주제가 무엇인지를 정해 보도록 할 수 있다.	• 그림 속에서 본 것을 모두 이야기해 보자. • 그림을 1분 동안 자세히 보자. • 이제는 모두 눈을 감고 무엇을 보았는지 이야기해 보자.
형식 분석 과정	작품의 구성요소를 살펴보게 함으로써 미술작품에 나타난 특징들 사이의 관계를 생각해 보도록 하는 과정으로 선, 색, 형태, 모양, 질감, 공간에 집중하여 어떻게 이들 특성이 조직되었는지를 이야기해 보게 하는 것이다.	• 눈으로 이 선을 따라가 보자. • 빨간색 모양을 볼 때마다 손뼉을 쳐 보자. • 저 산들은 어떤 색이니? • 굵은 선은 어떤 붓으로 그렸을까? • 무엇으로 그렸을까?
해석 과정	작가의 의도 및 작품에 대한 느낌에 대해 이야기해 보는 과정으로, 미적 대상의 특징과 의미를 전체적으로 관련지어 봄으로써 작품의 의미를 발견하고 그것을 이해하도록 하는 가치 전환적인 과정이라고 할 수 있다.	• (풍경화를 보면서) 네가 이곳에 있다면 어떤 냄새를 맡을 수 있을 것 같으니? • 이 그림의 바로 전에는 무슨 일이 일어났을까?
평가 과정	유아들이 작품에 대한 개인적인 판단을 발견하도록 돕고, 자신의 세계와 미술을 관련시키도록 하며, 이를 통해 미술을 더 잘 이해할 수 있도록 도와준다.	• 네가 가장 재미있게 보았던 것은 무엇이니? • 싫어서 바꾸고 싶은 것은 어떤 것이니? • 이 그림을 우리 교실에 붙여 놓는다면 어디에 붙여 놓으면 좋을까?

4 유아미술교육의 지도 실제

1) 자유놀이에서의 유아미술교육

<table>
<tr><th>활동명</th><td>알록달록 바다 친구들</td><th>놀이 주제</th><td>더운 여름이 왔어요</td></tr>
<tr><th>활동 유형</th><td>자유놀이(미술활동)</td><th>대상 연령</th><td>3세</td></tr>
<tr><th>활동 목표</th><td colspan="3">• 다양한 바다 생물의 모습에 관심을 가진다.
• 나의 생각을 미술활동으로 표현해 본다.
• 다른 사람의 작품을 존중한다.</td></tr>
<tr><th>교육과정 관련 요소</th><td colspan="3">• 예술경험 : 아름다움 찾아보기 – 자연과 생활에서 아름다움을 느끼고 즐긴다.
• 예술경험 : 창의적으로 표현하기 – 다양한 미술재료나 도구로 자신의 생각과 느낌을 표현해 본다.
• 예술 경험 : 예술 감상하기 – 서로 다른 예술표현을 존중한다.</td></tr>
<tr><th>활동 자료</th><td colspan="3">바다 생물 사진 자료, 색연필, 사인펜, 재활용품, 스티커, 스팽글, 뽕뽕이, 목공풀, 가위, 털실 등</td></tr>
<tr><th>활동 방법</th><td colspan="3">〈놀이 상황〉
벽면에 붙어 있는 다양한 바다 생물 그림 자료에 관심을 가지며 모양, 색깔 등을 탐색하고 있다. 스케치북에 바다 생물을 그리기 시작한다. 바다 생물을 그리며 각자 자유롭게 바다 생물을 꾸민다.

놀이 1일: 물고기를 그려요

① 물고기 사진 자료에 관심을 가진다.

〈물고기 사진 자료를 관찰하는 모습〉

난아와 연주가 물고기 사진을 관찰한다.</td></tr>
</table>

활동 방법	연주: 여기 물고기다! 난아: 이 파란물고기는 뾰족뾰족하게 생겼어! 큭큭 연주: 이거는 흰색인데 너~무 길쭉해~ 큭큭 난아: 나는 물고기 그려야지~! ② 나만의 물고기를 그린다.  〈물고기 그리는 모습〉 스케치북에 물고기를 그리고 꾸며본다. 난아: 나는 뾰족 물고기 그려야지! 연주: 나는 길쭉한 거! 난아: 핑크색으로 색칠해야지~ 연주: 나는 무지개 물고기야! 난아: 우와 예쁘다! 스케치북에 물고기 꾸미기에 관심을 보이는 유아들을 위해 교사가 반짝이 스티커, 뽕뽕이 등을 추가 제공하였다. 연주: 나 반짝이 스티커도 붙여야지~! 난아: 나도! 난아와 연주는 물고기를 꾸민 후 가위로 오려 상상놀이를 진행하였다. 교사는 유아의 흥미를 반영하여 다양한 바다 생물 사진 자료를 벽면에 붙여주었다. **놀이 2일: 재활용품으로 바다 생물을 만들어요.** ① 휴지심을 이용하여 바다 생물을 만든다.  〈휴지심을 자르는 사진〉

활동 방법	난아와 연주가 바다 생물로 놀이하는 것을 본 찬미는 미술영역을 바라보다 휴지심을 색칠한 뒤 색종이를 잘라 붙인다. 찬미: (휴지심을 자르며) 나도 물고기 만들게 같이 놀자! 색종이도 써야지! 찬미가 만든 물고기를 난아와 연주에게 보여준다. 연주: 너는 무슨 물고기야? 찬미: 나는 공주 물고기야! 슝~!(물고기를 올렸다 내리기를 반복한다.) 연주: 이것 봐! 여기 오징어 있어! 난아: 이거는 상어야! 우리 이거 만들자! ② 재활용품을 이용하여 바다 생물을 만든다. 난아와 연주가 미술영역 재활용바구니를 뒤적거리다 재활용품을 이용해 오징어와 상어를 만든다. 연주: 나는 저거 오징어!(바다 생물 그림을 가리키며) 찬미: 음… 그럼 난 상어!(바다 생물 그림을 가리키며) 연주: (완성된 바다 생물을 들어올리며) 짜잔! 나는 엄청나게 큰 오징어다! 여기 빤짝이(스팽글) 도 붙였어! 찬미: 나는 여기 뽕뽕이 붙였어! ③ 재활용품을 이용하여 바다 생물을 이용해 상상놀이를 한다. 연주: 저기 상어가 온다! 도망쳐! 찬미: 다 잡아 먹어야지~!! 난아: 여기 숨어! 여기는 엄청 깊은 바다야! 유아들은 상상놀이 후 만든 작품을 전시하기를 원하여 전시하였고, 바다 생물이 살 수 있는 바다를 꾸미기를 원하여 다음날 바다를 만들기로 하였다.

놀이 경험 이해	〈유아의 놀이 경험〉 유아는 물고기 사진을 관찰하며 물고기 모양과 색에 관심을 가지기 시작했다. 관심 가진 물고기를 따라 그리기 시작하였고 점차 자신이 좋아하는 색을 이용하여 나만의 물고기를 그려보았다. 완성된 물고기를 이용하여 상상놀이를 해보았다. 이후 물고기뿐만 아니라 오징어, 상어 등 바다 생물에 관심을 가지며 재활용품을 활용하여 바다 생물을 만들어 보았고 만든 작품으로 놀이하고 전시하여 다른 친구들도 관심을 가지게 되었다. 〈교사의 놀이 이해〉 유아들이 물고기, 오징어 등 바다 생물을 관찰하며 주변 생물에 관심을 가질 수 있었고 바다 생물을 나만의 방법으로 그려보며 자신의 생각과 느낌을 표현하는 경험이 되었으며 다양하게 표현을 할 수 있도록 재료를 추가 제공하였다. 또한 나의 작품뿐만 아니라 친구들의 작품을 '예쁘다, 우와'와 같은 방법으로 존중하는 모습도 볼 수 있었다. 물고기에 관심을 보이는 유아를 위해 교사가 바다 생물 사진 자료를 추가 제공하여 유아들의 관심을 확장시켜 보았고 유아들은 관심을 가지며 단면 작품에서 재활용품 입체작품을 만들기를 시도하였다. 이후 상상놀이로 놀이가 확장되었다.
교사 지원의 특징	유아가 다양한 방법으로 표현을 시도할 수 있도록 미술 재료를 추가 제공하였으며 물고기뿐만 아니라 다양한 바다 생물 사진을 추가 제공하여 흥미를 물고기에서 다양한 바다 생물로 확장시킬 수 있도록 도와주었다.

2) 집단활동에서의 유아미술교육

<table>
<tr><th colspan="2">활동명</th><td>아이 차가워! 알록달록 바다를 만들어요</td><th>놀이 주제</th><td>더운 여름이 왔어요</td></tr>
<tr><th colspan="2">활동 유형</th><td>미술활동</td><th>대상 연령</th><td>3세</td></tr>
<tr><th colspan="2">활동 목표</th><td colspan="3">• 다양한 색에 관심을 가진다.
• 미술활동에 흥미를 가지고 참여한다.
• 친구와 함께 만든 작품을 감상한다.</td></tr>
<tr><th colspan="2">교육과정 관련 요소</th><td colspan="3">• 예술경험 : 아름다움 찾아보기 - 자연과 생활에서 아름다움을 느끼고 즐긴다.
• 예술경험 : 창의적으로 표현하기 - 다양한 미술재료나 도구로 자신의 생각과 느낌을 표현해 본다.</td></tr>
<tr><th rowspan="2">활동 자료</th><th>놀이 1일</th><td colspan="3">바다 생물이 들어가 있는 색깔 얼음</td></tr>
<tr><th>놀이 2일</th><td colspan="3">얼음 물감, 전지</td></tr>
<tr><th colspan="2">활동 방법</th><td colspan="3">〈교사의 놀이 의미 읽기〉
유아들이 바다 생물에 관심이 많아 바다 생물 놀잇감을 파란색 물에 넣어 얼려 제공하였다. 유아들은 관심을 보이며 관찰하였고 얼음이 녹자 나오는 물의 색에 관심을 가지며 휴지로 닦아보았다. 휴지에 색이 물들자 종이 위에 색 얼음을 문질러 색칠하였다. 얼음의 색이 물감처럼 색칠된다는 것에 관심을 보여 다음날 다양한 색의 얼음 물감을 이용하여 바다를 만들어 보았다. 색칠하는 과정에서 색이 섞이며 변화되는 색에 관심을 보였다.

놀이 1일: 차가운 얼음 속에 물고기가 있어요!
① 교사가 바다 생물 놀잇감을 넣은 파란 얼음을 제공한다.
유아들은 바다 생물 놀잇감이 든 파란 얼음에 관심을 보이며 탐색한다.
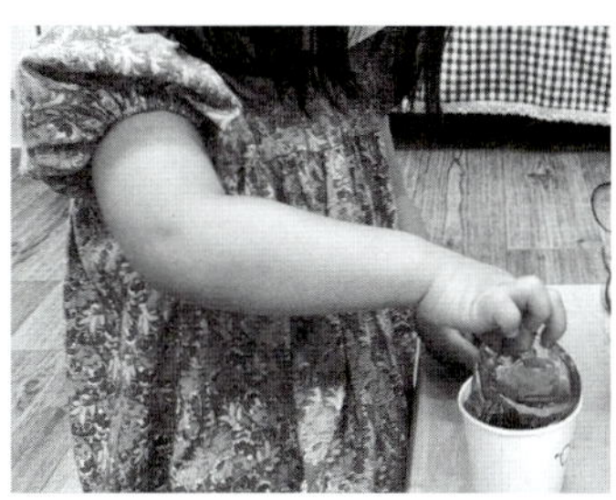</td></tr>
</table>

활동 방법

찬미: 우와 얼음바다에 물고기가 들어 있다!
난아: 얼음이 파란색이다! 선생님 왜 파란색이에요?
교사: 왜 파란색일까요?
난아: 바다가 파란색이라서요!
교사: 얼음 속에 들어 있는 물고기가 어떤가요?
찬미: 예뻐요! 보석 같아요!
찬미: 아이 차가워! 진짜 차갑다!

얼음이 녹아 휴지로 녹은 물을 닦는다.

찬미: 어! 선생님 휴지가 파란색이 됐어요!
교사: 우와~ 정말이네 파란색이 되었구나! 꼭 물감 같다! 종이 위에도 파란색이 나오는지 한번 그려볼까요?

② 색 얼음을 종이 위에 그려본다.

교사가 도화지를 제공한다.

〈도화지 위에 끼적이는 사진〉

찬미: 선생님! 이것보세요 여기도 파란색이 나왔어요! 그림이 그려져요!
교사: 어떤 그림을 그리면 좋을까요?
난아: 바다요! 이거 바다색이니깐 바다 그릴 거예요!
교사: 바다는 파란색만 있을까요?
연주: 초록색 바다도 있어요!
교사: 그럼 내일은 알록달록 바다를 만들어 보아요!

놀이 2일: 아이 차가워! 알록달록 바다를 만들어요!

① 다양한 색의 얼음 물감을 관찰한다.

유아들에게 다양한 색의 얼음 물감을 제공한다.

교사: 어떤 색의 얼음 물감이 있나요?
유아: 초록색, 보라색, 파란색, 노란색, 분홍색, 빨간색이요!

활동 방법

교사: 알록달록한 얼음 물감으로 멋진 바다를 만들어 주세요!

② 색 얼음을 이용하여 바다를 색칠한다.

색 얼음을 전지 위에 문지르며 색칠하자 다른 색과 색이 섞인다.

난아: 난 여기를 노란색 바다로 만들 거야!
찬미: 나는 초록 바다야!
난아: 어! 선생님 이것보세요! 여기 색깔이 바뀌었어요!
교사: 정말이구나~! 노란색과 초록색이 만나 파란 바다가 되었네!
찬미: 우와! 우리 여기도 같이 색칠하자!
연주: 나랑도 색깔 섞어보자!

③ 완성된 작품을 전시한다.

완성된 작품을 보고 느낌을 이야기 나눈 후 전시할 곳에 대해 정한다.

교사: 멋진 알록달록 바다가 완성되었어요!
찬미: 우와! (짝짝짝) 멋져요!
교사: 친구들 완성된 작품을 보니 어떤 느낌이 드나요?
연주: 예뻐요! 알록달록 해요!
난아: 저기에서 수영하고 싶어요! 바다 친구들도 좋아할 것 같아요!
교사: 완성된 작품을 어디에 전시하면 좋을까요?
찬미: 저기 벽이요!
난아: 바닥이요! 바다는 밑에 있으니깐 여기요!

완성된 작품을 바닥에 붙여 제공하였고 유아들은 바다 생물 작품, 놀잇감을 활용하여 바다를 꾸미거나 낚시놀이를 하며 놀이를 확장시켜 나갔다.

놀이 경험 이해	〈유아의 놀이 경험〉 바다 생물이 든 파란 얼음에 관심을 보이며 자유롭게 탐색해 보았고 탐색하는 과정에서 얼음이 녹자 휴지로 닦아 보았다. 휴지에 파란색이 물든 것을 보고 얼음이 녹아 나온 색에 관심을 보였다. 파란 얼음을 종이에 문질러 자유롭게 그림을 그려보았고 이후 다양한 색의 얼음을 이용하여 커다란 알록달록 바다를 만들어 보며 다양한 색을 이용한 놀이를 즐길 수 있었다. 〈교사의 놀이 이해〉 유아들은 물고기가 든 파란 얼음에 관심을 가지고 자유롭게 탐색할 수 있었으며 탐색하는 과정을 통해 얼음이 녹으면 물이 나온다는 물체의 특성을 자연스럽게 알 수 있었다. 종이를 추가 제공하여 파란 얼음을 문질러 보았고 자유롭게 그림을 그리며 색 얼음에 대한 흥미가 높아졌다. 유아의 흥미를 고려하여 다양한 색의 얼음을 제공해 알록달록 바다를 만들어 보았다. 이 과정을 통해 서로 다른 색이 섞여 새로운 색이 된다는 색의 성질도 알 수 있었다. 친구들과 함께 작품을 완성하며 함께 감상해 보며 공동체가 함께 하는 기쁨을 느낄 수 있었다.
교사 지원의 특징	유아가 파란 얼음에 관심을 보여 자유롭게 탐색을 할 수 있도록 종이를 제공하였고 유아들은 종이 위에 얼음 그림이 그려진다는 것을 알 수 있게 되었다. 또한 다양한 색의 물감을 제공하여 유아의 흥미가 확장될 수 있도록 도움을 주었다.

Chapter 10

유아건강교육

1. 유아건강교육의 이해
2. 유아건강교육의 내용
3. 유아건강교육의 교수 · 학습방법
4. 유아건강교육의 지도 실제

1 ⋯⋯ 유아건강교육의 이해

유아기는 일생 중 성장과 발달이 급속도로 이루어지는 시기로 이 시기의 건강관리가 평생을 좌우한다고 해도 지나치지 않다. 올바른 건강, 즉 적절한 성장과 발달을 도모하기 위해 유아기 때 건강한 삶의 질을 유지하며, 건강한 생활습관을 기를 수 있도록 성장과정에서 지속적인 관심과 지원을 하는 것이 중요하다. 이 장에서는 유아건강교육의 개념과 목표, 건강교육의 내용과 교수 · 학습방법에 대해 살펴보고자 한다. 이를 통해 유아의 건강을 증진시키고 궁극적으로 고른 발달을 성취하도록 하자.

1) 유아건강교육의 개념

세계보건기구에서는 영유아의 건강이란 영유아의 성장 및 발육이 저해되지 않고 순조롭게 진행되는 상태로서 단순히 질병이 없고 허약하지 않다는 것을 의미하는 것이 아니라, 신체적 · 정신적 · 사회적 모든 요인이 문제없이 온전하다는 것을 의미한다고 하였다(김숙이 외, 2018). 오늘날의 건강교육은 학습된 경험들의 조합이 개인 삶의 질을 발전 · 유지하며 향상시키도록 하고 안내하는 과정이라 할 수 있으며, 이에 건강에 대한 태도, 지식, 행위에 영향을 주는 계획되고 연계된 교육을 포함한다고 볼 수 있다(오미경,

이은미, 2015).

이를 위해 국가수준 교육과정인 2019 개정 누리과정에서는 신체운동 · 건강영역의 내용범주 중 '건강하게 생활하기'에서 바른 태도로 즐겁게 음식을 먹는 내용을 새롭게 포함하여, 영유아기에 올바른 식습관을 형성하기 위한 기초를 다질 수 있도록 하였다.

2) 유아건강교육의 목적 및 목표

영유아를 위한 건강교육은 기본 교육의 목적인 지식, 기술, 태도의 목적을 가지고 이루어지며, 기존 질병에 대한 이해와 신체적 건강, 정신적 건강, 발달의 건강 유지 및 예방적 측면을 포함하고 있다(김명정, 남기원, 김남연, 2020). 이에 영유아 건강교육의 목표에 대해 임미혜와 이혜정(2017, 김명정 외, 2017 재인용)은 건강교육의 중요성을 들어 설명하고 있다.

첫째, 인간성장의 기본틀은 유아기에 형성되며, 이 시기의 건강상태가 이후 삶에 영향을 미칠 수 있다.
둘째, 건강교육은 예방에 초점을 두어야 한다.
셋째, 교사나 부모가 영유아의 건강한 성장을 지원해야 한다.
넷째, 국가적 차원에서 영유아의 건강한 성장을 지원해야 한다.

우리나라 국가수준의 교육과정인 표준보육과정의 기본생활영역과 누리과정의 신체운동 · 건강영역의 목표를 살펴보면 다음과 같다.

〈표 10-1〉 국가수준 교육과정에서의 유아건강교육(기본생활영역/신체운동 · 건강영역)의 목적 및 목표

구분	표준보육과정		누리과정
	0-1세	2세	3-5세
목적	• 건강하고 안전한 일상생활을 경험한다.	• 건강하고 안전한 생활습관의 기초를 형성한다.	• 실내외에서 신체활동을 즐기고, 건강하고 안전한 생활을 한다.
목표	• 건강한 일상생활을 경험한다. • 안전한 일상생활을 경험한다.	• 건강한 생활습관의 기초를 형성한다. • 안전한 생활습관의 기초를 형성한다.	• 신체활동에 즐겁게 참여한다. • 건강한 생활습관을 기른다. • 안전한 생활습관을 기른다.

2 유아건강교육의 내용

영유아 건강교육을 위한 표준보육과정과 누리과정의 내용은 기본생활영역, 신체운동 · 건강영역에서 찾아볼 수 있다.

제4차 표준보육과정 '기본생활영역'의 내용범주와 내용에 대해서 살펴보면 다음과 같다. '건강하게 생활하기'는 영아가 신체의 청결과 위생, 즐거운 식사, 편안한 수면, 휴식과 배변경험 등을 통해 건강한 일상을 경험하고(0-1세), 건강한 생활습관의 기초를 형성하는(2세) 내용이다.

0-1세 '건강하게 생활하기'의 세부내용은 다음과 같다.

'도움을 받아 몸을 깨끗이 한다'에서는 0-1세의 영아가 몸을 깨끗이 할 때의 기분 좋음을 경험하며, 위생과 청결에 대한 기본적인 감각을 기르는 것으로 교사의 도움을 받아 손과 몸을 씻고 이를 닦는 경험을 하는 내용이다. '음식을 즐겁게 먹는다'는 0-1세의 영아가 먹는 것에 대한 즐거움을 알고, 수유-이유식-고형식 등 다양한 음식을

섭취하는 과정을 즐겁게 경험하는 내용이다. '하루 일과를 편안하게 경험한다'는 0-1세의 영아가 어린이집에서의 수면, 휴식, 놀이 등의 일과를 건강하고 편안하게 경험하는 내용이다. '배변 의사를 표현한다'는 0-1세의 영아가 대소변의 마려움을 인식하고 배변 의사를 나타낼 수 있도록 하여 배변훈련을 준비하는 내용이다.

2세 '건강하게 생활하기'의 세부내용은 다음과 같다.

'자신의 몸을 깨끗이 해본다'는 2세의 영아가 스스로 손과 몸 씻기 및 이 닦기 등을 시도하고 경험하며, 위생적이고 청결한 생활습관의 기초를 형성하는 내용이다. '음식에 관심을 가지고 즐겁게 먹는다'는 2세 영아가 위생적인 환경에서 다른 사람과 더불어 다양한 음식을 즐기며, 건강한 식사습관의 기초를 형성하는 내용이다. '하루 일과를 즐겁게 경험한다'는 2세 영아가 놀이, 휴식(수면), 식사 등 어린이집의 규칙적인 일과 속에서 즐겁게 생활하고, 일과 중 옷을 입고 신발을 신는 등의 자조기술을 시도하며 자율감을 경험하는 내용이다. '건강한 배변습관을 갖는다'는 2세 영아가 배변과 관련된 신체조절 능력 발달을 바탕으로 즐겁게 배변훈련을 시도하고 경험해보도록 함으로써 건강하고 자율적인 배변습관을 형성하는 내용이다.

2019 개정 누리과정의 '신체운동 · 건강영역'은 표준보육과정과 연계성을 가지며 유아가 다양한 신체활동에 즐겁게 참여하고, 청결과 위생, 즐거운 식사, 적당한 휴식을 통해 건강한 생활습관을 기르며, 일상에서 안전하게 생활하는 방법을 배우고 실천하는 내용으로 구성되어 있다.

'건강하게 생활하기'는 유아가 스스로 몸과 주변을 깨끗이 하고, 즐겁게 식사하며, 자신의 신체 리듬에 맞게 휴식을 취하고, 질병을 예방하는 다양한 방법을 실천하는 내용이다. '건강하게 생활하기'의 세부내용은 다음과 같다.

'자신의 몸과 주변을 깨끗이 한다'는 유아가 손을 씻고 이를 닦는 등 몸을 깨끗이 하는 적절한 방법을 알고 실천하여 자기 주변을 깨끗하게 정리정돈 하는 내용이다.

'몸에 좋은 음식에 관심을 가지고 바른 태도로 즐겁게 먹는다'는 유아가 몸을 건강하게 하는 음식에 관심을 가지고, 음식을 소중히 여기며, 제자리에 앉아서 골고루 즐겁게 먹는 내용이다. '하루 일과에서 적당한 휴식을 취한다'는 유아가 피곤하거나, 몸이 아프거나, 몸을 많이 움직여서 쉬고 싶을 때, 적절한 휴식을 취하는 내용이다. '질병을 예방하는 방법을 알고 실천한다'는 유아가 질병의 위험으로부터 건강을 유지할 수 있는 다양한 생활방식(몸을 청결히 하기, 날씨와 상황에 알맞은 옷 입기, 찬 음식 적당히 먹기, 정해진 시간에 자고 일어나기, 따뜻한 물 마시기 등)을 경험하는 내용이다.

이를 표로 제시하면 〈표 10-2〉와 같다.

〈표 10-2〉 국가수준 교육과정에서의 유아건강교육(기본생활영역/신체운동 · 건강영역)의 내용

내용 범주	표준보육과정		누리과정
	0-1세	2세	3-5세
건강하게 생활하기	• 도움을 받아 몸을 깨끗이 한다. • 음식을 즐겁게 먹는다. • 하루 일과를 편안하게 경험한다. • 배변 의사를 표현한다.	• 자신의 몸을 깨끗이 해본다. • 음식에 관심을 가지고 즐겁게 먹는다. • 하루 일과를 즐겁게 경험한다. • 건강한 배변습관을 갖는다.	• 자신의 몸과 주변을 깨끗이 한다. • 몸에 좋은 음식에 관심을 가지고 바른 태도로 즐겁게 먹는다. • 하루 일과에서 적당한 휴식을 취한다. • 질병을 예방하는 방법을 알고 실천한다.

이를 토대로 영유아건강교육에서 다루어져야 할 내용을 구체적으로 살펴보면 다음과 같다.

1) 영유아의 영양관리

영유아기의 올바른 영양섭취 및 식습관 형성은 건강한 일생을 좌우할 정도로 매우 중요하다. 이에 교사 및 부모는 이 시기의 발달에 맞는 영양을 공급하고 올바른 식습관을 형성할 수 있도록 지도하여 영유아의 건강을 최적의 상태로 유지할 수 있도록 해야

한다.

영유아기의 영양관리에 대한 고려사항은 다음과 같다(김숙이 외, 2018).

첫째, 균형 잡힌 영양공급을 해야 한다. 이 시기의 영유아들이 골고루 다양한 영양요소를 탐색하고 섭취할 수 있도록 영양적으로 균형을 이루어야 하며, 영유아의 영양소 권장섭취량을 충족시켜야 한다.

둘째, 영유아기의 편식습관은 영양의 과다섭취 및 과소섭취에 영향을 주므로 바람직한 식습관을 형성하도록 도와야 한다. 영유아기에 형성된 식습관은 어른이 되어서도 문제를 야기하므로 건강한 삶을 위한 기초로서 영유아 시기부터 영양관리를 시작하여 식사와 간식에서 건강한 영양섭취를 하도록 해야 한다.

(1) 영유아의 식사지도

영유아기는 좋은 식습관을 형성하도록 가정과의 연계를 통한 부모와의 협조가 반드시 필요하다. 영유아의 좋은 영양상태는 곧 식사환경이나 올바른 식생활 행동 형성을 통해 유지될 수 있다. 영유아의 식사지도 내용은 다음과 같다.

〈표 10-3〉 영유아의 식사지도

식사 전	• 식사 전에는 반드시 손을 씻도록 한다. • 식사 준비와 상차림을 돕는다. • 식사를 준비해 준 사람들에게 감사하는 마음을 표현한다.
식사 시	• 식사를 시작할 때는 웃어른이 먼저 식사를 시작하면 식사한다. • 식사 도중에는 바른 자세로 음식을 먹고 돌아다니지 않는다. • 밥과 반찬을 골고루 균형 있게 먹고 편식하지 않는다. • 음식물을 입 안에 넣은 채로 말을 하지 않는다. • 적당한 시간 내에서 즐겁게 먹는다.
식사 후	• 입가 주변에 묻은 음식물은 휴지나 수건 등으로 닦는다. • 식사를 했던 식탁과 주변의 자리를 깨끗이 치운다. • 자신이 사용한 식기는 정해진 장소에 정리하도록 한다. • 식사 후에는 반드시 이를 닦는다.

(2) 영유아의 간식지도

영유아는 성인에 비해 위의 용량이 적어서 1일 3회의 식사만으로는 필요한 영양소를 섭취하기 힘들다. 따라서 영유아들은 하루에 필요한 에너지를 보충하기 위한 간식이 필요하다. 무엇보다도 영유아기에 있어 간식은 세 번의 식사로 부족한 영양소를 보충하는 데 그 목적이 있으므로 식품을 질적으로 공급하도록 한다. 보통 3회의 정규적인 식사에 1~2회의 간식을 제공하도록 권장한다. 간식은 식사에 방해가 되지 않는 수준에서 적절한 포만감을 줄 수 있는 것으로 선택하여 영유아들이 즐겁게 활동할 수 있도록 유도한다(김숙이 외, 2018).

(3) 영유아의 편식지도

편식하는 유아는 골고루 먹지 않고 특정한 식품만을 섭취하게 됨으로써 다양한 식품을 통한 고른 영양의 섭취가 불가능해지고, 특정 영양소만 과다하게 섭취하는 영양장애를 초래할 수 있다. 유아기는 식욕과 식품의 기호가 불안정하여 식품의 성분, 맛에 대한 개인적인 차이가 많으며 쉽게 변할 수 있는 시기이므로 지속적인 관심과 지도를 통해 편식 교정을 하도록 한다. 음식을 지나치게 권하는 것은 바람직하지 않으며, 조리방법을 변경하여 제공하거나, 냄새나 맛, 외관 등의 이유로 기피하는 음식은 좋아하는 음식에 섞어 조리하는 것도 방법이다. 또한 친구들과 함께 어울려서 식사하게 하거나, 즐거운 식사환경을 만들어 주도록 한다.

2) 영유아의 질병예방 및 관리

영유아기는 성인에 비해 면역력이 약하여, 제한된 공간 속에서 많은 영유아들이 함께 생활할 경우 수족구, 독감, 수두 같은 전염성에 걸릴 확률이 증가하게 된다. 따라서 영유아교육기관에서는 이를 염두에 두고 영유아의 안전과 건강을 비롯하여 전염성 질환과 같은 질병을 예방하는 데 최선을 다해야 할 의무가 있다. 특히 영유아와 직접적으로 관계를 맺는 보육교사는 영유아를 안전하게 보호하고 양육하기 위한 안전, 영양, 건강에 대한 전문적 지식과 기술이 요구될 뿐만 아니라, 영유아가 생활하는 환경 중의 하나인 가정에서도 영유아의 질병 및 건강, 영양 등에 대한 적절한 지식을 습득하도록 돕고, 함께 영유아를 보호하고 양육하고자 하는 노력도 필요하다.

(1) 손 씻기

올바르게 손을 씻기만 해도 세균의 90%가 제거된다고 한다. 최근 코로나 19로 인해 올바른 손 씻기가 강조되면서, 질병 예방의 제일 쉽고 정확한 방법은 올바른 손 씻기임을 이제는 남녀노소 할 것 없이 누구나 잘 알고 있을 것이다. [그림 10-1]의 올바른 손 씻기 6단계를 익혀 질병으로부터 몸을 보호할 수 있도록 해야 한다.

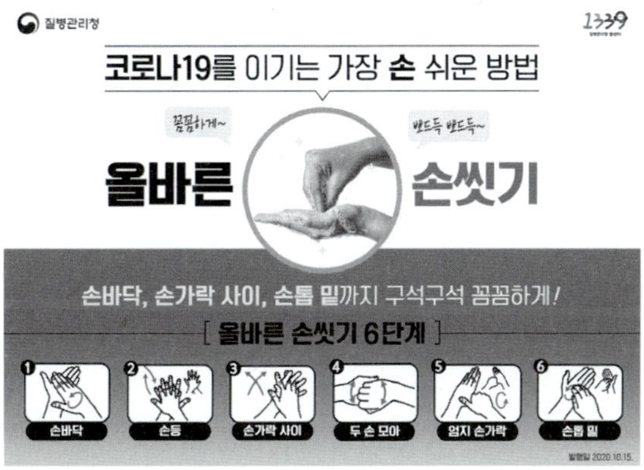

1단계	2단계	3단계
손바닥: 손바닥과 손바닥을 마주대고 문질러 주세요	손등: 손등과 손바닥을 마주대고 문질러 주세요	손가락 사이: 손바닥을 마주대고 손깍지를 끼고 문질러 주세요
4단계	**5단계**	**6단계**
두 손 모아: 손가락을 마주잡고 문질러 주세요	엄지손가락: 엄지손가락을 다른 편 손바닥으로 돌려주면서 문질러 주세요	손톱 밑: 손가락을 반대편 손바닥에 놓고 문지르며 손톱 밑을 깨끗하게 하세요

[그림 10-1] 올바른 손 씻기 6단계

출처: http://www.kdca.go.kr/search/search.es?mid=a20101000000, 질병관리청.

(2) 예방접종

예방접종은 감염병 예방에 가장 효과적이고 안전한 수단으로 예방접종을 하면 감염병으로부터 영유아들을 보호하며, 감염이 될 경우에도 심각한 합병증을 피할 수 있다. 감염병에 대한 방어면역이 약해지고 단체생활을 시작하는 4세 이후의 유아기에 맞아야 하는 추가예방접종을 소홀히 하여 유아와 친구들의 건강을 해치는 일이 없도록 해야 하겠다.

영유아 필수예방접종에 대해 살펴보면 [그림 10-2]와 같다.

어린이가 건강한 대한민국

표준예방접종일정표(2021)

	대상 감염병	백신종류 및 방법	횟수	출생~1개월이내	1개월	2개월	4개월	6개월	12개월	15개월	18개월	19~23개월	24~35개월	만4세	만6세	만11세	만12세
국가예방접종	결핵	BCG(피내용)	1	BCG 1회													
	B형간염	HepB	3	HepB 1차	HepB 2차			HepB 3차									
	디프테리아 파상풍 백일해	DTaP	5			DTaP 1차	DTaP 2차	DTaP 3차		DTaP 4차				DTaP 5차			
		Tdap/Td	1													Tdap/Td 6차	
	폴리오	IPV	4			IPV 1차	IPV 2차	IPV 3차						IPV 4차			
	b형헤모필루스인플루엔자	Hib	4			Hib 1차	Hib 2차	Hib 3차	Hib 4차								
	폐렴구균	PCV	4			PCV 1차	PCV 2차	PCV 3차	PCV 4차								
		PPSV	–										고위험군에 한하여 접종				
	홍역 유행성이하선염 풍진	MMR	2						MMR 1차					MMR 2차			
	수두	VAR	1						VAR 1회								
	A형간염	HepA	2						HepA 1~2차								
	일본뇌염	IJEV(불활성화 백신)	5						IJEV 1~2차				IJEV 3차		IJEV 4차		IJEV 5차
		LJEV(약독화 생백신)	2						LJEV 1차				LJEV 2차				
	사람유두종바이러스 감염증	HPV	2													HPV 1~2차	
	인플루엔자	IIV	–					IIV 매년 접종									
기타 예방접종	로타바이러스 감염증	RV1	2			RV 1차	RV 2차										
		RV5	3			RV 1차	RV 2차	RV 3차									

[그림 10-2] 표준예방접종 일정표

출처: 질병관리청(2021). 예방접종도우미.

3) 건강한 생활습관

영유아기는 삶을 살아가는 데 기본이 되는 생활 전반의 지식을 습득하고 기술을 익히는 시기이다(임미혜, 이혜정, 2018). 영유아가 자신의 신체에 대해 긍정적으로 인식하고 돌보는 능력이 발달하도록 하기 위해서는 건강한 생활습관이 형성되어야 한다. 영유아기부터 몸을 깨끗이 유지하고 대소변 훈련 및 수면습관, 식습관을 올바르게 형성하여 성장하면서도 그 습관을 유지하고 향상시킬 수 있어야 한다. 영유아기는 면역체계가 완벽하지 않기 때문에 청결을 유지하는 습관이 매우 중요하다(홍길회, 정미자, 2014).

(1) 식사습관

유아기는 기초대사에 필요한 열량이 많고 신체가 빠르게 발달하는 시기로, 고른 식생활로 균형 있는 성장을 돕는 것이 좋다. 먼저 식사 전에는 손을 씻는 습관을 들이도록 한다. 이때 깨끗이 씻는 것도 중요하지만 스스로 씻으려는 자세를 격려한다. 그리고 식사에 대해 감사하는 마음과 즐겁게 먹을 수 있는 환경을 조성해 영유아가 먹는 욕구를 느끼도록 한다. 식사를 즐기지 않는 영유아라고 가정에서 부모가 쫓아다니며 먹이거나 옆에서 먹여주는 것은 영유아의 먹는 욕구를 떨어뜨릴 수가 있다. 음식을 흘리거나 수저를 사용하다 떨어뜨린다고 해서 혼을 내는 것은 음식을 먹는 것에 대한 흥미를 없애므로 삼가고 식사시간이 즐겁다는 생각을 가질 수 있도록 설명하면서 이해시키도록 한다. 온 가족이 함께 둘러앉아 식사하면서 스스로 먹는 과정을 통해 성취감을 주어 식사시간을 즐거운 시간으로 인식하도록 한다.

(2) 수면 및 휴식습관

영유아의 수면시간은 개인에 따라서 다르기는 하나 대개 하루에 13~15시간 정도이다. 생후 1~2개월은 수유량이 충분하고 건강하면 다음 수유 시까지 자기도 하며, 월령이 증가하면서 수면시간은 줄어든다. 생후 1년이 되면 오전의 낮잠은 불규칙하고 2세경이 되면 여러 가지 긴장이 많아서 수면을 취하지 못하며 3~4세가 되면 낮잠을 자지 않는 유아가 증가한다. 잠이 오지 않는 유아들은 누워서 휴식을 취할 수 있도록 지도한다.

(3) 배변훈련

대부분의 영아들은 대변을 먼저 가리고 소변을 가릴 수 있게 되며, 만 2~3세경에는 배변훈련을 시작할 수 있을 만큼의 신경학적 · 신체적 · 언어적 발달이 이루어진다. 그리고 일단 충분히 준비가 된 경우라면 시작한 지 2~4주 내에 배변훈련이 완성된다. 그러나 개인에 따라 3~4세가 되어야 준비가 되는 경우도 있고 훈련이 완성되기까지 4~8주가 걸리는 경우도 있다. 프로이트의 항문기에 해당하는 이 시기에 부모는 영유아의 배변훈련에 관심을 기울이게 되며, 영유아가 적절한 때와 장소에 대소변을 가렸을 때는 칭찬을 해주어야 한다.

(4) 신체활동

영유아기에는 기본적인 감각운동 기능과 신체조절 능력을 기르게 하고, 건강한 생활습관을 가지게 하며, 안전생활에 필요한 기초지식과 방법을 익히게 한다. 영유아는 자신에게 알맞은 운동을 매일 규칙적으로 하는 것이 건강한 생활을 위해 중요하며, 부모나 교사는 영유아가 이러한 신체활동을 할 수 있도록 적절한 환경을 제공해주는 것이 필요하다.

3 유아건강교육의 교수 · 학습방법

영유아들의 건강한 생활을 영위하기 위해서는 질병에 걸리지 않도록 미연에 예방교육을 철저히 하는 것이 중요하다. 손을 자주 씻고, 기침예절을 잘 지키고, 전염병에 감염되지 않기 위해 예방주사를 잘 맞을 수 있도록 영유아기부터 예방교육을 철저히 하는 것은 매우 중요하다.

이에 영유아 건강교육은 영유아가 일상생활에서 여러 가지 경험이나 활동을 통해 건강에 대한 올바른 지식, 기술, 태도를 자연스럽게 형성할 수 있도록 계획해야 하고 (조미환, 2017), 영유아의 발달단계에 맞게, 즉 연령이 낮을수록 구체적이고 체험적인 교수방법이 적용되어야 한다(임부연, 최남정, 양혜련, 2016). 또한 연령의 적합성, 개인의 특성 및 상황을 고려하여 적절하고 융통성 있게 실시해야 할 것이다.

이를 위한 교사의 교수 · 학습방법을 살펴보면 다음과 같다.

1) 주제중심의 통합적 접근을 통한 교육

주제중심의 통합적 접근은 영유아의 흥미와 발달, 학습에 적합한 주제를 선정해 이를 탐구하는 과정에서 누리과정의 5개 영역과 관련되는 내용들을 통합하여 학습하는 것이다(조미환, 2017). 영유아들은 주제를 탐구하기 위한 서로 연관된 다양한 활동들을 하게 되는데, 이 활동들을 통해 주제에 대해 더욱 효과적이며 깊이 있게 이해할 수 있게 된다. 즉, 주제중심의 통합적 접근을 통한 교육이란, 초 · 중등학교에서 이루어지는 분리된 교과로서의 학습이 아니라 영유아들이 자주 접하게 되는 상황을 학습 경험으로 활용하여 그 경험을 통한 전인적 발달이 이루어질 수 있도록 돕는 교육방법을 의미한다(엄세진 외, 2018). 예를 들면, 하루 일과 속 실내외 자유선택활동, 이야기나누기, 동화듣기, 노래 부르기, 미술활동, 신체표현, 게임, 견학활동, 바깥놀이 시간, 요리하기 등의 다양한 활동 속에서 관련된 주제의 내용에 대해 통합적으로 접근함으로써 자연스럽게 주제에 몰입하게 되고, 통합적으로 학습하게 된다. 이때 교사는 유아의 발달 수준을 고려하여 계획을 세우고, 유아가 놀이를 통해 자연스럽게 주제에 몰입하고 학습할 수 있도록 유아의 반응이나 상황 변화에 따라 활동을 조정하여 융통성 있게 진행하도록 한다(유미림, 인재천, 2018).

〈표 10-4〉는 생활주제와 연계된 건강주제 및 연계활동의 예를 나타낸 것이다.

〈표 10-4〉 생활주제와 연계된 건강주제 및 연계활동의 예

생활주제	건강 관련 주제	연계활동
나와 가족	깨끗한 나와 환경	• 목욕탕 짓기(쌓기놀이) • 손씻기 송(음악) • 내게 옷을 입혀 주세요(수 · 조작) • 질병을 예방해요(언어) • 두근두근 예방주사(언어)
	맛있는 음식과 건강	• 방귀공주의 비밀(동화 · 동극 · 동시) • 방귀타령(음악)

출처: 교육과학기술부(2013).

또 다른 예로, 생활주제와 연계하여 관련된 동화책을 중심으로 문학적 접근을 통해 건강교육 및 안전교육을 운영할 수 있다. 이와 관련된 예는 [그림 10-3]과 같다.

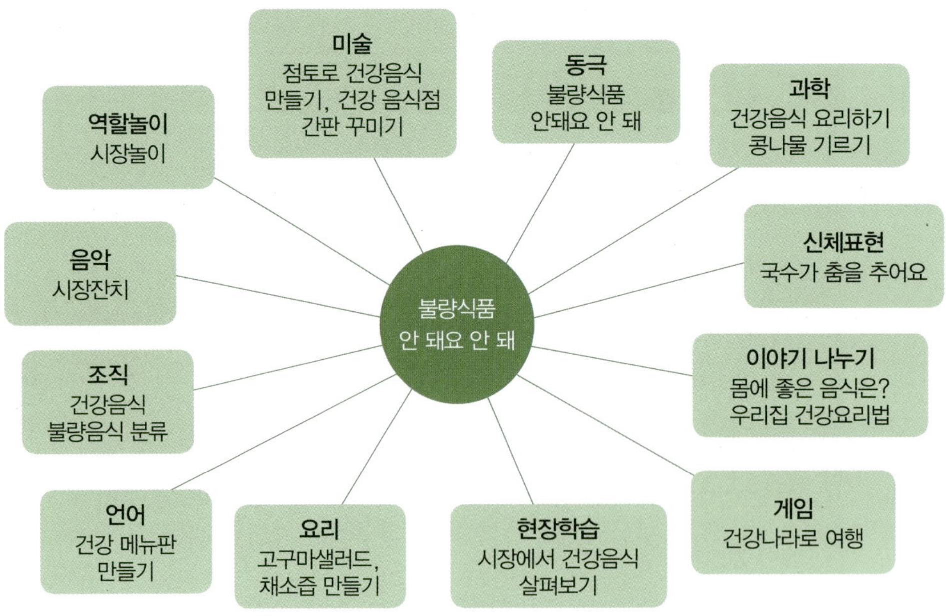

[그림 10-3] 문학적 접근 활동 주제망의 예

출처: 유미림, 인재천(2018). p. 295.

2) 상황에 기초한 교육

상황교육은 지식이 유용하게 사용될 수 있도록 실제 맥락 속에서 지식과 기술을 학습하는 것을 말한다(유미림, 인재천, 2018). 특히 건강교육은 지식만 가르친다고 실천으로 이어지기는 어렵기 때문에 적절한 상황 속에서 지속적으로 교육이 이루어져야 할 것이다.

이러한 접근방법은 영유아들이 직간접적으로 경험한, 또는 경험하게 될 상황을 근거로 하므로 동기유발이 용이하고 실제와 직접 연결된다는 점에서 큰 장점이 있다(엄세진 외, 2018). 예를 들면, 바깥놀이를 하고 교실로 들어올 때 손을 씻어야 하는 상황, 날씨가 추워지는 계절이 오기 전에 독감예방접종을 해야 하는 상황 등 그때그때의 상황에 맞추어 교육이 이루어질 수 있다는 것이다. 그러나 필요한 모든 상황의 건강교육 내용을 체계적으로 담을 수 없다는 점에서 한계가 있다.

3) 가정과 연계한 교육

영유아를 대상으로 한 교육은 유아교육기관에서의 교육만으로는 부족하다. 이에 유아교육기관에서 교육한 내용이 가정에서도 연계되어 지속적으로 교육이 이루어져야 한다. 예를 들면, 올바른 손 씻기를 유아교육기관에서 배우고 난 뒤 가정에서도 연계해서 손 씻기가 이루어질 수 있도록 교육해야 올바른 손 씻기 습관이 형성되어 건강한 생활을 지속할 수 있을 것이다. 따라서 가정과 연계될 수 있도록 지속적으로 부모교육이 이루어질 수 있게 시기별로 적절한 건강교육의 주제를 선정하여 교육할 수 있도록 한다.

가정과 연계한 교육방법으로 가정통신문을 활용할 수 있으며, 관련된 외부 강연에 참여할 수 있도록 안내한다든지, 건강교육을 위한 현장견학활동 시 부모참여를 활성화한다면 유아교육기관과 가정이 연계한 교육이 이루어질 수 있을 것이다.

4) 전문기관 협력 및 현장학습에 의한 교육

영유아의 건강교육을 위해 전문적인 지식과 시설을 갖춘 기관에 의뢰하여 교육을 받는 것도 매우 중요하다. 전문기관과의 협력을 통해 영양관리 등의 교육내용을 다룰 수 있으며, 건강교육과 관련된 기관의 시설을 방문하여 교육을 받을 수도 있고, 관련 기관의 선생님을 모시고 함께 수업을 진행할 수도 있다. 이를 위해 유아교육기관에서 사전에 기관에 신청을 하고 현장을 방문하여 교육이 이루어질 수도 있고, 전문가가 직접 유아교육기관을 방문하여 교육이 이루어질 수도 있다.

예를 들면, 각 지자체에 마련된 보건소 및 급식지원센터의 영양상담 선생님이 유아교육기관을 방문하여 영양 및 질병과 관련된 교육이 이루어질 수 있다. 이는 각 지역사회가 소재한 기관의 홈페이지를 통해 교육신청이 가능하다.

현장체험학습을 계획할 때 교사는 사전에 치밀한 계획을 세워 현장학습 후 현장 경험을 확장시킬 수 있는 다양한 연계활동을 전개하는 시간을 가질 수 있도록 하는 것이 좋다(유미림, 인재천, 2018).

교사가 현장학습을 계획할 때 고려해야 할 점은 다음과 같다(서유미, 2008).

- 현장학습의 목적을 명확히 해야 한다.
- 교육내용과 교육활동을 보완해줄 수 있는 적합한 장소를 선정해야 한다.
- 어떤 교통수단을 이용할 것인지를 결정하고, 관계자와 의논해서 확정한다.
- 사전답사를 시행한다. 사전답사 시에는 직원에게 방문목적, 방문 영유아의 나이, 영유아들이 하게 될 질문 등에 대해 설명하고 현장의 안전성과 화장실의 위치, 식수 시설 등을 점검한다. 이 외에도 도착시각, 진행될 활동의 소요시간, 출발 지점 등을 확인하여 현장학습이 원활하게 이루어지도록 해야 한다. 현장학습 장소의 사진을 찍어서 미리 교실에 게시하면 영유아들의 현장학습에 대한 동기와 흥미를 높일 수 있다.

- 실제 현장학습과 연관된 사전 활동을 시행한다. 현장학습을 하는 이유와 목표를 인식하게 하고, 현장학습 장소의 위치나 주의할 점에 대해 설명한다. 이야기나 토의를 통해 영유아들이 직접 질문할 목록을 작성해 보는 활동을 하거나 인터넷 등을 활용하여 현장에 관한 정보를 찾아보게 한다.
- 안전교육을 시행한다. 현장학습 시 영유아들이 지켜야 할 약속과 질서 등을 주제로 토의해 보는 시간을 갖는다.
- 만약의 사태에 대비하여 구급약이나 여벌의 옷, 화장지, 여분의 간식, 비닐 등을 준비한다.
- 현장학습 가기 일주일 전 학부모에게 현장학습 안내서를 발송한다. 현장학습 목적과 내용, 유치원 및 어린이집 도착시간, 부모 자원봉사 신청 등에 대해 안내한다.
- 교사와 현장학습을 함께 갈 자원봉사자는 각각 역할을 분담하고, 맡은 역할을 숙지할 수 있도록 안내한다.

4 유아건강교육의 지도 실제

1) 자유놀이에서의 유아건강교육

<table>
<tr><td>활동명</td><td>나무판자로 놀이기구를 만들어요.</td><td>놀이 주제</td><td>기계와 도구</td></tr>
<tr><td>활동 유형</td><td>자유놀이(신체놀이)</td><td>대상 연령</td><td>5세</td></tr>
<tr><td>활동 목표</td><td colspan="3">• 자신의 신체를 조절하여 신체 균형을 잡을 수 있다.
• 나무판자를 이용하여 다양한 놀이를 즐긴다.</td></tr>
<tr><td>교육과정 관련 요소</td><td colspan="3">• 신체운동 · 건강 : 신체활동 즐기기 – 실내외 신체활동에 자발적으로 참여한다.
• 신체운동 · 건강 : 안전하게 생활하기 – 일상에서 안전하게 놀이하고 생활한다.</td></tr>
<tr><td>활동 자료</td><td colspan="3">나무판자, 줄</td></tr>
<tr><td>활동 방법</td><td colspan="3">

〈놀이 상황〉

바깥놀이 시간에 유아들이 모여서 오늘은 어떤 놀이를 할지 토의가 시작되었다. 한 유아가 나무판자를 가지고 놀자고 제안하면서 유아들 모두 나무판자를 이용한 놀이가 시작되었다. 나무판자 놀이 진행과정에서 유아들이 어떻게 놀이를 확장해 가는지, 놀이를 통한 신체의 움직임이 어떻게 이루어지는지 놀이 상황에서의 유아의 모습을 기록하였다.

놀이 1일: 놀이기구(Ⅰ)를 만들어요.

① 유아들 어떤 놀이를 할지 모여 토의를 한다.

동윤: 얘들아. 오늘은 뭐하고 우리 놀까?
휘민: 저거 나무판자로 놀래.
지윤: 나무판자로 뭐하지?
동민: 시소 만들어 보자.
성민: (나무판자를 들며) 나 좀 도와줘. (나무판자 가운데를 가리키며) 여기에 큰 돌을 가운데에 세워 놓고 (한쪽 끝을 발로 '쿵' 하고 밟으며) 이렇게 하니까 안 움직이네.
지윤: (커다란 돌이 있는 곳으로 걸어가며) 이걸 들고 옮겨야 해.

</td></tr>
</table>

활동 방법

교사: 친구랑 힘을 합쳐 옮겨보는 건 어때?

② 아이들은 힘을 합쳐 시소를 만든다.

유아들 커다란 돌을 양손에 들고 나무판자가 있는 곳으로 옮긴 후 커다란 돌 위에 자기가 옮겨온 돌을 올려놓는다. 한 유아가 나무판자를 잡고 세우면 다른 유아가 나무판자 한 쪽 끝을 들고 일어서고 다시 반대 편 끝에 서서 나무판자를 들고 일어선다. 유아 두 명이 힘을 합쳐 두 개의 커다란 돌 위에 나무판자를 고정시킨다.

동민: 이제 완성이야.
동윤: (나무판자의 끝에 발을 올려본다) 아, 너무 가볍다. 안 되겠어. (커다란 돌이 모여 있는 곳으로 걸어가며) 야, 잠깐만, 잠깐만.
동민: (돌 위에 있는 나무판자를 밀어내며 새로 가지고 온 커다란 돌을 높이 쌓으며) 다시, 이렇게 해. 됐다. 이제 됐어.

여러 차례 시도를 해보지만 시소는 계속 고정되지 않았고, 그 후로도 커다란 돌을 더 옮겨와 고정시키는 것을 시도하면서 나무판자 위에 올라가 몸의 균형을 잡아보지만 유아들이 올라갈 때마다 나무판자가 계속 돌아가서 몸의 균형을 잡을 수 없음을 알게 된다.

성민: 진흙으로 고정시킬까?
동윤: 마르는 데 시간이 많이 걸릴 거야.
성민: 아, 오늘 시소는 이대로 실패.
동민: 그럼 미끄럼틀 만들기로 작전변경.
동윤: 좋아 빨리 미끄럼틀 만들러 가자.

③ 시소 만들기에서 미끄럼틀로 놀이가 전환된다.

유아들 나무판자를 통나무 위에 비스듬히 올려놓고 미끄럼 타기를 한다.

지윤: 잘 안 내려가져. 나 좀 당겨줘.
지연: (유아들 낄낄대며) 내가 잡아 줄게.

활동 방법

동윤: (걸어서 내려가며) 조심해서 내려가.
지윤: (나무판자가 움직이자 나무판자를 꼭 잡으며) 내가 잡고 있을게.
지연: 미끄럼틀이 너무 시시해. 나무판자를 이리로 가져와봐.

④ 미끄럼틀 놀이가 그네놀이로 전환된다.

한 명의 아이가 줄에 나무판자를 매달아 그네를 만들자고 제안을 하였고
유아들 힘을 합쳐 줄에 나무판자를 매달기 시작한다.

지연: 올라갈 때에 나무판자가 한 쪽으로 넘어져 버리면 어떻게 하지?
동윤: 내가 한 쪽을 잡고 있어줄게.
지연: 오, 그럼 친구들이 올라갈 때까지 잡고 있어줘.
동윤: 나 놀이동산에 있는 사람 같아. 놀이기구 운전도 하고 안전하게 하라는 사람 있잖아.
교사: 정말 친구들이 안전하게 탈 수 있게 도와주는 거 보니까 안전요원 같네.
성민: 나도 반대편에서 잡아줄게. 대신 넘어지지 않게 줄 잡고 타야 돼.

아이들은 나무판자를 이용하여 시소놀이에서 미끄럼틀 놀이로, 미끄럼틀에서 그네놀이로 전환하였으며, 자연스럽게 몸의 균형을 잡기 위해 신체를 조절해 나가는 모습을 볼 수 있었고 서로 협력하여 안전하게 놀이하며 즐기는 모습을 발견하였다.

놀이 2일: 놀이기구(II)를 만들어요.

① 유아들 어제 실패한 시소놀이를 자연스럽게 이어나간다.

동윤: (폐타이어를 가리키며) 동민아, 나무판자 여기로 옮겨보자.
동민, 지윤: 알았어, 내가 도와줄게.
동윤: 여기에 올려 시소를 만들자.
성민: 이제 성공인 것 같은데…
모두: (박수치며) 시소 완성

<table>
<tr>
<td>활동
방법</td>
<td>
유아들 균형을 잡으며 시소놀이를 즐기기 시작하였고
서로 도움을 주며 그네를 타는 유아의 모습도 안정되기 시작했다.

② 유아들 나무판자를 다시 옮겨서 평균대를 만들어 균형잡기 놀이를 한다.

성민: 내가 잡아줄게. 천천히 여기로 걸어봐.
동윤: 혼자 할 수 있어. 비켜봐. 내가 건너갈게.
성민: 이번엔 판자를 벌려서 걸어가 보자.
동윤: 이렇게 다리를 벌려서 걸을 수 있어.
</td>
</tr>
<tr>
<td>놀이 경험
이해</td>
<td>
〈유아의 놀이 경험〉
바깥놀이터의 놀이기구에 대한 관심과 흥미로부터 나무판자를 이용한 놀이기구 만들기가 시작되었고 유아들이 직접 만든 다양한 놀이기구를 이용한 신체놀이가 진행되었다. 유아들의 놀이는 나무판자로 시소를 만들고 시소놀이가 미끄럼틀 놀이로, 미끄럼틀 놀이가 그네 놀이로 이어졌다. 유아들의 놀이는 계속 다른 놀이로 전환되었지만 유아의 놀이 속에는 신체의 균형을 잡으며 신체를 조절하는 놀이들이 계속되었다.
다음 날, 유아들은 시행착오를 겪었던 시소 놀이를 다른 매체를 활용하여 성공하였고 나무 그네도 안정감 있게 이용하는 모습을 볼 수 있었다. 이러한 유아들의 균형잡기 놀이는 평균대 놀이로 확장되었다.

〈교사의 놀이 이해〉
유아의 관심과 흥미로부터 시작된 나무판자를 이용한 다양한 놀이를 관찰하고 유아들이 안전하게 놀이할 수 있도록 지원하였다. 놀이에 개입하기보다는 유아들 스스로 협의를 통해 만들어 가는 놀이 속에서 몸의 균형감을 익히며 신체를 스스로 조절해 나가는 유아들의 모습을 볼 수 있었다.
</td>
</tr>
<tr>
<td>교사
지원의
특징</td>
<td>놀이에 직접적으로 개입하기보다는 유아의 놀이를 관찰하고 안전한 놀이 환경을 지원하는 역할을 수행하였다. 아이들 스스로 놀이를 다양하게 전환하며 놀이하고 놀이 속에서 신체를 스스로 조절해 나가도록 하였다.</td>
</tr>
</table>

2) 집단활동에서의 유아건강교육

<table>
<tr><th colspan="2">활동명</th><td>보자기로 썰매타기</td><th>놀이 주제</th><td>즐거운 겨울 생활</td></tr>
<tr><th colspan="2">활동 유형</th><td>게임</td><th>대상 연령</th><td>5세</td></tr>
<tr><th colspan="2">활동 목표</th><td colspan="3">• 썰매놀이를 통해 신체조절 능력을 기른다.
• 친구와 서로 협력하며 안전하게 썰매놀이를 즐긴다.</td></tr>
<tr><th colspan="2">교육과정 관련 요소</th><td colspan="3">• 신체운동 · 건강 : 신체활동 즐기기 - 신체 움직임을 조절한다.
• 신체운동 · 건강 : 안전하게 생활하기 - 일상에서 안전하게 놀이하고 생활한다.</td></tr>
<tr><th rowspan="3">활동자료</th><th>놀이 1일</th><td colspan="3">나무썰매, 나무막대기</td></tr>
<tr><th>놀이 2일</th><td colspan="3">보자기</td></tr>
<tr><th>놀이 3일</th><td colspan="3">다양한 크기의 통, 줄</td></tr>
<tr><th colspan="2">활동 방법</th><td colspan="3">〈교사의 놀이 의미 읽기〉
바깥놀이 시간에 얼음 위에서 나무판대기에 줄을 연결하여 썰매타기 놀이가 시작되었고 유아들의 놀이가 교실에서 보자기를 이용한 썰매타기 게임으로 연결되었다.
썰매타기 놀이에 대한 흥미는 다시 바깥놀이 시 다시 주변의 다양한 물건을 활용한 썰매타기로 아이들의 놀이가 확장되었다.

놀이 1일: 얼음 위에서 놀아요.

① 바깥놀이 시간에 얼음 위에서 미끄러지며 놀이를 하던 유아들에게 교사가 썰매타기를 제안한다.

재훈: (엉덩이로 미끄럼을 타며) 얘들아, 나처럼 해봐.
성민: 와, 나도 해볼래.
교사: (나무판과 나무막대를 가리키며) 이걸로 썰매타기를 해보면 재밌겠는데…
성민: 내가 해볼래요.
재훈: 선생님 잘 안 미끄러져요.</td></tr>
</table>

성민: (손으로 밀라는 흉내를 내며) 이렇게 이렇게 해봐.

② 썰매에 줄을 매달아 놀이를 한다.

나무판을 이용해 썰매를 타던 유아를 지켜보던 다른 유아가 나무판에 줄을 매어 줄썰매를 만들어 가지고 와서 유아들은 줄썰매를 밀어주기도 하고 끌어주기도 하며 썰매놀이를 즐긴다.

우혁, 현우: 얘들아, 이것 봐.
성민: 우와, 내가 타볼래.
현우: 성민아, 여기에 앉아. 내가 끌어줄게.
재훈: 이렇게도 탈 수 있어.

활동 방법

유아들이 나무판을 이용해 썰매놀이를 즐길 수 있도록 제안하였고 나무썰매가 잘 미끄러지지 않자 유아들은 나뭇판에 줄을 연결하여 줄썰매를 만들어 놀이를 확장해 나가는 모습을 볼 수 있었다. 내일은 다양한 방법으 로 썰매타기를 할 수 있도록 준비해 주어야겠다.

놀이 2일: 보자기를 이용해서 썰매타기를 해요.

우천으로 바깥놀이를 할 수 없게 되자 유아들이 어제 얼음 위에서 썰매타기 놀이를 하지 못하는 것에 대해 많이 아쉬워했다. 썰매타기에 놀이에 대한 흥미를 지속시키기 위해 교실에서 할 수 있는 방법을 제안하였다.

① 교실에서 썰매타기를 할 수 있는 방법을 알아본다.

유아의 제안으로 보자기를 가지고 썰매를 타는 놀이가 시작되었고 유아들은 함께 놀이를 즐기기 시작했다.

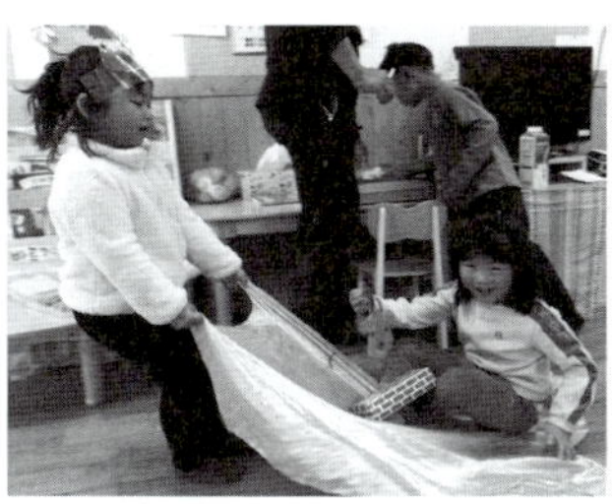

활동 방법	재훈: 성민아, 우리 이걸로 썰매 타보자. 여기에 앉아봐. 연서: 지연아, 우리도 해보자. 네가 앉아. 교사: 음… 우리 편을 나누어 게임으로 썰매타기 할까요? 모두: 좋아요. ② 보자기로 썰매타기 게임을 한다. 교사의 제안으로 보자기 썰매타기 게임이 시작되었고, 게임을 위해 유아들은 편을 나누고 짝을 정해서 자리에 앉는다.  교사: 함께 경기하고 싶은 상대편을 정해서 가위, 바위, 보 하세요. 이긴 친구는 선생님 오른쪽, 진 친구는 왼쪽에 앉아요. 모두: 네, 나랑 짝지하자. 교사: 게임 시작해 볼까요. 모두: 네. 유아들은 짝을 정해 한 명은 보자기를 타고 다른 한 명은 보자기를 끌며 게임을 한다. 썰매놀이에 대한 흥미를 교실에서 보자기 썰매타기 게임으로 확장함으로써 놀이에 대한 흥미를 지속시켜 주었으며 유아들은 매우 즐거워하였다. 놀이 3일: 통으로 썰매를 타요. 썰매놀이에 대한 관심이 계속되면서 오늘은 유아들이 다양한 통으로 놀이를 하자는 제안을 하면서 놀이는 계속되었다. ① 바깥놀이터에 있는 다양한 통을 이용해 썰매타기를 한다.   

활동 방법	서연: 민지야, 나 좀 밀어줘. 민지: 내가 밀어줄게. 애들아, 나 좀 도와줘. 우혁: 나는 이걸로 타볼래요. 성민: 나도 같이 탈 거야. 우혁: 타고 싶은 사람 모두 타. 교사는 바깥놀이터에 있는 다양한 통들을 가져다주며 유아들이 통을 이용해 썰매놀이를 할 수 있도록 한다. ② 유아들 다양한 통을 이용해 통썰매 놀이를 즐긴다.    유아들은 바깥놀이터에 있는 다양한 통을 이용한 썰매놀이를 통해 신체를 조절하면서 서로 협력하며 안전하게 놀이를 하는 방법을 알게 되었으며 썰매놀이에 대한 관심은 겨울철 놀이에 대한 관심으로 이어져 나갔다.
놀이 경험 이해	〈유아의 놀이 경험〉 실외 바깥놀이에서 얼음을 미끄러지며 놀이를 하던 유아의 얼음놀이가 나무판대기에 줄을 연결하여 썰매타기 놀이로 이어졌다. 다음 날, 썰매타기가 우천으로 바깥놀이에서 지속되지 못하자, 유아들의 썰매타기에 대한 관심과 흥미는 실내에서 보자기로 썰매를 타는 놀이로 계속되었고 유아들의 놀이는 교실에서 보자기를 이용한 썰매타기 게임으로 연결되었다. 보자기 썰매는 다시 바깥놀이에서 주변의 다양한 물건을 활용한 썰매타기로 아이들의 놀이가 확장되었다. 〈교사의 놀이 이해〉 바깥놀이에서 시작된 썰매타기에 대한 흥미를 지속시켜주기 위해 교실에서 썰매를 탈 수 있는 방법에 대해 제안하고 게임으로 확장시켜줌으로써 유아의 놀이에 대한 관심과 흥미가 실내외 놀이로 연결될 수 있도록 지원하였다. 유아들은 썰매타기를 나무판대기, 보자기, 여러 가지 크기의 통 등 장소에 따라 다양한 매체를 가지고 다양한 방법으로 놀이를 하는 유능한 유아임을 알 수 있었다.
교사 지원의 특징	유아의 놀이에 직접적으로 개입하기보다는 놀이를 관찰하고 유아들 스스로 주변의 물건들을 활용하여 썰매놀이를 전환할 수 있도록 지원하고 안전하게 놀이할 수 있도록 놀이환경을 제공하는 역할을 수행하였다.

Chapter 11

유아교과교육의 평가

1. 평가의 이해
2. 내용
3. 평가 시 유의사항
4. 평가방법

1 …… 평가의 이해

평가는 교육목적의 달성 정도를 판단하고 일정한 기준에 따라 교육활동의 효율성을 점검하며, 이를 통해 나타난 교육의 결과에 대한 가치를 판단하는 체계적인 과정이라고 볼 수 있다(김대현, 김석우, 2003). 유아가 놀이를 통해 어떤 놀이를 하면서 실제로 무엇을 경험하고 있는지를 이해하고, 놀이를 어떻게 확장해줄 것인지 관찰하고 해석하는 과정 평가의 중요성을 이해하고(이진희, 신은미, 2019) 알맞은 평가를 하는 것이 필요하다.

1) 평가의 개념

평가는 유아의 전인적 성장과 발달을 돕기 위해 이루어지는 모든 활동과정과 결과에 대한 가치를 판단하는 과정이다(황해익 외, 2014). 따라서 평가는 단순히 활동의 결과를 나타내는 것이 아니라 그 과정을 이해하기 위한 관찰, 일화기록, 평정척도 등의 내용을 포함한다.

2) 평가의 목적 및 목표

표준보육과정과 2019 개정 누리과정은 평가 목적 및 목표를 두고 있다.

(1) 목적 및 목표

표준보육과정에서의 평가는 어린이집에서 영유아가 중심이 되고 놀이가 살아나는 표준보육과정의 운영을 되돌아보고 개선해 가는 데 목적을 두었고, 2019 개정 누리과정은 유치원과 어린이집에서 유아 · 놀이 중심 교육과정을 운영하는 데 도움이 되고자 평가를 간략화하고 각 기관의 자율적인 평가를 강조하였다. 유치원과 어린이집은 평가의 목적, 대상, 방법, 결과의 활용을 바탕으로 누리과정 평가를 자율적으로 실시할 수 있다.

평가	
제4차 표준보육과정 평가	2019 개정 누리과정 평가
• 표준보육과정 운영의 질을 진단하고 개선하기 위해, 평가를 계획하고 실시한다. • 영유아의 특성 및 변화 정도와 표준보육과정의 운영을 평가한다. • 평가의 목적에 따라 적합한 방법을 사용하여 평가한다. • 평가의 결과는 영유아에 대한 이해와 표준보육과정 운영 개선을 위한 자료로 활용할 수 있다.	• 누리과정 운영의 질을 진단하고 개선하기 위해 평가를 계획하고 실시한다. • 유아의 특성 및 변화 정도와 누리과정의 운영을 평가한다. • 평가의 목적에 따라 적합한 방법을 사용하여 평가한다. • 평가의 결과는 유아에 대한 이해와 누리과정 운영 개선을 위한 자료로 활용할 수 있다.

출처: 교육부, 보건복지부(2019). 2019 개정 누리과정 해설서.

2 …… 내용

2019 개정 누리과정은 평가내용을 다음과 같이 제시하고 있다.

가. 누리과정 운영의 질을 진단하고 개선하기 위해 평가를 계획하고 실시한다.

평가의 목적은 유아가 중심이 되고 놀이가 살아나는 누리과정 운영을 자체적으로 평가하여, 누리과정 운영의 질을 진단하고 누리과정 운영을 보다 나은 방향으로 개선하는 데 있다. 유치원과 어린이집에서는 지역 특성, 각 기관 및 학급(반)의 상황과 요구를 고려하여, 누리과정 운영을 개선할 수 있도록 자율적으로 평가 계획을 수립한다. 평가의 내용, 평가 주기 및 시기, 평가방법 등에 대한 계획은 각 기관 구성원들 간의 민주적인 협의를 통해 정한다.

나. 유아의 특성 및 변화 정도와 누리과정의 운영을 평가한다.

평가는 유아 평가와 누리과정의 운영 평가로 이루어진다. 유아 평가는 궁극적으로 유아의 행복과 전인적 발달을 지원하는 데 그 목적이 있다. 교사는 유아의 놀이, 일상생활, 활동 속에서 유아의 고유한 특성이나 의미 있는 변화를 발견하고, 그것을 바탕으로 유아의 배움과 성장을 돕기 위하여 평가를 할 수 있다. 교사는 유아의 배움이 나타나는 놀이, 일상생활, 활동에서 유아가 가장 즐기고 잘하는 것, 놀이의 특성, 흥미와 관심, 친구관계, 놀이를 이어가기 위한 자료의 활용 등에 주목하여 유아 놀이를 관찰하고 이를 통해 유아의 특성과 변화를 이해하도록 한다. 누리과정 운영 평가는 유치원과 어린이집의 교육과정이 유아 · 놀이 중심으로 적절하게 운영되고 있는지 평가하는 데 그 목적이 있다. 유치원과 어린이집의 누리과정 운영 평가에서는 놀이시간을 충분히 운영하였는지, 유아주도적인 놀이와 배움이 이루어지고 있는지, 놀이 지원이 적절한지 등을 평가할 수 있다. 이는 놀이 속에서 나타나는 유아의 특성 및 변화 정도와 연계하여 파악할 수 있다. 필요에 따라 부모와의 협력이나 행정적 · 재정적 지원이 적절하게 이루어지고 있는지 등을 평가할 수도 있다.

다. 평가의 목적에 따라 적합한 방법을 사용하여 평가한다.

평가방법은 평가의 목적과 대상에 따라 달라질 수 있다. 유치원과 어린이집은 평가 목적에 가장 적합한 평가방법을 자율적으로 정하여 활용할 수 있다. 교사는 유아의 특성과 변화 정도를 파악하기 위하여 유아들의 실제 놀이 모습을 계획안에 기록할 수 있고, 놀이 결과물과 작품 등을 일상적으로 수집할 수 있다. 유아들의 놀이를 관찰할 때에는 유아의 말, 몸짓, 표정 등에서 드러나는 놀이의 의미와 특성에 주목하여 이 중 필요한 내용을 메모나 사진 등 교사가 할 수 있는 가장 용이한 방법으로 기록한다. 이러한 관찰기록 자료를 교실에서 자율적으로 수립한 계획안에 포함하여 유아의 특성과 변화 정도를 파악하는 데 활용할 수 있다. 유치원과 어린이집의 누리과정 운영에 대한 평가는 개선이 필요한 사항에 따라 자율적으로 실시할 수 있다. 기관별, 학급별 상황이나 필요성에 따라 적합한 방법을 선택하여 누리과정 운영을 평가한다.

개정 누리과정에서는 교사가 유아의 놀이 관찰기록, 유아 평가와 누리과정 운영 평가 등 평가 자료를 만들고 수집하는 데 과도한 노력을 기울이기보다는 유아의 놀이에 더 집중하고 지원하는 것이 중요함을 강조하고 있다. 교사는 개별 유아를 정기적으로 관찰하기보다는 배움이 나타나는 또래 간의 놀이나 활동 등 유아들이 일상에서 놀이하며 배우는 자연스러운 상황에서 유아의 특성과 변화를 이해하는 평가를 하도록 한다. 또한 5개 영역 59개 내용을 성취 기준으로 잘못 인식하여 유아의 놀이에서 59개 내용이 나타나는지 여부만을 체크하지 않도록 유의한다.

라. 평가의 결과는 유아에 대한 이해와 누리과정 운영 개선을 위한 자료로 활용할 수 있다.

교사는 유아의 놀이, 일상생활, 활동을 통해 수집된 자료를 평가의 목적에 맞게 종합하여 평가의 결과를 얻을 수 있다. 유아가 행복감을 느끼고 전인적으로 발달하도록 도움을 주는 데 활용한다. 또한 누리과정이 추구하는 인간상과 목적 및 목표 등에 비추어 유아의 특성과 변화 정도를 이해하고 유아의 배움과 성장에 도움이 되도록 지원하는 데 활용한다. 수집된 모든 자료를 바탕으로 개별 유아의 특성과 변화 정도를 종합적으로 이해하여, 이를 부모와의 면담자료 및 유아의 생활지도 등에 활용할 수 있다. 한편, 유치원과 어린이집에서 자율적인 방식을 통해 실시한 누리과정 운영 평가의 결과는 각 기관에서 유아·놀이 중심 교육과정의 운영을 보다 나은 방향으로 개선하는 데 활용할 수 있다.

3 평가 시 유의사항

평가는 다음 사항에 중점을 두고 실시할 수 있다.

평가	
제4차 표준보육과정	2019 개정 누리과정
• 표준보육과정 운영의 질을 진단하고 개선하기 위해, 평가를 계획하고 실시한다. • 영유아의 특성 및 변화 정도와 표준보육과정의 운영을 평가한다. • 평가의 목적에 따라 적합한 방법을 사용하여 평가한다. • 평가의 결과는 영유아에 대한 이해와 표준보육과정 운영 개선을 위한 자료로 활용할 수 있다.	• 유아가 흥미와 관심에 따라 놀이에 자유롭게 참여하고 즐기도록 한다. • 유아가 놀이를 통해 배우도록 한다. • 유아가 다양한 놀이와 활동을 경험할 수 있도록 실내외 환경을 구성한다. • 유아와 유아, 유아와 교사, 유아와 환경 간에 능동적인 상호작용이 이루어지도록 한다. • 5개 영역의 내용이 통합적으로 유아의 경험과 연계되도록 한다. • 개별 유아의 요구에 따라 휴식과 일상생활이 원활히 이루어지도록 한다. • 유아의 연령, 발달, 장애, 배경 등을 고려하여 개별 특성에 적합한 방식으로 배우도록 한다.

출처: 교육부, 보건복지부(2019). 2019 개정 누리과정 해설서.

4 평가방법

평가는 유아의 전인적 성장과 발달을 돕기 위해 이루어지는 모든 활동과정과 결과에 대한 가치를 판단하는 과정이므로 그 과정을 이해하기 위한 내용도 포함되어야 한다. 또한 기존에 혹시라도 '미리 계획한 계획안에 기반한 실행과 평가'에 주력하였다면 이제는 '지속적인 놀이지원 계획을 수립하는 것'에 주안점을 둔다. 유아교과교육에서의 평가방법을 위해 각 영역의 평가 예시를 구체적으로 살펴보면 다음과 같다.

1) 평가방법

(1) 관찰

유아의 발달과 관심, 흥미를 자연스러운 상황에서 가장 잘 파악할 수 있는 방법으로서 유아의 일상생활에서 나타나는 유아의 행동을 교사가 관찰하고 기록하는 방법이다. 관찰의 방법은 일화기록, 평정척도 등의 방법이 있다. 교사가 관찰하고 분석해야 할 내용의 예시는 다음과 같다.

영역	내용
문학교육	• 자유선택활동 - 언어영역을 좋아하는가? - 다양한 종류의 책을 선택하고 보는가? - 책의 줄거리에 대해서 교사 및 또래와 이야기를 나누는가? - 책을 소중히 여기며 잘 관리하는가? • 대 · 소집단 활동 - 바른 태도로 참여하는가? - 다른 유아와의 상호작용에 참여하는가? - 교사의 질문에 반응하는가? - 자신이 느낀 점이나 생각을 적극적으로 말하는가? - 문학적 활동에 관심을 갖는가?

(2) 일화기록

일화기록은 어떤 짧은 내용의 사건이나 상황에 초점을 맞추어서 마치 사진을 찍듯이 객관적으로 기록하는 가장 기본적으로 활용되는 방법이다. 하나의 사건이 발생한 후 일어난 순서대로 가능한 한 즉시 육하원칙에 의해서 유아가 또래와 놀이하면서 보이는 상호작용 내용, 놀이를 하는 행동묘사, 활동의 수행 정도에 대한 내용 등이 다양하고 구체적으로 기록될 수 있다. 일화기록 관찰지에는 관찰자, 관찰일시 및 장소, 사건이나 상황에 대한 관찰내용 요약 등을 사실적 · 객관적으로 간단 명료하게 기록한다. 일화기록법을 적용한 관찰의 예는 다음과 같다.

〈표 11-1〉 일화기록법을 적용한 관찰

일화기록법의 관찰양식	
관찰유아 : ○○○ (남, 여) 관 찰 자 : △△△ 관찰시간 :	생년월일 : 년 월 일(만 세) 관 찰 일 : 년 월 일
관찰장면: 자유선택활동시간 역할놀이영역	
기 록 : 진영, 이슬, 예진이가 함께 역할놀이영역에서 가게 놀이를 하고 있다. 진영이가 손님으로 와서 사과를 사려고 했다. 예진이가 '한 개 천원이요.'하자 진영이가 '다섯 개 주세요.'했다. 예진이가 사과를 한 개 두 개... 사과를 세어 주자 진영이가 천원을 주었다. 예진이가 '아니야, 한 개 천원이라니까!'했다. 진영이가 어쩔 줄 몰라 하자 이슬이가 '천 원짜리 다섯 개 주면 되지.'하고 사과 천 원짜리 다섯 개를 세어 주었다.	
평 가 : 이슬이는 일대일 대응의 의미를 알고 있었으며 또래에게 그 차이를 설명할 줄 알았다.	

(3) 평정척도법

평정척도법은 유아의 관련 행동에 대한 출현 여부와 질적인 특성을 판단하고자 할 때 사용하는 평가방법이다. 유아의 행동의 출현여부 표기뿐 아니라 교사가 평가하고자 하는 행동 또는 특성의 정도를 몇 단계로 나누어 평가하는 방법으로 유아의 관련 항목에 대해 3점, 4점이나 5점 등으로 수량화하여 점수를 부과하게 된다. 평정척도는 유아의 행동에 대해 평정척도를 반복적으로 상용했을 경우 시간의 흐름에 따른 행동 변화도 관찰할 수 있다는 장점이 있지만, 척도개발이 쉽지 않고 관찰자의 편견이 개입될 수 있다는 단점이 있으므로 객관적 판단이 요구된다. 평정척도법을 적용한 관찰의 예는 다음과 같다.

〈표 11-2〉 평정척도법을 적용한 관찰

평정척도법 관찰양식	
• 관찰대상: 김** • 성 별: 남 • 연 령: 만 3세 • 관찰일: 20△△년 05월 11일 월요일	• 관찰기관: ○○유치원 • 관찰자: 서** • 관찰행동: 유아의 수학활동

※ 관찰유아를 선정하고 각 항목에 알맞은 평점을 준다.

내용	1 (전혀 아니다)	2 (아니다)	3 (보통이다)	4 (약간 그렇다)	5 (매우 그렇다)
1. 사물의 모양에 관심을 갖는가?					
2. 동그라미 모양의 사물을 보고 이름을 말할 수 있는가?					
3. 세모 모양의 사물을 보고 이름을 말할 수 있는가?					
4. 네모 모양의 사물을 보고 이름을 말할 수 있는가?					

관찰소감 및 관찰내용 분석	

(4) 행동목록법(체크리스트)

행동목록법은 교사가 평가하고자 하는 행동목록을 사전에 준비하고, 체크리스트의 항목에 있는 행동이 나타나는지를 관찰한 후 표기하는 방법으로 누적된 자료는 행동의 변화, 발달상황을 파악하는 데 효율적이다. 교사가 관찰하고 분석해야 할 내용의 예는 다음과 같다.

〈표 11-3〉 행동목록법을 적용한 관찰

행동목록법	
• 관찰대상: 조** • 성별: 여 • 생년월일: 만 5세	• 관찰일: 20○○년 05월 06일 수요일 • 관찰기관: ○○유치원 • 관찰자: 서△△

※ 다음의 행동이 관찰되면 '관찰됨', 관찰되지 않으면 '관찰 안 됨'에 √표시를 하시오.

기본생활습관	관찰됨	관찰 안 됨
1.친구와 교사를 만나면 인사를 한다.	√	
2. 자신의 옷과 신발을 스스로 정리 · 정돈한다.	√	
3. 간식 / 식사 전에 손을 씻는다.	√	
4. 복도에서 천천히 걷는다.		√
5. 선생님에게 존댓말을 쓴다.	√	
6. 음식을 골고루 먹는다.		√
7. 화장실 사용 후 뒤처리를 혼자서 한다.	√	
8. 공동의 물건을 소중히 다루고 아껴 쓴다.	√	
9. 고마워, 괜찮아, 미안해를 적절히 사용한다.	√	
10. 혼자서 옷을 입는다.	√	
관찰소감 및 관찰내용 분석	조**의 학기 초(코로나19로 인해 5월 6일부터 긴급 돌봄으로 등원함) 기본생활습관을 관찰하였다. 등원을 하면 교사에게 다가와서 말과 몸으로 인사를 바르게 한다. 음식은 김치 종류와 국물을 남기거나 편식하는 모습이 보인다. 화장실 사용 후 뒤처리를 스스로 할 수 있다.	

(5) 검사법

표준화 검사는 일정 시간 내에 객관적인 절차를 통해 행동을 측정하는 평가방법이다. 평가도구, 실시절차, 채점 및 해석방법 등이 일정하게 표준화되어 있어 언제 어디서나 똑같이 실시할 수 있다. 예를 들어 수학능력을 측정하는 표준화된 검사에는 게임을 통한 유아수학교육 평가도구(김소향, 2004), NCTM의 수학교육 내용기준에 근거한 유아수학 능력 평가도구(김지영, 2005), 프로젝트 스펙트럼 중심 유아용 논리·수학적 지능 평가도구(박혜신, 2005), 유아수학능력검사(홍혜경, 이정욱, 정정희, 2006), 수학활동 중심의 유아 수학능력 진단검사(김현정, 2006), 유아그림 수학능력검사(황해익, 최혜진, 2007) 등이 있다. 또한 표준화된 검사를 사용할 수 없거나 표준화된 검사가 평가목적에 적합하지 않을 때 유아가 이해하기 쉬운 실물이나 그림 자료를 사용하여 교사가 직접 제작하여 실시하는 교사제작 검사가 있다. 예를 들어 창의적 신체표현능력 발달 검사를 살펴보면 다음과 같다.

〈표 11-4〉 창의적 신체표현능력 발달 검사 예시

분류 관점	분류내용		점수
동작의 다양성	동작의 표현 종류는 어떠한가? (공간에서의 몸의 구성)	• 움직임의 표현이 매우 다양하다. • 움직임의 표현이 다양하다. • 움직임의 표현이 평범하다. • 움직임의 표현이 단순하다. • 움직임의 표현이 매우 단순하다.	5 4 3 2 1
동작의 방향성	동작의 방향 변화는 어떠한가? (앞, 뒤, 옆, 위, 아래)	• 속도와 방향의 변화가 매우 다양하다. • 속도와 방향의 변화가 다양하다. • 속도와 방향의 변화가 평범하다. • 속도와 방향의 변화가 단순하다. • 속도와 방향의 변화가 매우 단순하다.	5 4 3 2 1

분류 관점	분류내용		점수
동작의 시간성	동작의 지속시간은 어떠한가? (길고 짧음)	• 움직임을 지속하는 시간이 매우 길다. • 움직임을 지속하는 시간이 길다. • 움직임을 지속하는 시간이 보통이다. • 움직임을 지속하는 시간이 짧다. • 움직임을 지속하는 시간이 매우 짧다.	5 4 3 2 1
동작의 흐름	동작의 흐름 변화는 어떠한가? (연속적, 비연속적, 끊김)	• 흐름의 변화가 매우 연속적이다. • 흐름의 변화가 연속적이다. • 흐름의 변화가 보통이다. • 흐름의 변화가 비연속적이다. • 흐름의 변화가 매우 비연속적이다.	5 4 3 2 1
동작의 표현성	동작의 내용에 따른 표현은 어떠한가? (일치, 불일치)	• 내용에 따른 표현이 매우 일치한다. • 내용에 따른 표현이 일치한다. • 내용에 따른 표현이 보통이다. • 내용에 따른 표현이 불일치한다. • 내용에 따른 표현이 매우 불일치한다.	5 4 3 2 1

출처: 김은심(1994)

(6) 면담

면담은 특정한 목적을 가지고 그 내용에 관하여 사람과 사람이 직접 얼굴을 맞대고 일정한 시간에 언어를 매개로 하여 정보를 얻거나 의사나 감정을 전하는 방법이다. 면담법은 관찰만으로 얻기 어려운 상세한 정보를 얻을 수 있으나 유아의 인지 · 언어발달 정도에 따라 교사의 질문을 이해 못하거나 표현이 서툴러 유아가 대답을 못하여 정확한 정보를 얻지 못하는 문제점도 있다(계영희, 하연희, 2015). 면담 시 교사가 관찰하고 분석해야 할 내용의 예시는 다음과 같다(김인순 외, 2009).

내용
• 예시-언어교육 - 유아가 문식성에 대한 발달의 연속선상에서 어디쯤 도달해 있는가? - 책에 대한 유아의 느낌은 어떠한가? - 유아가 책을 좋아하는가? - 이야기에 대한 감각을 가지고 있는가? - 책을 읽어 나가는 방향에 대해 이해하고 있는가? - 유아가 좋아하는 다른 책은 무엇인가? - 집에 읽을 만한 책이 있는가? - 집에서도 책을 읽는가? - 집에서 얼마나 책을 자주 읽는가? - 집에서 하루에 TV를 얼마나 자주 보는가?

(7) 포트폴리오 평가

포트폴리오는 개별화된 평가방법으로서 누가, 어떤 상황에서 어떤 목적으로 포트폴리오를 사용하는가에 따라 의미가 달라진다. 포트폴리오 평가는 관찰, 면담, 작품수집의 방법을 모두 포괄하여 의미 있는 해석을 통해 다시 각 영역의 계획 수립에 반영하는 방법이다. 포트폴리오 평가는 유아가 하루의 일과 활동을 하면서 다양한 결과물인 작품들을 남기게 되는데 이러한 유아의 작품수집뿐만 아니라 개별 유아의 수학발달과 학습에 대한 다양한 기록과 증거들을 교사와 유아가 체계적으로 수집하고 조직하여 기록과 자료로 남긴 후 평가하는 방법이다(김숙자, 김현정, 2004). 즉 포트폴리오 평가는 관찰, 면접, 작품수집, 표준화된 검사 등 다양한 방법을 포함하며, 포트폴리오 평가 실시목적, 활용방법, 내용물, 채점준거 등을 결정하고, 유아의 학습과 성장을 평가할 수 있는 작품을 수집하는 방법이다. 포트폴리오 적용의 예는 다음과 같다.

영역	내용
사회교육 및 언어교육	■ 예시 – 사회교육 • 유아의 사회교육에서의 포트폴리오는 활동지, 미술작품, 녹음자료 등 완성된 것뿐만 아니라 완성되지 않은 것, 실수한 것 등 형식에 얽매이지 않고 다양한 자료를 수집하여 평가하여야 한다. – 유아의 신체기록 – 또래와 상호작용이나 관계에 대한 관찰기록 – 유아의 성격, 강점에 대한 관찰기록 또는 체크리스트 – 유아 자신이나 가족에 대한 그림자료 – 공동의 목표를 달성해야 하는 과제에서의 참여도 – 또래와의 갈등상황에서 문제를 해결하는 능력 – 유아의 양보, 배려 등의 사회적 기술에 대한 관찰기록 – 사회관계영역과 관련된 주제에 대한 지식(예: 우리 동네, 우리나라 등에 대한 지식) – 가족 또는 직업에 대한 역할놀이 사진 – 유아의 사회성에 대한 학부모 면담 자료 ■ 예시 – 언어교육 • 체계적, 주기적으로 수집하여 이름, 날짜, 당시의 상황을 기록해 두면 편리하다. 작품의 수집과 분석을 통해 유아의 언어발달을 자연스러운 상황에서 평가할 수 있다. • 끼적이기 자료, 주말 지낸 이야기, 자신의 이름쓰기와 글씨쓰기, 교육활동 시 활동자료 등

2) 교육과정 평가를 위한 교사의 역할

놀이를 잘 운영하기 위해 교사가 수행해야 하는 역할은 다음의 네 가지로 요약할 수 있다. 첫째, '유아 · 놀이 중심 교육과정을 이해하고 실천하는 역할', 둘째, '놀이를 통한 유아의 배움을 지원하는 역할', 셋째, '놀이와 배움을 기록하고 평가하는 역할', 넷째, '함께 배우며 성장하는 역할'이다.

특히 교육과정 운영 평가와 관련된 내용을 살펴보면 다음과 같다(교육부, 보건복지부, 2019).

놀이를 통한 유아의 배움을 지원하기 위해서는 어떤 유아라도 자유롭게 놀이하고 그 안에서 배움을 구성할 수 있는 역량을 지닌 존재임을 신뢰하고 유아의 놀이를 잘 관찰해야 한다.

• 유아의 놀이를 잘 관찰하고 지원하기 위해서 교사는 교육과정 구성의 파트너로서 유아의 놀이를 주의 깊게 바라보고 유아가 경험하는 기쁨과 슬픔, 좌절과 감동을

함께 느끼고 공유할 수 있어야 한다.

- 유아의 놀이를 잘 관찰하기 위해서 교사는 유아를 이해하려는 민감성을 갖추려고 노력하는 동시에 유아가 놀이를 통해 경험하는 것, 스스로 배우는 것이 무엇인지 이해하려고 노력할 필요가 있다. 이때 유아들이 구성하고 만들어내는 총체적 의미를 충분히 읽어내기 위해 노력해야 한다.
- 유아의 놀이를 지원하기 위해 교사는 놀이에 직접 참여하지 않고도 격려, 미소, 공감의 표정을 보이거나 칭찬과 격려의 말을 건네는 정서적 지원을 제공할 수 있다. 또한, 놀이를 관찰하다가 배움이 일어나도록 질문이나 제안을 건네 보는 등의 상호작용에 기반한 언어적 지원, 공간 구성을 바꾸어주거나 새로운 자료를 제공하는 등의 환경적 지원을 할 수 있다.
- 환경적 지원을 할 때는 심미적 · 창의적 감수성을 키워줄 수 있도록 공간과 자료를 제공해주는 것이 중요하다.

놀이와 배움을 기록하고 평가하기 위해 교사는 유아의 놀이, 일상생활, 활동을 잘 관찰하고 기록하다가 유아의 배움을 지원하기 위한 계획을 수립하는 것이 좋다. 특히, 개정 누리과정은 5가지 추구하는 인간상을 제시하고 있으므로 누리과정 목적과 목표 및 5개 영역별 목표와 내용을 유아의 성장 변화 및 교육과정 운영에 대한 판단의 근거로 삼을 수 있다.

- 유아의 배움을 잘 기록하고 평가하기 위해서 교사는 결과가 아닌 과정에 주목해야 한다.
- 개정 누리과정은 과도한 부담이 되는 평가의 형식을 탈피하고자 하였으므로 기록 및 평가에 있어서 틀에 맞춘 과도한 문서화를 요구하지 않으며 형식과 분량에 있어 기관별 · 학급별로 자율성을 부여한다.
- 진행된 주제 및 놀이나 활동에 따라 누리과정 5개 영역 중 일부 영역이나 인간상이 두드러질 수 있으므로 평가를 함에 있어서 단편적인 놀이 에피소드나 활동보다는 전개된 놀이와 일상생활, 활동에 대한 누적된 기록을 총체적으로 고려해야 한다.

부록

놀이중심 유아교육 사례

2019 개정 누리과정은 유아를 포함한 다양한 주체가 협력하여 함께 만들어가는 교육과정을 지향한다. 교사는 유아가 놀이에서 경험하는 배움을 지원하기 위해 자율성을 가지고 "무엇이 유아중심이고, 놀이중심인지"를 고민하게 된다. 이때, 교사는 유아가 놀이 안에서 지속적으로 흥미를 가지고 관심을 유지하며 배우는 경험이 되도록 교육과정을 운영하기 위해서 연간, 월간, 주간, 일일교육계획안을 선택하여 작성하거나 통합하여 작성할 수 있고, 작성 양식, 내용, 주기 등을 모두 자율적으로 결정하여 실천할 수 있다. 교사는 유아의 특성, 안전, 놀이 환경, 자료, 날씨, 기관의 상황 등을 고려하여 놀이를 지원할 수 있는데 특히, 유아가 흥미를 가지고 관심을 유지하며 충분한 놀이시간을 활용하도록 한다. 교사는 유아의 경험, 흥미와 관심에 따라 주제를 예상하여 작성할 수 있으나 미리 계획안을 짜거나 연령에 따라 많은 세부 내용을 가르쳐야 한다는 부담을 가지지 않는 것이 필요하다.

개정 누리과정에서는 생활주제 외에도 교사가 자율성을 가지고 다양한 통합 방식을 운영할 수 있다. 유아는 놀이하면서 자연스럽게 5개 영역을 통합하여 경험하므로 교사는 유아의 놀이를 존중함으로써 5개 영역의 통합을 실천할 수 있다. 또한 미리 정해진 생활주제가 아니더라도 유아의 놀이에서 나타나는 주제, 그림책, 사물 등을 활용하여 유아의 관심과 흥미를 중심으로 누리과정을 통합적으로 실천할 수 있다(교육부, 보건복지부, 2019).

놀이를 위한 계획안은 유아가 놀이 경험한 내용을 중심으로 기술할 수 있다. 개정 누리과정에서의 계획안은 유아가 실제 놀이한 내용 및 놀이를 지원하는 내용을 포함하되 자율적인 형식으로 바꾸어 볼 수 있다. 이것은 유아가 실제 경험한 놀이 내용과 그에 따른 교사의 놀이지원 계획을 기술하는 형식으로, 사전 계획을 최소화하여 계획을 수립한다는 특징이 있다. 교사는 필요에 따라 안전과 관련된 사항, 유아 특성에 따라 개별적으로 지원해야 하는 사항 등을 계획할 수 있다. 또는 계획안을 자율적으로 작성하고, 사전 계획을 최소화함으로써 교사는 유아가 주도하는 놀이를 적극적으로 지원할 수 있는데, 단, 교사는 자율적인 계획 수립의 의미를 계획안을 작성하지 않아도 된다거나 단순히 업무를 줄이는 방식으로 이해하지 않도록 유의해야 한다(교육부, 보건복지부, 2019).

다음에서 유아와 배움의 내용, 방식, 과정인 놀이를 실천한 사례 두 가지를 제시하였다. 본 내용은 놀이운영을 위하여 교사들의 협의를 통해 유아들의 흥미와 놀이를 지원하기 위한 활동 선정 등 배움의 주체인 유아와 배움의 내용, 방식, 과정인 놀이를 실천한 사례로서 통합적이고 순환적으로 나타나는 5개 영역의 내용이 통합되는 것을 볼 수 있다. 유아가 놀이를 통해 배움을 경험할 수 있도록 지원한 사례를 살펴보기로 한다.

1) 교육계획안 예시 1

① 만 3세반 연간 놀이계획안(미리 그려보기)(예시)

<table>
<tr><th rowspan="2">학기</th><th colspan="2">기간</th><th rowspan="2">생활주제</th><th rowspan="2">주제별 목표</th><th rowspan="2">온책읽기 도서</th><th rowspan="2">세시 풍속</th><th rowspan="2">주요행사</th><th rowspan="2">현장 학습</th></tr>
<tr><th>월</th><th>주</th></tr>
<tr><td rowspan="13">1 학기</td><td>3</td><td></td><td colspan="6" rowspan="2">코로나19로 휴업</td></tr>
<tr><td>4</td><td></td></tr>
<tr><td rowspan="4">5</td><td>1</td><td rowspan="4">이 세상에 단 하나뿐인 '나'</td><td rowspan="4">• 나의 몸에 관심을 가진다.
• 내 몸을 보호하는 방법을 안다.</td><td rowspan="4">우리 몸의 구멍</td><td rowspan="4">소만 (5/20)</td><td rowspan="4">• 생일잔치
• 학부모 개인상담</td><td rowspan="4">-</td></tr>
<tr><td>2</td></tr>
<tr><td>3</td></tr>
<tr><td>4</td></tr>
<tr><td rowspan="5">6</td><td>1</td><td rowspan="5">우리는 동물 탐험대!</td><td rowspan="5">• 숲 속에서 볼 수 있는 동물들의 특성에 관심을 가진다.</td><td rowspan="5">괜찮아 나도 잘해</td><td rowspan="5">단오 (6/25)</td><td rowspan="5">• 가족 참여수업
• 생일잔치</td><td rowspan="5">꿈그린 자연 체험장</td></tr>
<tr><td>2</td></tr>
<tr><td>3</td></tr>
<tr><td>4</td></tr>
<tr><td>1</td></tr>
<tr><td rowspan="2">7</td><td>2</td><td rowspan="5">건강한 여름 이야기</td><td rowspan="5">• 다양한 여름 놀이를 하며 즐거움을 경험한다.
• 안전하고 즐겁게 여름을 보내는 방법에 관심을 가진다.</td><td rowspan="5">여름이 좋다</td><td rowspan="5">유두 (8/4)</td><td rowspan="3">• 생일잔치
• 신명나는 옥샘 어린이 어울림 한마당</td><td rowspan="3">-</td></tr>
<tr><td>3</td></tr>
<tr><td rowspan="7">2 학기</td><td rowspan="3">8</td><td>2</td></tr>
<tr><td>3</td><td rowspan="2">• 생일잔치
• 체격검사(2학기)</td><td rowspan="2"></td></tr>
<tr><td>4</td></tr>
<tr><td rowspan="4">9</td><td>1</td><td rowspan="4">교통기관이 참 좋아요</td><td rowspan="4">• 다양한 교통기관의 특성에 관심을 가진다.
• 교통기관을 안전하게 이용하는 방법에 관심을 가진다.</td><td rowspan="4">난 자동차가 참 좋아</td><td rowspan="4">백중 (9/2)</td><td rowspan="4">• 생일잔치
• 전통놀이 한마당</td><td rowspan="4">-</td></tr>
<tr><td>2</td></tr>
<tr><td>3</td></tr>
<tr><td>4</td></tr>
</table>

<table>
<tr><th rowspan="2">학기</th><th colspan="2">기간</th><th rowspan="2">생활주제</th><th rowspan="2">주제별 목표</th><th rowspan="2">온책읽기 도서</th><th rowspan="2">세시 풍속</th><th rowspan="2">주요행사</th><th rowspan="2">현장 학습</th></tr>
<tr><th>월</th><th>주</th></tr>
<tr><td rowspan="18">2 학기</td><td rowspan="5">10</td><td>5</td><td rowspan="5">가을 숲에서 놀아요</td><td rowspan="5">• 가을 숲에서 볼 수 있는 자연물에 관심을 가진다.</td><td rowspan="5">안녕 가을</td><td rowspan="5">추석 (10/1) 중양절 (10/25)</td><td rowspan="5">• 생일잔치
• 가족과 함께하는 숲 탐방</td><td rowspan="5">삼정 더파크</td></tr>
<tr><td>1</td></tr>
<tr><td>2</td></tr>
<tr><td>3</td></tr>
<tr><td>4</td></tr>
<tr><td rowspan="4">11</td><td>1</td><td rowspan="4">아기 고래를 살려주세요. (환경과 생활)</td><td rowspan="4">• 환경을 보호하는 방법에 대해 관심을 가지고 실천할 수 있다.</td><td rowspan="4">플라스틱 섬</td><td rowspan="4">상달 (11/15~ 12/14)</td><td rowspan="4">• 예절공개수업
• 생일잔치
• 미술전시회</td><td rowspan="4">-</td></tr>
<tr><td>2</td></tr>
<tr><td>3</td></tr>
<tr><td>4</td></tr>
<tr><td rowspan="4">12</td><td>1</td><td rowspan="4">겨울이 왔어요.</td><td rowspan="4">• 다양한 겨울 놀이를 하며 즐거움을 경험한다.
• 안전하고 즐겁게 겨울을 보내는 방법에 관심을 가진다.</td><td rowspan="4">겨울잠</td><td rowspan="4">손돌날 (12/4) 동지 (12/21)</td><td rowspan="4">• 생일잔치
• 김장
• 옥새미들의 작은 축제</td><td rowspan="4">119 안전 체험관</td></tr>
<tr><td>2</td></tr>
<tr><td>3</td></tr>
<tr><td>4</td></tr>
<tr><td rowspan="2">1</td><td>3</td><td rowspan="5">몸과 마음이 자라요</td><td rowspan="5">• 시간이 지남에 따라 성장하는 내 모습에 관심을 가진다.</td><td rowspan="5">형님이 되었어요</td><td rowspan="2">설 (1/25)</td><td rowspan="2">• 생일잔치</td><td rowspan="2">-</td></tr>
<tr><td>4</td></tr>
<tr><td rowspan="3">2</td><td>1</td><td rowspan="3">정월 대보름 (2/8)</td><td rowspan="3">• 생일잔치
• 수료식 및 졸업식</td><td rowspan="3">-</td></tr>
<tr><td>2</td></tr>
<tr><td>3</td></tr>
</table>

출처: 부산광역시 동래초등부속유치원(2020).

교사는 간략화된 교육과정 내용을 기반으로 유아와 교사가 동시에 주체가 되는 놀이지원 계획을 수립하고 결과가 아닌 과정에 주목하여 유아의 놀이, 일상생활, 활동에서 유아의 배움을 지원하기 위한 계획을 수립하는 것이 필요하다. 이때 연간, 월간, 주간교육계획은 유아가 보다 즐겁게 경험하며 배우도록 지원하고 유아들의 놀이관찰과 그에 따른 교사의 계획 및 지원의 내용, 즉 실제로 전개된 일과를 기록하는 것(교육부, 보건복지부, 2019)이 필요하다.

② 사전 월간놀이계획안(예시)

제0호 0월 0주~0월 0주	월간교육계획안

반이름(연령)	○○반(만 3세)	담임	○○○
생활주제	건강한 여름 이야기	기간	2020년 ○월 ○일~2020년 ○월 ○일
목표	• 여름이 왔음을 다양한 방법으로 느낀다. • 친구들과 함께 다양한 놀이를 하며 여름을 즐기고 신나는 여름방학을 맞이한다. • 여름을 시원하고 안전하게 보낼 수 있는 방법에 대해 관심을 가지고 알아본다.		
주요행사	• 절기-삼복(○/○.○.○/○) • 절기-유두(○/○.목)	• 예절 교실(○/○.○.○.금) • 여름방학식(○/○.금)	

주		○월 ○주	○월 ○주	○월 ○주	○월 ○주
자유선택활동	쌓기놀이 영역	마당에 평상을 만들어요		워터파크 만들기	
	역할놀이 영역	아이스크림 가게 놀이		○○반 캠핑장	
	언어영역	여름 수수께끼	여름철 안전 수칙		물놀이 용품 단어 맞추기
	수 · 조작놀이 영역	여름에는 어떤 옷을 입을까?		안전한 물놀이	
	과학영역	비오는 날 어떤 옷을 입어야 할까요?		여름에 볼 수 있는 곤충들	
	미술영역	물고기가 둥둥	시원한 부채를 만들어요		점토로 만든 모래성
	음률영역	빗소리를 감상해요		여름에 들을 수 있는 자연의 소리	
대·소집단활동	이야기나누기	여름이 왔어요	여름 숲에서 볼 수 있는 친구들	더위를 이겨내는 방법을 찾아보아요	건강하고 안전한 여름을 보내요
	동화 · 동시 동극	(동화) 여름이 좋다		(동화) 여름이 좋아! 물이 좋아!	
	음악	(새 노래) 싱그러운 여름		(새 노래) 하늘 바다 웃음 소리	(악기연주) 빗소리를 만들어요(레인 스틱 만들기)

<table>
<tr><td rowspan="7">대·소집단활동</td><td colspan="2">신체 · 게임</td><td>(게임) 모기를
잡아라!</td><td colspan="2">(신체) 양동이로
물을 옮겨요</td><td colspan="2">(신체) 여름 가게가
열렸어요</td><td></td></tr>
<tr><td colspan="2">수조작 · 과학 · 요리</td><td>(과학) 색깔 비가
내려요</td><td colspan="2">(과학) 냉장고 없이
얼릴 수 있어요</td><td colspan="2"></td><td>(수 · 조작)
물풍선을 옮겨요</td></tr>
<tr><td colspan="2">언어 · 미술</td><td>(미술) 아쿠아리움을
만들어요</td><td colspan="2"></td><td colspan="2">(미술) 여름 가게를
준비해요</td><td>(미술) 바닷속에
무엇이 있을까?</td></tr>
<tr><td colspan="2">바깥놀이 · 생태</td><td colspan="3">(바깥놀이) 친구들과 함께하는 물총놀이</td><td colspan="2">(생태) 조릿대 잎 배를
띄워요</td><td></td></tr>
<tr><td rowspan="3">학급
중점
교육</td><td>감정놀이</td><td colspan="3">친구가 좋아요</td><td colspan="3">걱정이 돼요</td></tr>
<tr><td>상상
놀이터</td><td colspan="3">모래성을 만들어요</td><td colspan="2">미끌미끌 미역놀이</td><td>조개 껍데기
팔찌를 만들어요</td></tr>
<tr><td>손끝놀이</td><td colspan="6">지끈 바구니 만들기</td></tr>
<tr><td colspan="3">바른 마음
기르기의 첫걸음
창의인성교육(예)</td><td colspan="2">식당에서 지켜야 할 예절 약속
공공장소에서 지켜야 할 예절</td><td>위기탈출!
도담도담
안전교육</td><td colspan="3">여름철 먹거리 안전을 실천해요
미끄러운 곳은 조심해요(생활안전)
안전한 유치원을 만들어요(직업안전)</td></tr>
<tr><td colspan="3">'다 함께 놀자'
동네 한 바퀴
생태교육</td><td colspan="2">우유갑 물레방아 놀이
시원한 여름 나무 이야기
대나무 물총 놀이</td><td>○월
온책읽기
도서</td><td></td><td colspan="2">모래 놀이 축제
수박씨 멀리 던지기
그늘막 만들기
옥샘동산 여름 숲
놀이터</td></tr>
</table>

출처: 부산광역시 동래초등부속유치원(2020); 2019 개정 누리과정 놀이이해자료

③ 사후 월간놀이계획안(예시)

*추가 수정된 부분

<table>
<tr><td>제0호</td><td rowspan="2">월간교육계획안</td></tr>
<tr><td>0월 0주~0월 0주</td></tr>
</table>

<table>
<tr><td colspan="2">반이름(연령)</td><td colspan="2">○○반(만 3세)</td><td>담임</td><td colspan="2">○○○</td></tr>
<tr><td colspan="2">생활주제</td><td colspan="2">건강한 여름 이야기</td><td>기간</td><td colspan="2">2020년 ○월 ○일~2020년 ○월 ○일</td></tr>
<tr><td colspan="2">목표</td><td colspan="5">• 여름이 왔음을 다양한 방법으로 느낀다.
• 친구들과 함께 다양한 놀이를 하며 여름을 즐기고 신나는 여름방학을 맞이한다.
• 여름을 시원하고 안전하게 보낼 수 있는 방법에 대해 관심을 가지고 알아본다.</td></tr>
<tr><td colspan="2">주요행사</td><td colspan="5">• 절기-삼복(○/○.○.○/○)   • 예절 교실(○/○.○.○.금)
• 절기-유두(○/○.목)   • 여름방학식(○/○.금)</td></tr>
<tr><td colspan="2">주</td><td>○월 ○주</td><td>○월 ○주</td><td colspan="2">○월 ○주</td><td>○월 ○주</td></tr>
<tr><td rowspan="7">자유선택활동</td><td>쌓기놀이 영역</td><td colspan="2">마당에 평상을 만들어요</td><td colspan="3">워터파크 만들기</td></tr>
<tr><td>역할놀이 영역</td><td colspan="2">아이스크림 가게 놀이</td><td colspan="3">○○반 캠핑장</td></tr>
<tr><td>언어영역</td><td>여름 수수께끼</td><td colspan="2">여름철 안전 수칙</td><td colspan="2">물놀이 용품 단어 맞추기</td></tr>
<tr><td>수 · 조작놀이 영역</td><td colspan="2">여름에는 어떤 옷을 입을까?</td><td colspan="3">안전한 물놀이</td></tr>
<tr><td>과학영역</td><td colspan="2">비오는 날 어떤 옷을 입어야 할까요?</td><td colspan="3">여름에 볼 수 있는 곤충들</td></tr>
<tr><td>미술영역</td><td>물고기가 둥둥</td><td colspan="2">시원한 부채를 만들어요</td><td colspan="2">점토로 만든 모래성</td></tr>
<tr><td>음률영역</td><td colspan="2">빗소리를 감상해요</td><td colspan="3">여름에 들을 수 있는 자연의 소리</td></tr>
<tr><td rowspan="3">대 · 소집단활동</td><td>이야기나누기</td><td>여름이 왔어요</td><td>여름 숲에서 볼 수 있는 친구들</td><td colspan="2">더위를 이겨내는 방법을 찾아보아요</td><td>건강하고 안전한 여름을 보내요
*어떤 교통기관 놀이를 할까?</td></tr>
<tr><td>동화 · 동시 동극</td><td colspan="2">(동화) 여름이 좋다
*(동화) 수박수영장</td><td colspan="3">(동화) 여름이 좋아! 물이 좋아!
*(동극) 수박수영장</td></tr>
<tr><td>음악</td><td colspan="2">(새 노래) 싱그러운 여름
*(새 노래) 여름냇가</td><td colspan="2">(새 노래) 하늘 바다 웃음 소리
*(새 노래) 달팽이의 하루</td><td>(악기연주) 빗소리를 만들어요 (레인 스틱 만들기)</td></tr>
</table>

<table>
<tr><td rowspan="7">대·소집단활동</td><td colspan="2">신체·게임</td><td>(게임) 모기를 잡아라!
*(게임) 폴짝폴짝 개구리</td><td>(신체) 양동이로 물을 옮겨요
*(신체) 신나는 파도 놀이
*(신체) 시원한 주스 사세요!</td><td>(신체) 여름 가게가 열렸어요
*(신체) 여름이 찾아온 동물마을
(게임) 부채로 멀리멀리</td><td>(신체) 매미 잡기
*(신체) 바닷가에 놀러 왔어요
*(신체) 시원한 물에 발을 씻어요
*(신체) 힘을 모아 교실을 청소해요</td></tr>
<tr><td colspan="2">수조작·과학·요리</td><td>(과학) 색깔 비가 내려요
*(과학) 나뭇잎에 물이 생겨요</td><td>(과학) 냉장고 없이 열릴 수 있어요
(과학) 색깔비가 내려요</td><td>(수조작) 더위를 이겨 내는 방법을 찾아요
*(과학) 시원한 얼음낚시</td><td>(수·조작) 물풍선을 옮겨요
*(과학) 풍선이 날아가요</td></tr>
<tr><td colspan="2">언어·미술</td><td>(미술) 아쿠아리움을 만들어요
*(미술) 아이스크림 만들기
(미술) 개구리</td><td>(미술) 맛있는 여름 과일
*(미술) 바닷속 동물 친구들
*(미술) 알록달록 튜브 만들기</td><td>(미술) 여름 가게를 준비해요
*(미술) 선글라스 만들기</td><td>(미술) 바닷속에 무엇이 있을까?
*(미술) 과일파티</td></tr>
<tr><td colspan="2">바깥놀이·생태</td><td>*(생태) 자연물로 만드는 여름 곤충
*(생태) 비 오는 날 찾아오는 숲속 친구
*(생태) 새로운 작물 쪽파를 관찰해요</td><td>(바깥놀이) 친구들과 함께하는 물총놀이
*(바깥놀이) 친구들과 함께하는 여름캠핑</td><td>(생태) 조릿대 잎 배를 띄워요
(바깥놀이) 친구들과 함께하는 진흙놀이</td><td>(바깥놀이) 해수욕장 모래놀이
*(생태) 숲속 친구들아, 안녕!</td></tr>
<tr><td rowspan="3">학급 중점 교육</td><td>감정놀이</td><td colspan="2">친구가 좋아요</td><td colspan="2">걱정이 돼요</td></tr>
<tr><td>상상 놀이터</td><td colspan="2">모래성을 만들어요</td><td>미끌미끌 미역놀이</td><td>조개 껍데기 팔찌를 만들어요</td></tr>
<tr><td>손끝놀이</td><td colspan="4">지끈 바구니 만들기</td></tr>
<tr><td colspan="3">바른 마음 기르기의 첫걸음 창의인성교육(예)</td><td>식당에서 지켜야 할 예절 약속
공공장소에서 지켜야 할 예절</td><td>위기탈출! 도담도담 안전교육</td><td colspan="2">여름철 먹거리 안전을 실천해요
미끄러운 곳은 조심해요(생활안전)
안전한 유치원을 만들어요(직업안전)</td></tr>
<tr><td colspan="3">'다 함께 놀자' 동네 한 바퀴 생태교육</td><td>우유갑 물레방아 놀이
시원한 여름 나무 이야기
대나무 물총 놀이</td><td>○월 온책읽기 도서</td><td></td><td>모래 놀이 축제
수박씨 멀리 던지기
그늘막 만들기
옥샘동산 여름 숲 놀이터</td></tr>
</table>

출처: 부산광역시 동래초등부속유치원(2020); 2019 개정 누리과정 놀이이해자료

2019 개정 누리과정에서는 유아들의 놀이관찰과 그에 따른 교사의 계획 및 지원의 내용, 즉 실제로 전개된 일과를 기록하도록 안내하고 있다(교육부, 보건복지부, 2019).

④ 일일놀이일지(예시)

일일놀이일지

반 이 름 (연 령)	00반 (만3세)	시 기	2020년 0월 0일 (화)	결재	담임	원감
생활주제	건강한 여름 이야기			수업일수	00 / 00	
목 표	• 안전하고 건강하게 여름을 보낼 수 있는 방법에 관심을 가진다. • 친구들과 함께 여름놀이를 하며 즐거움을 경험한다.					

미리 그려보기

시간	내용
09:00 ~09:30 등원	※ 우천 및 미세먼지 예보 후 실외활동 실시 · 차량 탑승 전 발열체크, 손 소독 [등원] · 현관 앞 발열체크, 교실로 들어와 손 소독하기 · 가방, 물통 정리 및 옷 정리하기 · 인사 나누기 (유아 건강상태 및 기분 살피기) · 코로나19 생활방역수칙 이야기 나누기 (마스크 착용, 거리두기, 손 씻기, 손 소독, 기침예절 등)
09:30 ~10:00 아침독서 및 모임	온책읽기 [여름이 좋다] · 책상자리에 거리 두고 앉아 온책읽기 도서 펼치기 · 오늘의 페이지를 보며 함께 질문 나누기 · 온책읽기 도서 정리 후 책상자리에 거리 두고 앉기 ★안전약속 정하기 (안전 및 코로나19 대응 위생교육)
10:00 ~10:40 신체	[바닷가에 놀러 왔어요] 『교실』 · '여름냇가' 노래를 부르며 전이하기 · 함께 협의한 놀이인 바닷가 놀이를 하기 위해 필요한 것 이야기 나누기 · 다양한 재료와 놀잇감을 이용하여 여름 바닷가 꾸미기 · 놀이약속 정하기 · 안전하고 즐겁게 바닷가 놀이하기 · 정리 후, 바닷가 놀이를 더욱 재미있게 할 수 있는 방법 이야기 나누며 다음에 다시 해보기로 하기
10:40 ~11:40 자유놀이 및 정리	★안전약속 정하기 (안전 및 코로나 19 대응 위생교육) [수·조작-여름에는 어떤 옷을 입을까?] 『교실』 [미술-물고기가 둥둥] [음률-빗소리를 감상해요] [정리정돈 및 놀이평가] · 정리음악을 듣고 교구를 정리하며 화장실에 다녀온 후(손 소독, 손 씻기) 책상자리에 거리 두며 앉을 수 있도록 지도하기
11:40 ~12:40 점심식사	[점심식사] 『식당』 ★안전약속 정하기 (안전 및 코로나 19 대응 위생교육) · 손 씻기, 손 소독 후 발열체크하기 · 안전하게 식당으로 이동하기 · 식당에 거리 두며 앉기, 가림막 설치, 대화자제하기 · 감사인사 후 점식식사하고 정리하기 · 안전하게 유치원으로 돌아와 손 씻기
12:40 ~13:40 바깥놀이	★안전약속 정하기 (안전 및 코로나 19 대응 위생교육) 『바깥놀이터』 · 안전하게 바깥놀이터로 이동하기 · 안전약속 이야기 나누기 · 바깥놀이터에서 안전하고 즐겁게 놀이하기 · 주변을 정리하고 화장실로 이동하기(손 소독, 손 씻기)
13:40 ~13:50 여름방학 안전 생활지도	[여름방학 안전 생활지도-재난안전] 『교실』 · 여름 철 발생할 수 있는 재난 알아보기 (폭염, 장마, 화재, 대기(황사, 미세먼지, 오존), 지진) · 각 재난에 따른 조치방안과 행동요령 알아보고 상황극으로 실천해보기
13:45 ~14:00 평가 및	· 발열체크하기 [하루일과 평가 및 차시예고]

되돌아보기

[신체]바닷가에 놀러 왔어요

유아들과 이번 주 함께 협의한 놀이인 바닷가 놀이를 하였음. 교사는 사전에 바다를 표현하기 위해 파란색 백업 조각만을 준비하고 유아들과 함께 바닷가 놀이에서 어떤 놀이를 할지, 어떤 재료가 필요한지를 협의함. 유아들이 모래성쌓기 놀이, 파도 놀이, 낚시 놀이를 하고 싶다고 함. 낚시 놀이 교구는 교사가 즉시 자료실에서 가져오고 유아들이 모래 대신 클레이를 모래라고 생각하며 모래성을 쌓자고 하여 클레이와 점토놀이도구를 준비함. 파도놀이는 어떻게 하면 좋을지 이야기 나누어보았더니 유아들이 파도가 되에 제자리에서 빙글빙글 돌자고 의견을 제시하였으나, 서로 부딪히거나 넘어져 위험할 것 같아 교사가 백업 조각을 바닥에 깔고 파도라고 생각하며 그 위에서 파도를 던지거나 수영하면 어떨지 제안하였더니 유아들이 좋다고 함. 안전하게 놀이하기 위해 놀이의 영역을 함께 나누고 놀이를 시작함. 유아들이 처음에는 낚시놀이에 몰려 서로 낚시놀이를 하려 하였으나, 교사가 재미있게 모래성을 쌓는 모습과 파도 놀이를 하는 모습을 보여주자 유아들이 흥미를 보이고 각 영역에 적절하게 분배되어 즐겁게 놀이할 수 있었음. 00이와 00이는 잡은 물고기를 책상에 진열하여 물고기를 팔기 시작하며 시장놀이로 놀이가 확장되기도 하였음. **놀이 후 유아들이 다음에는 교실을 더 바다처럼 꾸며 다시 바다놀이를 하고 싶다고 이야기하여 유아들과 협의해 놀이의 종류를 정하고 준비하여 바다놀이를 다시 해보도록 하겠음.**

유아 주도	-놀이 협의를 하며 바닷가 놀이를 하기로 함. -모래성 쌓기, 파도 놀이, 낚시 놀이를 하고 싶다고 함. -모래를 클레이로 대신하기로 함.
교사 놀이 지원	-낚시 놀이 교구를 준비함. -백업조각을 바닥에 부어 던지고 수영하며 파도 놀이를 해보기를 제안함. -신체놀이이므로 놀이마다 구역을 정한 후 안전 약속을 제시함.

출처: 부산광역시 동래초등부속유치원(2020)

일상생활에 포함되는 등원, 손씻기, 화장실 다녀오기, 간식, 점심, 바깥놀이 등 유아의 신체적 리듬을 반영하고 놀이 후 놀이과정과 유아관찰, 교사의 놀이지원을 기술하였다.

<table>
<tr><td>귀가</td><td>· 오늘 하루 놀이 되돌아보기, 내일 놀이 원아와 함께 그려보기
[교통,유괴,성폭력 안전에 대한 안전지도]
· 차량 내 안전약속에 대하여 이야기 나누기
[인사 및 귀가/화장실 다녀오기]
· 운동장으로 이동, 안전하게 차량 탑승하여 하원지도(안전벨트 매기)</td><td>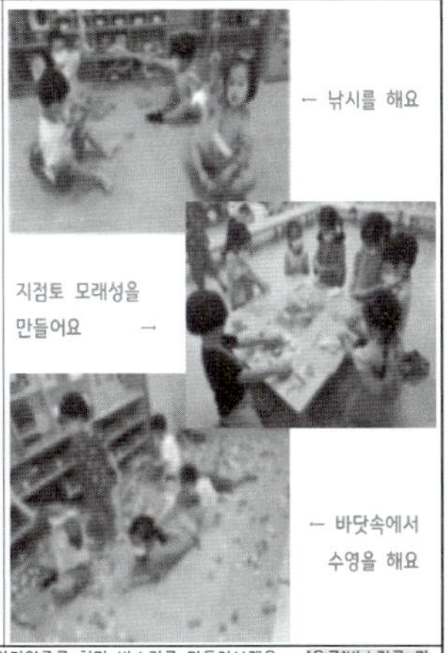</td></tr>
<tr><td>차후 놀이 계획</td><td colspan="2">-비가 자주 오늘 날씨이므로 유아들과 레인스틱을 만들어 악기연주를 하며 빗소리를 만들어보겠음.→ [음률]빗소리를 만들어요
-유아들이 클레이로 과일을 만들어 과일파티를 하고 싶다고 하여 클레이로 과일을 만들고 나눠 먹는 놀이를 해보겠음.→ [미술]과일파티를 열어요</td></tr>
</table>

<table>
<tr><td rowspan="3">일화기록</td><td>이름(장소)</td><td>000(교실)</td><td>000(교실)</td></tr>
<tr><td>내용</td><td>자유놀이시간에 00이가 "나 오늘은 유치원 올 때 안 울었는데? 엄마 보고 싶어도 꾹 참았는데?"라고 말하며 미소를 지음.</td><td>자유놀이 시간에 00이가 교사에게 다가와 "비가 너무 많이 와서 어제 사람들이 많이 다쳤대요. 저는 집에 있어서 안 다쳤어요."라고 말함.</td></tr>
<tr><td>분석</td><td>(의사소통)등원 시 자주 울었던 00이가 부정적인 감정을 울음으로 표현하지 않으려 노력하였으며 울지 않았던 것을 이야기 하며 스스로 성취감을 느끼는 듯함.</td><td>(자연탐구)비가 많이 옴으로써 발생한 자연재해에 관심을 가짐.</td></tr>
<tr><td rowspan="2">전화상담</td><td>000
15:10</td><td colspan="2">00이가 교사가 알려주기 전에 먼저 수저통에서 수저를 꺼내 스스로 밥을 먹은 점 알려드리며 00이의 요즘 잘 안 먹던 반찬을 먹어보기도 하고 식사량이 많이 는 것 말씀드리고 지금처럼 가정과 유치원에서 지속적인 식사지도를 하기로 함.</td></tr>
<tr><td>000
15:20</td><td colspan="2">00이가 어제, 오늘 소변을 자주 본 것 알려드리며 00이와 이야기 나누어보니 몸에 불편한 점은 없다고 했고 하루 일과에는 즐겁게 잘 참여한 점 말씀드림. 가정에서도 요즘 화장실을 자주 가는 것 같다고 하시며 오늘 병원에 다녀온 후 결과 알려주시기로 함.</td></tr>
</table>

<table>
<tr><td rowspan="2">오늘의 투약 유아</td><td>원아명</td><td>투약 사유</td><td colspan="2">약의 종류 및 투약 용량</td><td>보관방법</td><td>투약시간</td><td>투약의뢰자</td></tr>
<tr><td>-</td><td>-</td><td>-</td><td>-</td><td>-</td><td>-</td><td>-</td></tr>
<tr><td>오늘의 교사평가</td><td colspan="7">우천으로 바깥놀이를 실내활동으로 대체하였음. 비소식이 계속 된다고 하여 실내에서 에너지를 발산할 수 있는 활동을 계획해야 겠음. 또한 실내활동이 지속되며 유아들이 피로감을 느끼지 않도록 자유로운 분위기를 형성하고 적절한 휴식을 취할 수 있도록 하겠음.</td></tr>
</table>

유아가 실제 놀이 한 내용과 배움에 대한 기록을 포함하고 있다.

● 5개 영역의 통합적 이해

신체 운동건강

- **안전하게 생활하기 : 일상에서 안전하게 놀이하고 생활한다.** 안전하고 건강하게 여름을 보낼 수 있는 방법에 관심을 가짐. 안전하게 놀이하기 위해 함께 영역을 나누고 놀이함

의사소통

- **듣기와 말하기 : 말이나 이야기를 관심 있게 듣는다.** 유아들이 서로의 말을 관심

있게 들음.

- **상대방이 하는 이야기를 듣고 관련해서 말한다.** 바닷가 놀이를 위해 친구의 의견에 다양한 재료를 제안함

사회관계

- **더불어 생활하기: 친구와의 갈등을 긍정적인 방법으로 해결한다.** 낚시놀이에 몰린 상황에서 긍정적인 방법으로 해결함. 모래성을 쌓고, 파도놀이를 하면서 친구와 서로 도우며 사이좋게 지냄. 친구의 서로 다른 감정을 존중함
- **사회에 관심가지기: 내가 살고 있는 곳에 대해 궁금한 것을 알아본다.** 내가 살고 있는 곳의 자주 접하는 환경에 관심을 가지고 친구들과 이야기를 나누었음

예술경험

- **창의적으로 표현하기: 자연과 생활 및 예술에서 아름다움을 느낀다.** 바다의 아름다움을 느끼고 여름놀이를 하며 즐거움을 경험함 친구들과 파도가 되어 자유롭게 움직이고 춤을 춤 다양한 미술재료와 도구를 활용하여 구성하고 표현함 바닷가 모래를 클레이로 대신하기로 하여 준비함

자연탐구

- **자연과 더불어 살기: 날씨와 계절의 변화를 생활과 관련짓는다.** 여름 날씨를 느끼고 자연의 변화가 자신의 놀이 등 일상생활에 영향을 주는 것을 이해함. 더운 여름 날씨에는 바다에 가서 놀이를 한다고 함

2) 교육계획안 예시 2

① 연간교육계획안(만 3, 4, 5세)(예시)

계절	월	예상 생활주제	명절 및 절기	주요행사
봄	3	유치원과 친구	춘분(3.20)	입학식 / 학부모 상담
	4	봄에 만난 친구들	한식(4.5)	봄 소풍 / 관욕식 / 부처님오신날
	5	가족과 함께하는 봄나들이	소만(5.20)	학부모 참여수업
여름	6	우리 동네의 여름철 생활	단오(6.25)	여름 물놀이 개장식
	7	여름철 놀이를 즐겨요	대서(7.22)	체력증진대회 / 여름방학식
	8	세계 여러 나라	입추(8.7)	개학식
가을	9	우리나라의 전통놀이	추석(10.1)	전통놀이 체험 한마당
	10	풍요로운 가을	중양절(10.9)	추석 연휴 / 가을 소풍
	11		입동(11.7)	20○○년도 신입생모집 / 광명예술제 / 삼광사참배
겨울	12	신나는 겨울 나라	동지(12.21)	독서골든벨 / 체력증진대회 / 겨울방학식
	1		대한(1.20)	개학식
	2	즐거웠던 우리 반	설날(2.12)	설 연휴 / 수료식 / 졸업식

② 월간교육계획안(예시)

담당	원감	원장

10월 월간교육계획안

<table>
<tr><td colspan="2">예상주제</td><td>풍요로운 가을</td><td>시기</td><td>20○○.10.05~10.30</td><td>연령</td><td>만 5세</td></tr>
<tr><td colspan="2">기대되는 모습</td><td colspan="5">• 가을의 날씨를 다양한 방법으로 표현한다.
• 가을 나무와 나뭇잎의 변화하는 모습에 관심을 가지고 알아본다.
• 가을에 볼 수 있는 곤충과 식물을 알아본다.
• 수확한 가을 곡식과 열매를 다양한 방법으로 경험한다.
• 가을 나들이를 즐기며 즐거움을 느낀다.</td></tr>
<tr><td colspan="2">주</td><td>10월 1주</td><td>10월 2주</td><td>10월 3주</td><td colspan="2">10월 4주</td></tr>
<tr><td rowspan="5">미리 그려 보는 놀이</td><td>자유 놀이</td><td colspan="5">가을 옷 가게 놀이 / 가을 빙고 / 가을 숲을 꾸며요 / 가을 소풍 놀이 / 들판을 지키는 허수아비 / 가을 단어 나무 / 가을 꽃 바느질 / 밤 따러 가요 / 잠자리 마라카스 / 색 솜 가을 나무 / 가을바람을 관찰해요 / 삶은 고구마와 생고구마 관찰하기 / 곡식의 종류에 따라 소리가 달라요</td></tr>
<tr><td>이야기 나누기</td><td>- 가을이 되어 달라졌어요
- 한글을 만든 세종대왕</td><td>- 알록달록 나뭇잎과 꽃
- 가을 곤충을 알아요</td><td>- 수확의 계절 가을
- 가을 열매로 만든 음식</td><td colspan="2">- 신나는 가을 나들이
- 재미있는 가을 놀이</td></tr>
<tr><td>동화 · 동시 · 동극</td><td>동화) 들국화와 허수아비</td><td>동화) 숲속으로 놀러 갔어요
동화) 단풍이 들었어요</td><td>동화) 도토리 나라의 다람은행
동시) 가을은 맛있다</td><td colspan="2">동화) 가을 운동회</td></tr>
<tr><td>음악</td><td>새노래) 가을 밤</td><td>새노래) 가을바람
새노래) 코스모스</td><td>새노래) 허수아비 아저씨</td><td colspan="2">새노래) 가을길
새노래) 가을소풍</td></tr>
<tr><td>신체 · 게임</td><td>신체) 몸으로 표현하는 한글
신체) 가을바람이 불어요</td><td>게임) 나뭇잎 경주
신체) 폴짝 폴짝 메뚜기</td><td>게임) 열매 멀리 굴리기
신체) 벼가 되어 보아요</td><td colspan="2">게임) 솔방울 제기차기</td></tr>
</table>

미리 그려 보는 놀이	미술 · 요리	미술) 가을을 담은 리스	미술) 가을 곤충 미술) 알록달록 단풍나무	미술) 가을 곡식 모자이크 미술) 허수아비	미술) 부엉 부엉 부엉이
	바깥놀이	- 가을 날씨를 느껴요 - 모래에 글자를 적어 보아요	- 낙엽 악기 연주 - 코스모스처럼 하늘하늘	- 모여라! 가을 색깔 자연 친구들	- 도토리를 튕겨라 - 가을 자연물 배열 하기
	체험활동	고구마 수확하기	환경교육) 화학조미료 안 먹는 날 (10/16)		
안전생활 지도		• 생활안전 – 끼임 사고를 조심해요 • 약물 및 사이버안전 – 내 몸을 위한 약! 바르게 먹을 수 있어요!	• 생활안전 – 연필을 안전하게 사용해요 • 성교육안전 – 도움을 주는 어른들, 위험한 어른들	• 폭력 · 신변안전 – 안전하게 생활해요 • 성교육안전 – 소중하고 특별한 우리 몸	• 재난안전 – 멈춰요, 엎드려요, 뒹굴어요 • 교통안전 – 교통안전 표시판의 의미를 알 수 있어요
유치원 인성		소통 – 가을이 우리에게 주는 선물 (까치밥)	명절 및 절기	중양절: 세시 명절의 하나로 음력 9월 9일은 양수이며, 양수가 겹쳤다는 뜻으로 중양이라 한다. 이날은 유자를 잘게 썰어 석류알, 잣과 함께 꿀물에 타서 마시는데 이것을 '화채'라 하며, 계절 음식을 준비하여 조상에게 차례를 지니기도 하며, 가정에서는 '국화전'을 부쳐 먹기도 하였다.	
주요행사		생일축하회(10/14)			

③ 주간교육계획안(예시)

담당	원감	원장

10월 3주 주간교육계획안

반이름(연령)		△△반(만 5세)		시기	20○○.10.05~10.30	
예상 생활 주제		풍요로운 가을		수업일수	86~90일 / 163일	
목표		• 가을에 볼 수 있는 곤충과 식물을 알아본다.				
날짜 / 요일		19일(월)	20일(화)	21일(수)	22일(목)	23일(금)
미리 그려 보는 놀이	자유놀이	가을 옷 가게 놀이 / 가을 빙고 / 가을 숲을 꾸며요 / 가을 소풍 놀이 들판을 지키는 허수아비 /가을 단어 나무 / 가을 꽃 바느질 / 밤 따러 가요 잠자리 마라카스 / 색 솜 가을 나무 / 가을바람을 관찰해요 삶은 고구마와 생고구마 관찰하기 / 곡식의 종류에 따라 소리가 달라요				
	이야기 나누기	수확의 계절 가을			가을 열매로 만든 음식	
	동화 · 동시 · 동극	동화) 옷 갈아 입어야겠다!				동시) 가을은 맛있다
	음악			새노래) 허수아비 아저씨		
	신체 · 게임		신체) 벼가 되어 보아요			
	미술 · 요리		미술) 허수아비			
	바깥놀이					모여라! 가을색깔 자연놀이
	체험		횡단보도 건너기 안전교육 (문수, 지혜)	생일축하회		횡단보도 건너기 안전교육 (관음, 자비) 고구마캐기, 감따기 어린이 영양교육
유치원 인성		소통-가을이 우리에게 주는 선물 (까치밥)		안전생활지도	• 폭력 · 신변안전 – 안전하게 생활해요 • 성교육안전 – 소중하고 특별한 우리 몸	
특색활동 (생태명상)		• 곡식 촉감 명상 – 곡식의 다양한 촉감을 느껴보며 명상한다.				

교사가 미리 계획하였으나 유아가 놀이를 통한 배움을 확장하고 유아가 주도하는 놀이흐름에 따라 융통성 있게 계획을 수정하고 운영 지원할 수 있다.

교사는 유아가 만들고 이뤄가는 놀이를 따라가며 놀이 경험을 이해하려고 할 때 놀이를 잘 지원할 수 있다. 따라서 교육과정 실행의 출발점은 유아가 만들고 이어가는 놀이를 지켜보고 지원하는 것이며, 교육과정 실행의 중심은 유아의 놀이라는 신념을 가지고 놀이를 지원하는 것이 필요하다(교육부, 보건복지부, 2019).

● 놀이 관찰에 따른 기록

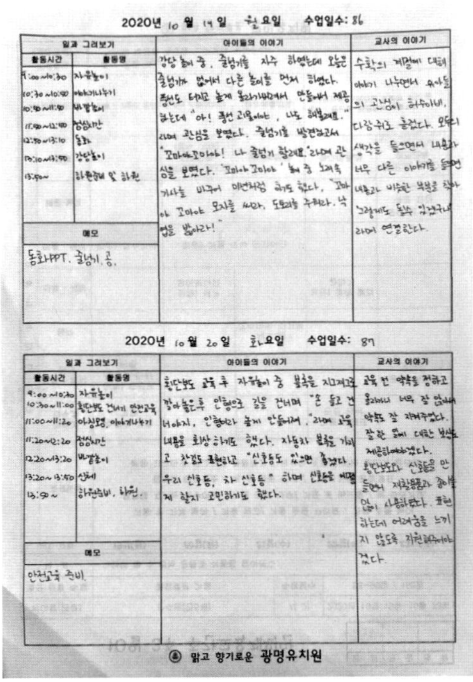
2020년 10월 19일 월요일 수업일수: 86

일과 그려보기 | 아이들의 이야기 | 교사의 이야기

활동시간 | 활동명

메모

동화PPT, 줄넘기, 공.

2020년 10월 20일 화요일 수업일수: 87

일과 그려보기 | 아이들의 이야기 | 교사의 이야기

활동시간 | 활동명

메모

안전교육 준비.

맑고 향기로운 광명유치원

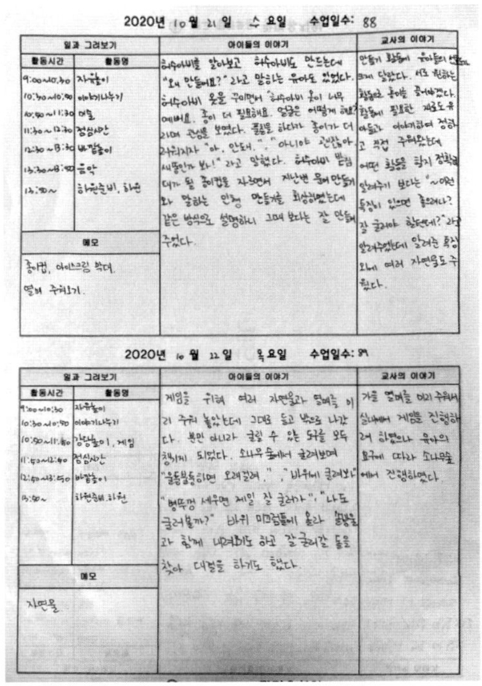
2020년 10월 21일 수요일 수업일수: 88

일과 그려보기 | 아이들의 이야기 | 교사의 이야기

활동시간 | 활동명

메모

2020년 10월 22일 목요일 수업일수: 89

일과 그려보기 | 아이들의 이야기 | 교사의 이야기

활동시간 | 활동명

메모

자연물

교사는 일과 중 관찰한 내용을 메모지에 핵심단어 위주로 짧게 기록할 수 있다.

유아평가는 유아의 개별 특성과 시간의 흐름에 따른 변화를 이해하고자 하는 것으로서 놀이에서 어떻게 경험되고 어떻게 배움이 일어났는지 살펴본 후 이를 추후 놀이 지원에 반영할 수 있도록 한다.

● 가정연계-10월 놀이 이야기

놀이로 웃고! 놀이로 꿈꾸고!
놀이로 자란다!
○○반의 10월 놀이 이야기

맑고 향기로운
광명유치원

(만5세) ○○반 강*진

놀이 주제	풍요로운 가을	기간	2020. 10. 05. ~ 10. 30.

<table>
<tr><td rowspan="2">10월에 경험한 이야기</td><td>어떤 놀이를 했나요?</td><td>• 알록달록 단풍나무
• 솔방울 제기차기
• 낙엽 악기 연주
• 고구마 캐기 · 감따기</td></tr>
<tr><td colspan="2">가을이 되어 맑아진 날씨에 산책을 하였습니다. 여러 가지 낙엽도 찾아보고 떨어진 가을 열매도 관찰해보았습니다. 요즘 ○○반 친구들은 “솔방울이 엄청 많아요! 솔방울 내가 많이 모았어요! 솔방울로 뭐할까?”라며 솔방울에 많은 관심을 보이고 있습니다. 큰 통에 솔방울을 한가득 모아놓고 공처럼 굴리기도 하고 솔방울을 던지거나 시냇물에서 배로 띄워서 멀리 보내며 경주를 하곤 합니다. 비가 온 다음날, 솔방울을 보고는 “왜 솔방울이 작아졌지? 솔방울이 왜 입을 닫았어요?” 라고 호기심을 보여 솔방울에 대해 자세히 알아보기도 했습니다. 유치원 텃밭을 산책할 때는 점점 자라는 채소들을 보며 “저기 무가 자라고 있지? 나 배추 엄청 좋아하는데! 고구마가 땅속에서 자고 있어” 하며 관심을 보이곤 직접 잘 자란 고구마를 캐어보기도 하였습니다. 흙을 만지며 “차가워, 고구마는 따뜻한가? 우와 고구마 엄청 크다! 흙이 엄청 부드럽다.” 라며 처음에는 손가락으로만 흙을 조심스럽게 만지던 아이들이 흙이 묻어 있는 고구마를 양손으로 잡고 즐거워하는 모습을 보였답니다.
유치원 입구의 감나무에도 가을이 찾아왔습니다. 맛있게 익은 감을 막대기를 이용해 직접 따보기도 하고, 떨어진 감잎을 들고 나뭇잎의 색깔 변화를 관찰해보기도 하고 가면 놀이도 해보았습니다. 즐겁게 놀이하며 자라나는 우리 ○○반이랍니다.</td></tr>
<tr><td>놀이 모습</td><td colspan="2"></td></tr>
</table>

미리 그려 보는 11월 이야기	11월에는 '지구가 주는 아름다운 선물'을 예상 주제로 하여 활동을 진행합니다. 흙, 돌, 바람, 빛, 소리 그리고 환경오염에 대해 이야기 나누며 우리가 지구에게 받은 만큼 지구를 위해 할 수 있는 일들을 알아보고 실천하려 합니다.
ㅇㅇ반 알림장	소나무숲에서 놀이하는 시간이 많아지고 있습니다. 활동하기에 편한 옷으로 입혀주시고, 소나무숲 놀이 중 옷이 더러워지거나 작은 상처가 생기더라도 '오늘도 신나게 놀았구나' 하고 보듬어주시기 바랍니다. 지구와 환경을 위해 할 수 있는 작은 일을 스스로 실천하도록 가정에서도 많이 도와주세요.

출처: 부산광역시 광명유치원(2020)

교사와 학부모가 놀이에 대한 관점을 공유하여 유아를 더 잘 지원할 수 있도록 한다.

참고문헌

가영희, 성낙돈, 김수현, 장청옥(2011). **교과교육론**. 서울: 동문사.

계영희, 하연희(2015). **(누리과정에 기초한)유아수학교육**. 서울: 동문사.

고명숙(2010). 식물중심의 자연체험활동이 유아의 과학적 탐구능력과 그림표현능력에 미치는 영향. 전남대학교 교육대학원 석사학위논문.

고문숙, 김은심, 유향선, 임영심, 황정숙(2011). **유아교과교육론**. 경기: 창지사.

고문숙, 김은심, 유향선, 임영심, 황정숙(2013). **누리과정에 기초한 유아교과교육론**. 경기: 창지사.

고문숙, 김은심, 유향선, 임영심, 황정숙(2016). **누리과정에 기초한 유아교과교육론**. 경기: 창지사.

고선옥, 김경신, 심윤무, 최달희(2014). **아동수학교육**. 경기: 공동체.

고정완(2019). 미술감상을 통한 유아언어교육 프로그램 개발 및 효과. 전남대학교 대학원 교육학 박사학위논문.

교육과학기술부, 보건복지부(2013a). **3-5세 연령별 누리과정 교사용 지침서**. 서울: 교육과학기술부, 보건복지부.

교육과학기술부, 보건복지부(2013b). **3-5세 연령별 누리과정 해설서**. 서울: 교육과학기술부, 보건복지부.

교육부, 보건복지부(2019a). **2019 개정 누리과정 놀이이해자료**. 세종: 교육부, 보건복지부.

교육부, 보건복지부(2019b). **2019 개정 누리과정 해설서**. 세종: 교육부, 보건복지부.

교육인적자원부(2007). **(교사와 유아를 위한)유아사회교육 활동자료**. 대한민국, 인적자원부: 저자.

교육부(2021). **2021년 교원자격검정 실무편람**. 세종: 교육부.

국립국어원 표준국어대사전(2020). 언어. https://stdict.korean.go.kr/search/searchResult.do 에서 2020년 12월 10일 인출.

권건일, 송경애(2006). **교육학개론**. 경기: 양서원.

권영례(2011). **유아과학교육**. 서울: 학지사.

권영례, 이영자, 이정욱(1998). **3, 4, 5세 유아를 위한 수학교육 과정 모델 개발의 준거**. 경기:

창지사.
김경미(2011). **유아, 교사 그리고 교수가 행복한 유아수학교육**. 경기: 창지사.
김경배, 이홍숙(2000). **교과교육론.** 서울: 학지사.
김다래(2017). 수학적 표상을 활용한 유아과학교육 프로그램 개발 및 효과. 가천대학교 대학원 박사학위논문.
김대현, 김석우(2003). **교육과정 및 교육평가**. 서울: 학지사.
김명순, 조경자(2001). **유아를 위한 음악 교육의 이론과 실제**. 서울: 다음세대.
김명정, 남기원, 김남연(2020). **아동건강교육.** 경기: 파워북.
김미경, 권정윤(2018). 동요를 활용한 유아음아교육프로그램에 대한 유치원 교사의 요구도 분석. 한국유아교육학회 2018 정기학술대회 논문집.
김민경, 홍혜경, 이지현, 이정욱(2006). **유아수학교육의 탐구**. 서울: 교우사.
김소향(2004). 수학 게임을 통한 유아의 수학적 지식, 수학적 과정기술, 수학적 태도에 대한 평가도구 개발 연구. 덕성여자대학교 대학원 박사학위논문.
김숙이, 손수민, 고선옥, 신리행(2018). **아동건강교육.** 경기: 정민사.
김숙자, 김현정(2005). **유아 수 놀이 교육**. 서울: 문음사.
김신영, 배인자, 유혜숙(2001). **(유아교사를 위한) 조형활동의 이론과 실제.** 경기: 양서원.
김연주, 양연숙, 김현지(2014). **영유아 음악교육**. 경기: 창지사.
김영옥, 김우영(2018). **유아사회교육: 사회적 능력과 기술 지원하기**. 서울: 학지사.
김은심(1995). 통합적 동작교수방법이 유아의 기본동작능력과 창의적 사고 및 신체표현능력에 미치는 효과. 중앙대학교 교육대학원 박사학위논문.
김은심(2007). **유아동작교육**. 경기: 정민사.
김은심, 조정숙(2015). **영유아 언어교육의 이론과 실제(개정판)**. 경기: 정민사.
김인순, 박순호, 손영숙, 홍순옥(2009). **(유아교사를 위한)유아언어교육**. 서울: 동문사.
김정, 조정숙(2007). **유아미술교육.** 서울: 한국방송통신대학교 출판부.
김중기, 오경숙, 주희경, 이윤희(2015). **아동미술**. 경기: 공동체.
김지영(2005). NCTM의 수학교육 내용기준에 근거한 유아수학 능력 평가도구. 원광대학교 대학원 박사학위논문.
김현정(2006). 수학 활동중심의 유아 수학능력 진단검사 도구 개발. 한국교원대학교 대학원 박사학위논문.
김혜경(1996). **유치원 음악교육의 이론과 실제**. 경기: 창지사.

김혜경(2019). **영유아음악교육**. 경기: 창지사.

김희정, 강숙현(2016). **유아과학교육**. 서울: 정민사.

나귀옥, 김경희(2012). **문제 해결력을 기르기 위한 유아수학교육**. 서울: 학지사.

나은숙, 윤희경, 안경숙, 오애순, 김승옥(2010). **영유아 교과교육론**. 경기: 공동체.

나은숙, 윤희경, 안경숙, 오애순, 김승옥(2014). **영유아 교과교육론(2판)**. 경기: 공동체.

노영희, 김창복, 전유영(2014). **영유아 언어교육**. 경기: 양서원.

노은아(2014). 자연체험을 통한 유아언어교육 프로그램 개발 및 효과. 전남대학교 대학원 박사학위논문.

대구원격평생교육원 교재.

류지후, 류혜숙, 양경희, 박정선(2002). **유아를 위한 조형 활동의 통합적 접근**. 경기: 창지사.

문미옥(2008). **영유아교육과정**. 경기: 창지사.

문연심(2009). **통합적 접근에 기초한 영유아수학교육**. 경기: 양서원.

박은주(2012). 표상 및 토의 중심 유아과학교육 프로그램 개발 및 적용 효과. 원광대학교 대학원 박사학위논문.

박찬옥, 서동미, 곽현주(2020). **2019 개정 누리과정을 반영한 유아교과교육론**. 경기: 정민사.

박찬옥, 서동미, 엄은나(2010). **유아사회교육**. 경기: 정민사.

박해미, 김유화, 이진희, 정재경(2015). **영유아 수학교육**. 서울: 태영.

박혜순(2003). 과학교육에 대한 유아 보육교사의 인식 조사 연구. 군산대학교 교육대학원 석사학위논문.

박혜신(2005). 프로젝트 스펙트럼 중심 유아용 논리 · 수학적 지능평가도구 개발 및 타당화 연구. 전북대학교 대학원 박사학위논문.

배인자, 한규령(2000). **유아를 위한 동작교육의 이론과 실제**. 경기: 양서원.

백성희, 이혜은(2006). 동작요소중심의 유아동작교육 프로그램이 기본동작능력 및 창의성에 미치는 영향. **열린유아교육연구, 11**(4), 37-60.

백옥희(2015). 균형적 언어교육 접근법에 기초한 동시활동이 만 4세 유아의 문해능력에 미치는 영향. 경인교육대학원 교육대학원 석사학위논문.

보건복지부(2020). **제4차 어린이집 표준보육과정 해설서**. 세종: 보건복지부.

서동미, 엄은나, 이혜경(2019). **유아교과교육론**. 경기: 공동체.

서동미, 엄은나, 이혜경, 박성희(2014). **유아교과교육론**. 경기: 공동체.

서현아, 하선혜, 박소윤, 강현미, 한희정, 김산아(2017). **유아교과교육론**. 경기: 양서원.

성경희(1995). **우리들의 음악세계**. 서울: 세광출판사.

성은영, 이영미, 박은주, 윤성운(2015). **영유아를 위한 교수-학습방법**. 경기: 정민사.

송주승, 김민은(2013). **동작과 함께하는 영유아 음악교육**. 서울: 동문사.

송화진(2010). 현직 교사를 위한 유아동작교육 프로그램 모형 개발. 원광대학교 대학원 박사학위논문.

세이프타임즈(2020.10.09). "놀이터 안전검사 불합격 '은폐' 서초구청 처벌해 주세요". (http://www.safetimes.co.kr/news/articleView.html?idxno=87076)

신은수, 김현진(2007). 유아교사의 과학 교과교육학지식 측정도구 개발. **한국교원교육연구, 24**(3), 221-250.

신은수, 안경숙, 김은정, 안부금(2018). **생활과 환경중심의 영유아 과학교육**. 경기: 양서원.

신은수, 안경숙, 유윤영, 김은정(1999). **(생활과 환경중심의)유아과학교육**. 서울: 양서원.

신혜은, 고태순, 장세희(2015). **영유아 교수방법**. 경기: 양서원.

신화식, 윤선희, 최경숙, 정은주, 오은순, 이성희, 황현주, 박해미, 고은님, 박희숙(2016). **영유아교과교육론**. 경기: 양서원.

심성경, 백영애, 이영희, 이효숙, 박지애, 박주희(2007). **유아미술교육**. 경기: 공동체.

심성경, 이선경, 변길희, 김나림, 박주희(2015). **유아를 위한 동작교육의 이론과 실제**. 서울: 학지사.

심성경, 이선경, 변길희, 김은정(2017). **유치원교사를 위한 교과교육론**. 경기: 양서원.

심성경, 이희자, 이선경, 김경의, 이효숙, 박주희(2019). **영유아 음악교육**. 경기: 양성원.

안경숙, 김소향, 나은숙(2016). **영유아 음악교육**. 경기: 양성원.

엄세진, 이해정, 윤정진, 강현영, 서현아, 좌승화(2018). **아동안전관리**. 경기: 공동체.

오채선, 이석순, 박은미, 이명순, 장혜자, 김영신, 김미애(2008). **영유아 사회교육**. 서울: 파란마음.

우정호(1998). **학교수학의 교육적 기초**. 서울: 서울대학교출판부.

유미림, 인재천(2018). **영유아 건강교육**. 경기: 어가.

유민임(2015). **(유아를 위한) 교과교육론**. 서울: 학지사.

유연화, 임경애, 최헌정(2019). **유아과학교육**. 경기: 공동체.

이경민(2000). 상호작용적 교수법에 의한 과학교육이 유아의 과학적 개념, 탐구능력, 태도에 미치는 효과. 중앙대학교 대학원 박사학위논문.

이경화, 이성숙, 김경화(2010). **유아언어교육**. 경기: 공동체.

이경화, 조순옥, 김정원, 심은희, 이연규, 이문정(2003). **영유아를 위한 언어교육**. 경기: 창지사.

이경화, 조순옥, 김정원, 심은희, 이연규, 이문정(2014). **영유아를 위한 언어교육(증보판)**. 경기: 창지사.

이돈희, 박순경(1997). **교과학 기초연구**. 서울: 한국교육개발원.

이성희, 박은혜(2012). 유치원 교사의 교육과정 계획 · 실행 · 평가에 나타난 실천적 지식분석, **열린유아교육연구, 17**(4), 319-353.

이수진(2007). 어린이집 보육교사와 과학교육 목표와 교수방법의 인식 및 실제에 관한 연구. 덕성여자대학교 교육대학원 석사학위논문.

이순형, 김지현(2011). **영유아 과학교육활동의 실제**. 서울: 학지사.

이영(1995). **유아동작지도**. 서울: 한국방송대학교 출판부.

이영심(2009). **유아 동작교육 프로그램**. 경기: 양서원.

이영자(2004). **유아 언어발달과 지도**. 경기: 양서원.

이영자, 이종숙, 신은수, 양승희, 안경숙, 유윤영, 연선영(2000). **유아의 정서지능 향상을 위한 프로그램**. 경기: 창지사.

이예숙(2014). 광고를 활용한 유아언어교육 프로그램 개발 및 효과. 중앙대학교 대학원 박사학위논문.

이옥섭(2000). 균형 있는 문해 프로그램이 유아의 읽기, 쓰기 발달에 미치는 효과 연구. 서울여자대학교 대학원 박사학위논문.

이정애(2016). 스토리텔링을 활용한 유아동작교육 프로그램 개발 및 효과. 전남대학교대학원 박사학위논문.

이정욱, 임수진(2010). **(탐색, 표현, 감상의) 통합적 유아미술교육**. 경기: 정민사.

이진희, 신은미(2019). 놀이와 배움을 잇는 유아평가의 방향성 탐색. **한국유아교육학회 정기학술발표논문집**, Vol. 2019 NO.1, 69-86.

이차숙(2004). **유아언어교육의 이론적 탐구**. 서울: 학지사.

이차숙(2007). **유아언어교육의 이론과 실제**. 서울: 학지사.

이춘자, 조인경(2013). **유아음악교육**. 경기: 창지사.

임미혜, 이혜정(2018). **아동건강교육**. 경기: 양성원.

임부연, 최남정, 양혜련(2016). **유아교과교육론**. 경기: 공동체.

임부연, 최남정, 양혜련(2019). **유아교과교육론**. 경기: 공동체.

임재택(2005). **생태유아교육개론**. 경기: 양서원.

임혜정(2004). 유아교육기관에서 선호하는 동요에 관한 조사 및 악곡분석연구. 덕성여자대학교 대학원 박사학위논문.

전유영(2011). 균형적 접근법에 기초한 유아언어교육 프로그램의 구성 및 적용 효과. 중앙대학교 대학원 박사학위논문.

전인옥, 이숙희(2007). **유아음악교육**. 서울: 한국방송통신대학교출판부.

전인옥, 이영(2008). **유아동작교육**. 서울: 한국방송통신대학교 출판부.

정나라, 정유진(2019). **(즐거움과 배움과 성장이 있는) 놀이중심 교육과정**. 서울: 교육과실천.

정문성(2006). **협동학습의 이해와 실천**. 경기: 교육과학사.

정미경(1999). 미적 요소에 기초한 활동 중심 통합 미술 프로그램이 유아의 미술표현 능력 및 미술 감상능력에 미치는 영향. 중앙대학교 대학원 박사학위논문.

정상수(2008). 구성주의에 기초한 유아 동작교육이 자기조절능력과 자기효능감에 미치는 영향. 계명대학교 교육대학원 석사학위논문.

정연희(2014). **유아수학교육**. 경기: 창지사.

정혜진(2002). 체험 학습이 초등학생들의 환경 인식 변화에 미치는 영향. 서울교육대학교 교육대학원 석사학위논문.

정효은(2009). 탐구-표상 중심 유아과학교육 프로그램 개발 및 효과. 전남대학교 대학원 박사학위논문.

조미환(2017). **영유아 건강교육**. 경기: 정민사.

조부경, 고영미, 남옥자(2007). **유아과학교육**. 경기: 양서원.

조순옥, 이경화, 배인자, 이정숙, 김정원, 민혜영(2003). **유아사회교육**. 경기: 창지사.

조형숙(1999). 새로운 유아과학교수법의 실제. **한국유아교육협회자료**, 7-17.

조형숙, 허윤정, 이효정(2010). **표준보육과정에 기초한 아동수과학지도**. 서울: 파란마음.

조희형, 김희경, 윤희숙, 이기영(2014). **과학교육론**. 서울: 교육과학사.

주영희(2003). **유아언어발달과 교육**. 서울: 교문사.

질병관리청. http://www.kdca.go.kr/search/search.es?mid=a20101000000

추정훈(2011). **교과교육론**. 서울: 청목출판사.

한국유아교육학회(1997). **유아교육사전**. 서울: 한국사전연구사.

하수연, 신현경, 이해정, 정재은, 김보경, 서영민(2015). **(3-5세 연령별 누리과정에 의거한) 유아사회교육**. 경기: 공동체.

하정희, 조영진, 강혜정(2013). **유아음악교육**. 경기: 공동체.

한미라(2000). 유아과학 교수 · 학습방법에 관한 연구. **경남대학교 교육문제연구소, 10**(2), 123-151.

한유미(2013). **유아수학교육**. 경기: 창지사.

홍길회, 정미자(2014). **영유아 건강교육**. 서울: 동문사.

홍용희, 이한영, 최혜로, 원영신(2007). **유아를 위한 동작 교육의 이론과 실제**. 서울: 다음세대.

홍은주(2003). 자연환경구성활동의 교육적 의미 탐색. 중앙대학교 대학원 박사학위논문.

홍혜경(2010). **영유아를 위한 수학교육**. 경기: 공동체.

홍혜경, 김명화, 김정아, 김세루, 김현정(2017). **영유아 언어교육 이론과 실제(3판)**. 서울: 학지사.

홍혜경, 이정욱, 정정희(2006). 유아수학능력검사 도구. **유아교육연구, 26**(5), 334-400.

황순각(2003). **유아신체활동**. 경기: 양서원.

황은순(2010). 균형적 언어교육 접근법에 기초한 유치원 문해 프로그램이 초등학교 1학년 읽기 · 쓰기에 미치는 효과. 덕성여자대학교 대학원 박사학위논문.

황의명, 조형숙(2001). **탐구능력을 위한 유아과학교육**. 서울: 정민사.

황해익, 최혜진(2007). **유아그림수학능력검사**. 경기: 양서원.

황해익, 최혜진, 정혜영, 권유신(2014). **아동관찰 및 행동연구**. 경기: 공동체.

Althouse, R.(1998). *Investigating science with young children.* New York: Teacher College Press.

Benthley, W. G.(1970). *Learning to move and moving to learn.* NY: Citation Press.

Cain, S. E.(2002). *Sciencing*(4th ed.). Upper Saddle River, NJ: Merril Prentice-Hall.

Chaille C., & Britian. L.(1997). *The young child as scientist: A constructivist approach to early childhood science education.* New York: Longman.

Charlesworth, R.(2000). *Experience in Math for Young Children*(4th ed.). Albany, NY: Delmar.

Dauer, V. P.(1972). *Essentials of movement experiences for preschool and primary grade children.* Minneapolis, MN: Burgess Publishing Company.

Draper, T. W., & Gayle, C.(1987). An Analysis of children's music ability. *Early Childhood Research Quarterly, 5*, 425-440.

Eliason, C., & Jenkins, L.(2003). *A practical guide to early childhood curriculum*(7th ed.). Upper Saddle River, NJ: Merrill Prentice Hall.

Forman, G. E., & Kuschner, D. S.(1991). *The child's construction of knowledge; Piaget for teaching child.* Washington, DC: NAEYC.

Forston, L. R., & Reiff, J. C.(1995). *Early Childhood Curriculum: Open Structure for Integrative Learning*. Needham Heights, MA: Allyn & Bacon.

Gallahue, D. L.(1973). *Developmental physical education for today's children*. Dubuque, IA: Brown & Benchmark.

Gallahue, D. L.(1996). *Developmental physical education for today's children*(3rd ed.). Dubuque, IA: Brown & Benchmark.

Gallahue, D. L., & Donnelly, F.(2003). *Developmental physical education for all children*(4th ed.). Champaign, IL: Human Kinetics.

Ginsburg, H. P.(2006). Mathematical play and playful mathematics: A guide for early education. In G. Singer, R. M. Golinkoff, & K. Hirsh-Pasek(Eds.), *Play=Learning: How play motives and enhances children's cognitive and social-emotional growth*. NY: Oxford University Press.

Gordon, E. E.(1990). *A Music Learning Theory for Newborn and Young Children*. Chicago: G.I.A. Publications, lnc.

Greenberg, M.(1979). *Your Children Need Music*. Englewood Cliffs, N.J.: Prentice Hall, Inc.

Greenberg, M.(1985). **유아음악교육**[*Your Children need music*]. (이기숙 김영주 공역). 교문사. (원전은 1979년 출판).

Harlan, J.(1992). *Teaching and learning primary science.* Washington, D.C.: National Science Teacher Association.

Hoffman, G., Young, J., & Klesius, S.(1981). *Meaningful movement for children.* London: Allyn & Bacon, Inc.

Koch, S.(1999). *Psychology in Human Context Essays in Dissidence and Reconstruction.* Chicago University of Chicago Press.

Leland, C., & Horste, J.(1994). Multiple ways of knowing: Curriculum in new key. *Language Arts, 71*, 337-344.

Lind, K. K.(2005). *Exploring science in early childhood education.* NY: Thomson Delmar Learning.

Locke, E. A., & Latham, G, P.(1985). The application of goal setting to sports, *Journal of Sports Psychology, 7,* 205-222.

Martin, D. J.(2001). *Constructing early childhood science.* Albany, NY: Delmar Publishers Inc.

Martin, D. J.(2009). *Elementary science methods: A constructivist approach.* Albany, NY: Delmar Publishers Inc.

McDonald, D. T.(1993). Long-range program goals. In M. Palmer, & W. L. Sims(Eds.), *Music in prekindergarten: Planning and teaching*(pp.15-18). Reston, VA: MENC.

McDonald, D. T., & Simons, G. M.(1989). *Musical growth and development: Birth through six*. New York: Schirmer Books.

McNairy, M. F.(1985). Sciencing: Science education for early childhood. *School Science and Mathematics. 85*(5), 383-393.

Melendez, W. R., Beck, V., & Fletcher, M. (2000). *Teaching social studies in early education.* Albany, NY: Delma.

Miller, S.(1984). Opera made elementary. *Music Educators Journal, 71*, 52-54.

Mindes, G. (2005). *Social studies in today's early childhood curricula.* Young Children on the Web, September 1-7. 2007년 11월 20일 www.journal.naeyc.org/about/permission.asp

National Research Council(1996). *National science education standards.* Washington DC: National Academy Press.

National Research Council(2001). *Classroom assessment and National Science Education Standards.* Washington DC: National Academy Press.

NCTM(1997). *National Council of Mathematics 1997-98*. Handbook: NCTM Goals, Leaders and Position Statements. ERIC.

Pica, R.(1997). *Experiences in movement with music, activities and theory.* Albany, NY: Delmar.

Pica, R.(2004). **출생에서 8세까지 유아를 위한 동작교육**[*Experiences in movement & music: birth to age 8*]. (김은심 역). 경기: 정민사(원전은 2004년 출판).

Purcell, T. M.(1994). *Teaching children dance.* Champaign, IL: Human Kinetics Publishers, Inc.

Rillero, R.(1994). *Doing science with your children.* Columbus, OH: The Ohio State University.

Scott. C. R.(1989). How children grow musically. *Music Education Journal, 76*(2), 28-31.

Seefeldt, C.(2005). *Social studies for the preschool/primary child*(7th ed.). New Jersey: Merrill Prentice Hall.

Serafine, M. L.(1986). *Music, Cognition and instruction*. Academic Press: Orland.

Wall, J., & Murray, N.(1994). *Children & Movement.* Los Angeles, CA: Brown & Benchmak.

찾아보기

저자 소개

서현아
경성대학교 유아교육과 교수

이해정
부산여자대학교 유아교육과 교수

안영혜
창신대학교 유아교육과 교수

한희정
춘해보건대학교 유아교육과 교수

김정은
신라대학교 유아교육과 교수

유아교과교육론

1판 1쇄 인쇄 2022년 3월 1일
1판 1쇄 발행 2022년 3월 5일

지 은 이 | 서현아 · 이해정 · 안영혜 · 한희정 · 김정은
발 행 인 | 박철용
발 행 처 | 양서원
주　　소 | 경기도 파주시 직지길 522 파주출판도시
전　　화 | 031-955-8000(代)
팩　　스 | 031-955-8005
홈페이지 | www.yswpub.co.kr
이 메 일 | yswgroup@naver.com
출판등록 | 1987년 11월 24일 제406-2003-037호

ISBN 978-89-994-1246-2

정가 19,000원